本书由德州学院学术著作出版基金赞助

国际贸易、基础设施规模对中国技术创新能力的影响

梁超 著

中国社会科学出版社

图书在版编目(CIP)数据

国际贸易、基础设施规模对中国技术创新能力的影响/梁超著.—北京:
中国社会科学出版社,2013.8
ISBN 978 - 7 - 5161 - 3219 - 7

Ⅰ.①国… Ⅱ.①梁… Ⅲ.①国际贸易—影响—高技术产业—技术
革新—研究—中国②基础设施建设—影响—高技术产业—技术革新—研
究—中国 Ⅳ.①F279.244.4

中国版本图书馆 CIP 数据核字 (2013) 第 213732 号

出 版 人	赵剑英
责任编辑	罗　莉
责任校对	石春梅
责任印制	李　建

出　　　版	中国社会科学出版社
社　　　址	北京鼓楼西大街甲 158 号 (邮编 100720)
网　　　址	http://www.csspw.cn
	中文域名:中国社科网　　010 - 64070619
发 行 部	010 - 84083685
门 市 部	010 - 84029450
经　　　销	新华书店及其他书店

印　　　刷	北京市大兴区新魏印刷厂
装　　　订	廊坊市广阳区广增装订厂
版　　　次	2013 年 8 月第 1 版
印　　　次	2013 年 8 月第 1 次印刷

开　　　本	710×1000　1/16
印　　　张	14.25
插　　　页	2
字　　　数	251 千字
定　　　价	39.00 元

凡购买中国社会科学出版社图书,如有质量问题请与本社联系调换
电话:010 - 64009791

摘　　要

　　基础设施投资不仅改善了基础设施水平，而且也推动了中国经济的发展，是促进中国经济增长的重要因素。现有文献主要从社会产出弹性、对私人投资的影响、出口贸易角度研究了基础设施对中国经济增长的影响，然而很少有文献关注基础设施对中国技术创新能力的影响效应。事实上，虽然外商直接投资的技术溢出促进了中国技术创新能力的提高，以及进口贸易特别是中间产品贸易的快速发展和出口贸易竞争的加剧也提升了中国的技术创新能力的提高，但是，外商直接投资对高技术专利的封锁，以及处于全球价值链的低端的加工贸易对技术创新能力的提升有限，因此，在外部技术的影响下，我们必须加强自主创新力的提升，为此，研究基础设施对中国技术创新能力的影响效应，考察其作用机制成为一个关键的重要因素。

　　本书主要运用了一般均衡模型，研究了基础设施对技术创新能力的影响机制，本书分别从信息成本、融资成本角度探讨了基础设施影响技术创新能力的机制效应。在理论分析的基础上，进一步运用地区的数据和分行业分地区的数据，利用实证模型验证了理论模型的结论。本书共分为七个部分。第一章为导论，介绍了本章的研究方法、论文结构以及创新点。第二章为基础设施与经济增长以及劳动生产率方面的相关文献回顾。第三章考察了基础设施对技术创新能力的协整效应及脉冲响应影响，从集聚效应的角度研究了基础设施对地区创新能力的影响。第四章构建了一般均衡理论模型，研究了基础设施对进口贸易及其贸易结构的影响机制并利用实证模型检验基础设施对中国地区创新能力之间的影响效应。第五章分别从出口贸易结构和出口技术复杂度的角度考察了基础设施对技术创新能力的影响。第六章利用分行业分地区的数据，从融资依赖、出口贸易和行业出口技术复杂度的角度考察了基础设施对行业技术创新能力的影响。第七章对全书进行了总结，并为中国利用基础设施推动技术创新提供政策建议。

本书的主要结论为：第一，基础设施水平的改善对各地区的技术创新能力有着显著的促进作用，主要表现在基础设施水平的提升对人力资本、国际贸易和外商直接投资有显著的集聚效应，基础设施水平的提高促进了人力资本、国际贸易和外商直接投资对中国技术创新能力的提升。第二，基础设施水平高的地区，在进口贸易较多的地区，更能促进创新能力的提升，更重要的是，基础设施水平高的地区，进口贸易的国际研发技术溢出比进口贸易额的技术溢出更能提升中国技术创新能力的提升，分区域的结果显示东部地区的服务贸易的国际研发显著促进了技术创新能力的提高，西部地区则与之相反。第三，基础设施水平的改善能够促进出口结构的改善和地区技术创新能力的提升，基础设施水平高的地区在出口技术复杂度高的行业更能促进技术创新能力的提高，从而地区基础设施水平的提高有助于促进出口技术复杂度高的地区的技术创新能力的提升。第四，基础设施水平较高的地区在技术复杂度高的行业更促进地区技术创新能力的提高，这不仅表现在基础设施对地区技术创新的提升作用，更重要的是地区基础设施水平的提高能够显著地促进高技术产业技术创新能力的提升，从而有利于出口贸易结构的改善和出口技术复杂度的提升。

关键词：基础设施、进出口贸易、贸易结构、技术复杂度、技术创新能力

Abstract

Infrastructure investment has not only improved the level of infrastructure, but also promoted China's economic development, it is important factor that promotes China's economic development. The existing literature discussed the role of infrastructure on China's economic growth from the social output elasticity of infrastructure to its influence on private investment and export trade. However, The little literature has focused on infrastructure in China's technical innovation ability effect. In fact, although the FDI technology spillover to promote China's technical innovation ability and in particular, the intermediate goods trade of import trade rapidly development and the export trade competition have also promoted China's technical innovation ability. However, high technology patent was blocked by foreign direct investment, as well as the processing trade has seldomly promoted China's technical innovation ability because it can be in the lower end of the global value chain, hence, in the influence of the external technique, we must strengthen the independent innovation. Therefore, the infrastructure has influence on China's technical innovation ability, it is importanr factor to study the impact of infrastructure on China's technical innovation ability and explore its mechanism.

The dissertation study the role of infrastructure on China's technical innovation ability by general equilibrium models, the essay researchs the mechanism through which infrastructure affects technological innovation capability from information cost financing cost respectively. Based on theoretical model analysis, empirically study using data of cross – regional and cross – industry cross – province strongly support the main conclusions of the empirical model. This essay has seven parts. Chapter one states the background information, research methods, structure and innovation points. In chapter two, we revews the literature on infrastructure and economic growth and labor productivity. In chapter three, we study the the externality of infrastructure on regional technical innovation ability from the perspective of the combined effect using cointegration effect and impulse response impact. In chapter fourth, we build a general equilibrium theory model to study the impact mechanism of the infrastructure on import trade and its trade structure and use an empirical model to test the effect of infrastructure on China's regional innovation capacity. In chapter five, we investigate infrastructure on technological innovation capability from the perspective of export trade and export sophistication. In chapter six we investigate infrastructure on technological innovation capability from the perspective of financing cost, export trade and industry export sophistication using the date of cross – industry cross – province. Finally, chapter seven concludes the essay and gives some policy implications concerning infrastructure on technological innovation capability.

The dissertation gets the following from theoretical and empirical studies. Firstly, high level of infrastructure has a significant positive effect on regional technological innovation capability, it is the main effect of agglomeration that the infrastructure enhances the level of human capital, international trade and foreign direct investment, high level of infrastructure has a significant positive effect on regional technological innovation capability by human capital, international trade and foreign direct investment. Secondly, regions with high level of infrastructure have more technological innovation ability in the import trade volumes of area. It is more importmant that import trade international technology spillover of R&D more than import trade volumes for technological innovation ability promotion. The resulr of regionals show service trade's international R&D of the eastern region significantly promotes the technological innovation ability improvement, but the western is opposite. Thirdly, high level of infrastructure has a significant effect on export trade structure and regional technical innovation ability promotion, high level of infrastructure of region has a significant positive effect on regional technological innovation capability in industries with export sophistication. Thus, level of infrastructure of region has a significant positive effect on regional technological innovation capability in regions with export sophistication. Finally, high level of infrastructure of region has a significant positive effect on regional technological innovation capability in industries with export sophistication, It is more importmant that high level of infrastructure of region has a significant positive effect on high technological industry technological innovation capability. Thus, it contributes to the improvement of export trade structure and the enhancement of export technical sophistication.

Keywords: infrastructure; import − export trade; trade structure; technical sophistication; technological innovation ability

目　　录

第一章

导　论

第一节　问题的提出

改革开放三十多年以来，中国的经济保持了高速增长的势头，同时中国的基础设施水平得到了逐步的提高，并且基础设施水平远高于同等程度的发展中国家。那么基础设施的提高对中国经济发展会产生怎样的影响，尤其是对中国技术创新能力影响的作用，成为一个令人感兴趣的话题。关于基础设施对经济发展的重要性，经济学家早有论述，如在 1776 年，亚当·斯密在《国富论》中论述了基础设施对经济增长的重要性，他指出"一国商业的发达都依赖于该国的道路、桥梁、河道等公共基础设施"，并且发展经济学家认为在影响经济发展的因素中，基础设施是影响经济快速发展的决定性因素，是社会进步和人民生活水平提高的重要保证，对经济结构升级和促进技术创新的提高具有重要的作用。

随着改革开放的逐步深入以及基础设施对经济发展的制约逐步显现，中央和各级政府都加大了基础设施投资的力度，并提高了基础设施的水平。到 2010 年中国的公路里程达到了 400.8 万公里，比 1978 年的 89.02 万公里，增长了 350.2%，铁路里程从 1978 年的 5.17 万公里激增到 2010 年的 9.1 万公里，增长了 76.02%。另外，通信基础设施也有显著的改善，其中，固定电话从 1978 年的 192.5 万户增至 2010 年的 29438.3 万户，移动电话从 1990 年的 1.8 万户增加到 2010 年的 85900.3 万户；能源消耗总量从 1978 年的 57144 万吨标准煤增加到 2010 年的 325000 万吨标准煤。基础设施的改善，为中国经济的高速发展提供了坚实的物质保障。然而，很多学者关注的是基础设施投资对中国经济增长的影响以及对出口贸易的推动作用，却忽视了基础设施对中国技术创新能力的影响。因此，基础设施对中国技术创新能力的影响效应如何，以及通过进口贸易的途径如何影响中国技术创新能力的提高。事实上，改革开放以来，中国的技术创新能力有了显著的提高，从图1—1可以看出，中国的专利申请量在逐年增加，但是作为体现技术创新能力的发明专利比同时期的实用新型专利以及外观专利都要少，发明专利是拥有知识产权的具有核心技术的发明，这表明了中国的自主创新能力还是有所欠缺。

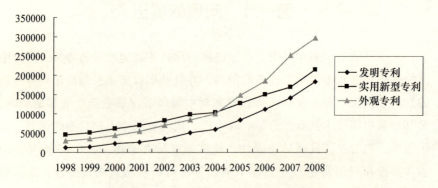

图1—1　中国1998—2008年各专利申请量

虽然中国的技术创新能力有所提升，由于各地区基础设施水平的差异，导致了各地区的技术创新能力存在较大的差异。从图1—2可以看出，东部地区的技术创新能力明显强于中部和西部地区，而中部地区的技术创新能力弱强于西部地区，基础设施水平的差异导致了各地区经济发展方式的不同，进而影响了各地区的技术创新能力，并且随着改革开放的逐步深入，创新能力的差距逐步扩大，经济发展差距的扩大会带来一系列的社会问题和经济问题，那么，从地区和行业来看，基础设施对各地区的技术创新能力有着怎样的影响呢？

此外，金融危机的爆发为中国调整产业结构和提高自主创新能力提供了良好的机遇，在进出口贸易受到强烈冲击下，我们很有必要通过技术创新能力提高促进产品在国际市场上的竞争力，很多学者研究了基础设施对生产率的影响，研究表明，基础设施对生产率有显著的促进作用，但鲜有

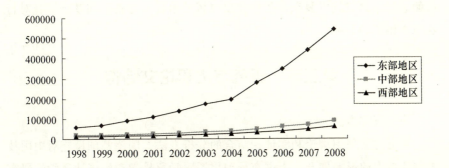

图1—2　中国1998—2008年东、中、西地区专利申请总量

文献考察基础设施对技术创新能力的研究，对这一问题的探讨，有助于中国政府采取有效的措施进一步提高中国的技术创新能力和优化产业结构，推动中国经济持续健康地发展。

　　基于上述背景和前期研究的基础上，本书尝试探索了以下几个方面的问题：

　　（1）基础设施对中国技术创新能力的影响机制。本书结合中国基础设施的现状，从基础设施对科技人才、国际贸易和外商直接投资的集聚效应，进一步探讨了基础设施对中国技术创新能力的协整效应，并考察了基础设施与人力资本禀赋、进出口贸易和外商直接投资的协同效应对中国技术创新能力的影响。

　　（2）基础设施对中国各地区进口贸易的影响。本书分析了基础设施与进口贸易的协同效应对中国技术创新能力的影响，并从进口贸易的角度，研究了基础设施对中国各地区技术创新能力的影响。本书从进口贸易额和进口贸易的国际研发的角度，探讨了不同的基础设施对技术创新能力的影响，并从中间产品和服务贸易的层面考察了基础设施对技术创新能力的影响效应。

　　（3）从出口贸易的角度考察基础设施对中国技术创新能力的影响，并从货物贸易、服务贸易和技术贸易的层面研究了基础设施对技术创新的影响；并从出口技术复杂度的角度，考察基础设施对地区创新能力的影响效应。

　　（4）从行业层面考察基础设施对技术创新能力的影响，本书从融资依赖、行业出口技术复杂度和行业出口贸易角度，考察不同基础设施对行业技术创新的影响。

第二节　研究方法和论文结构

一　研究方法

本书主要采用理论和实证相结合的分析方法，围绕基础设施对中国技术创新能力的影响展开。本书充分利用了国际贸易学和经济计量学的研究方法，主要采用以下方法：

第一，统计描述法。本书采用统计分析法对数据进行描述性分析，并研究了变量之间的相关关系，使研究的问题更直观、清晰。

第二，商品分类法。本书的贸易数据源于联合国的 Comtrade 数据库和世界贸易组织（WTO）数据库，并按照世界贸易组织的 BEC 分类方法把贸易商品分为中间产品，以及按 WTO 的分类规则分为服务贸易商品。根据《中国国际收支平衡表》和《中国统计年鉴》把出口商品分为货物贸易、服务贸易和技术贸易。

第三，比较分析方法。在研究基础设施对技术创新的影响效应过程中，分别比较了中间产品和服务贸易以及其研发对中国技术创新能力的影响。

第四，计量分析方法。本书在理论分析的基础上，运用统计分析、回归分析、协整分析和面板数据模型等计量方法，在实证检验过程中，采用了固定效应、随机效应，以及对行业和时间上的双固定效应模型，此外，考虑到基础设施变量的内生性后，在实证过程中为了克服变量的内生性，采用了工具变量两阶段最小二乘法解决了模型的内生性问题。

二　论文结构

本书共分为七章，按照研究思路和各章节的安排，研究结构安排如下：第一章为导论，介绍本书问题的提出、论文结构、研究方法；第二章为文献综述，主要介绍了基础设施的界定与度量，基础设施与经济增长、生产率和技术创新的相关文献，以及技术创新能力综述。第三章至第六章为本书的主体部分，第七章为主要结论和政策建议。

　　第三章采用1986—2008年的数据研究了交通、能源和信息基础设施对中国技术创新能力的协整关系和脉冲响应函数，结论表明了这三类基础设施与技术创新能力具有显著的协整关系，交通、能源显著地促进了中国技术创新能力的提高，信息基础设施则恰好相反。技术创新能力对交通、能源基础设施一个标准差的冲击具有正效应，而对信息基础设施具有负效应。

　　第四章研究在进口贸易视角下，基础设施对中国技术创新能力的影响效应。在本章我们构建了理论模型，从进口中间产品的角度研究了基础设施水平的改善对技术创新能力的影响，得出的主要结论是，进口贸易多的地区集中在基础设施水平高的地区，因而更能促进该地区技术创新能力的提升。其次，从进口贸易结构角度进一步分析了基础设施对技术创新能力的影响。在基础设施较为发达的地区，中间产品和服务贸易的国际研发比

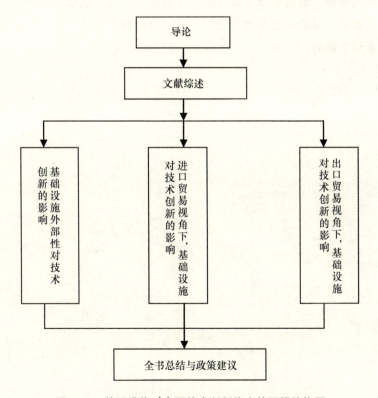

图1—3　基础设施对中国技术创新能力的逻辑结构图

其贸易额更能促进技术创新能力的提升。再次，检验了基础设施对中国各地区技术创新效率的影响，基础设施建设对中国技术创新效率有着显著的负影响或不显著。

第五章，在出口贸易的视角下，从出口贸易结构、出口技术复杂度的层面考察了基础设施对技术创新能力的影响，其结论为：基础设施水平高的地区，出口贸易额越多越能促进技术创新能力的提高；基础设施水平高的地区且出口技术复杂度高更能促进技术创新能力的提高，从而地区基础设施水平的提高有助于促进出口技术复杂度高的地区技术创新能力的提升。

第六章首先根据分行业分地区的高新技术产业数据，从融资成本的角度探讨了基础设施对技术创新能力的影响，其结论为：融资依赖程度高的行业在基础设施水平高的地区，越能促进技术创新能力的提高。其次从信息成本的角度，即行业出口技术复杂度的角度研究了基础设施对技术创新能力的影响，基础设施发达的地区，越是出口技术复杂度高的行业越能提高技术创新能力。

第二章

文 献 综 述

第一节　基础设施的界定与度量

一　基础设施的界定

对基础设施概念的界定，是我们分析研究基础设施的基础和前提。在经济学中，基础设施概念的引入始于 20 世纪 60 年代，廷伯根（Tinbergen，1962）研究了基础设施（道路、教育）与上层建筑的关系，但是没有给出基础设施定义的界定，约希姆森（Jochimsen，1966）把基础设施定义为：物质、制度和个人设施的综合，其中，物质基础设施包括经济体中所有的固定资产、设备和流动资产的总和；其次，从广泛的范畴看，基础设施还包括建筑物、能源以及运输线路、教育、医疗服务和社会福利。世界银行在《1994 年世界发展报告》中将基础设施定义为：（1）主要包括为人民生活、社会生产提供保障的公共工程和公共设施，即交通运输、电力供给、信息通信、自来水、卫生设施与排污、管道煤气、水利设施；（2）为居民工作生活提供便利的公共服务设施主要包括城市之间的铁路、市内道路交通、港口和航道、机场；此外，除了经济基础设施之外，世界银行还定义社会基础设施，主要包括文化教育、科学研究、医疗保健、环境保护等方面。此外，布尔（Buhr，2003）从基础设施的功能角度对基础设施的定义进行了界定，具体含义是最终产品的形成是经济人之间的相互影响，而每个经济人都以基础设施的供给为前提，根据他的定义，基础设施具有促进和发展经济人活动潜能的作用，并发挥经济个体的潜力。

托里西（Torrisi，2009）表明了基础设施具有持续使用的一般特性。他从经济学的视角来界定基础设施，第一，基础设施具有供给性的物质资本的属性，它主要来自于政府公共投资并具有长久的耐用性、技术上的连续性以及较高的资本产出比。第二，基础设施具有公共物品的特性，并有非竞争性和非排他性的性质，无论从功能角度还是公共物品的特性方面，基础设施主要指在经济体系中，为社会生产和再生产服务的各行业和各部门的综合。但是，从狭义的层面看，基础设施主要包括交通运输、水利设施、电力供应、邮电通信等有形资产部门，从广义的角度看，基础设施包括文化、教育、医疗卫生和社会服务等无形资产部门。在本书中我们所研究的是狭义基础设施对中国技术创新能力的影响。

二　基础设施的度量

依据托里（Torri，2009）的研究表明：一般有两种方法度量基础设施：其一是以货币形式的度量，其二是以实物形式的度量。

（一）货币形式的度量

托里（Torri，2009）把基础设施看做一种流量或存量的货币度量形式。如果把基础设施看做流量，即政府对公共服务的支出，会对社会经济发展产生重要的影响；如果把基础设施看做存量，即现在政府的支出会提高公共资本的存量，并对以后社会的发展产生重要的影响（Irmen and Kuehnel，2009）。关于基础设施存量的度量，很多文献采用了永续盘存法计算，通过折旧率的调整，把基础设施流量变为基础设施存量。

很多文献把基础设施看做流量，比如，巴罗 Barro（1998）、加利（Ghali，1998）、米特尼尔和诺依曼（Mittnil and Neumann，2001）、佩雷拉（Pereira，2001）、埃弗尔特和海伦（Everaert and Heylen，2004）。也有部分文献将基础设施看做存量，比如阿尔瓦罗（Alvaro，1999）、费拉拉和马尔切利诺（Ferrara and Marcellino，2000）都采用存量方法度量了基础设施。但是对基础设施存量的度量存在一定的问题，其一，无法确定基础设施的生命期，无法准确估计折旧率；其二，无法估算一国基础设施的初始存量；其三，永续盘存法可能高估基础设施存量，学者普里奇特（Pritchett，1996）指出基础设施由于结构性的原因可导致一个国家公共投资的存量被高估；其四，永续盘存法需要长时期时间序列的公共投资数据，对于一般的发展中国家是很难获得的。

（二）实物形式的度量

托里西（Torris，2009）把基础设施看做是以实物形式来度量的，如铁路里程、人均电力消耗、人均医院的数量都被看做是实物形式的度量。实物形式的度量克服了永续盘存法存在的问题，具有一定可行性。但是实物形式的度量无法体现基础设施的质量和国家政策对基础设施发展的影响，然而基础设施的质量对于基础设施作用的发挥起着决定性的作用。虽然实物形式的测量具有一定的问题，本书仍采用实物形式的方法度量中国的基础设施。

第二节 基础设施与经济增长的文献综述

基础设施投资是促进各国经济增长的最有效的方式之一，基础设施不但作为最终产品增加总产出，而且基础设施还会对整个经济发展产生广泛的影响，基础设施对经济增长的影响机制，可从多个方面进行研究。伯赫特德和德尔曼（Bhattaand and Drerman，2003）总结了基础设施对一国经济增长的影响机制，主要包括：增加社会产品的产出量、提高投入产出比、增加居民收入和提高就业量。基础设施影响经济增长机制可概括为直接影响机制和间接影响机制。其中，直接影响主要是指基础设施直接作为生产要素进入生产领域（Asehauer，1989；Holtz-Eakin，1994；Yilmaz，2001）。基础设施的发展不仅降低了地区之间中间投入要素（原材料、能源、劳动力以及中间产品）的生产成本，而且也方便了产品和服务的输出，提高了企业的劳动生产率（Gannon and Liu，1997）。另外，基础设施对经济增长的间接影响机制包括以下几点：首先，基础设施能够提高经济系统中生产要素的生产率。基础设施能够提升社会资源的利用效率，提高一国社会的总产出。其次，基础设施能够通过吸引社会生产要素流入，促进本地经济增长，地区基础设施水平的提高有助于吸引更多的资金、技术和高科技人才流入，形成所谓的"聚集效应"（Hulten et al.，2003）。大量的文献研究已证实基础设施是发展中国家吸引外商直接投资的重要因素（Sun et al.，2002），巴顿（Button，1998）指出经济增长除了依赖劳动要素和资源要素外，还受地区基础设施水平的影响。此外，基础设施能促进规模经济效应（Gannon and Liu，1997）。其不仅能促进地区经济发展，促

进贸易结构升级，还能促进农业化、工业化，提高就业规模。从 20 世纪
80 年代开始，经济学家开始关注基础设施与经济增长之间的关系，他们
一般用生产函数法和成本函数法两种方法度量它们之间的关系，包括，
（1）生产函数法。此方法假设基础设施作为一种投入要素，在给定技术的
前提下，产出是由投入要素决定的。（2）成本函数法。此方法主要考虑投
入要素的价格，认为基础设施主要是降低产品的产出成本，因此它是优于
生产函数的一种方法。

一　国外研究的文献综述

（一）从生产函数层面的研究

阿瑟豪尔（Aschauer，1989）考察了基础设施与经济增长的关系，并
把基础设施作为除资本和劳动力之外的投入要素，运用 1945—1985 年数
据研究了公共基础设施与私人部门之间产出和生产率之间的关系。研究结
果表明，基础设施边际产出弹性远高于私人资本边际弹性，基础设施
（高速公路、航运、水电）提高了私人部门的劳动生产率，并且基础设施
对社会经济总产出有很大的贡献，其产出弹性为 0.24，即基础设施投资
每增加 1% 会促使私人部门产出增长 0.24%，此外，他还指出基础设施通
过提高私人部门的劳动生产率间接促进经济增长。后来，芒内尔（Mun-
nell，1990a）采用 1948—1987 年的数据研究了基础设施对生产率的影响，
结果表明，基础设施显著促进了生产率的提高，其估计产出对公共资本的
弹性为 0.34—0.41，他还利用总量生产函数估计了全要素生产率的变化，
以及 20 世纪 60 年代以后，美国劳动生产率下降了 78%，主要是由于公
共资本的平均劳动比下降的缘故。芒内尔（Munnell，1990b）采用美国
48 个州 1970—1986 年的数据检验了公共资本对社会总产出的影响，结果
表明，公共资本对产出有显著的影响，但其影响较私人资本小，为私人资
本的一半，芒内尔的研究支持了阿瑟豪尔的结论，为基础设施对经济增长
有显著的影响提供了证据。

在阿瑟豪尔（Aschauer，1989）研究的基础上，卡扎维兰（Cazzavillan，
1993）利用 1957—1987 年 12 个欧洲国家的数据，采用固定效应模型研究了基
础设施对经济增长的影响，结果表明，基础设施投资对经济增长的弹性为
0.25。伊斯特利和雷贝洛（Easterly and Rebelo，1993）利用 100 个国家的

1870—1988 年的数据，研究发现，交通和通信基础设施对经济增长有正向的影响。坎宁和费伊（Canning and Fay，1993）研究发现，电力和通信基础设施对经济增长的贡献更显著，并且基础设施的产出弹性会由于国家收入的不同而有所不同，高收入国家的产出弹性为 0.174，而低收入国家仅为 0.05。桑切斯 - 罗布尔斯（Sanchez-Robles，1998）研究了交通线路的长度和电力的生产能力对经济增长具有显著的正效应，后来，弗纳尔德（Fernald，1999）、罗勒和韦弗曼（Roller and Waverman，2001）以及道格等（Duggal et al.，2007）分别检验了公路运输、电话及互联网通信基础设施对经济增长的影响，结果表明都具有显著作用。埃杰特等（Egert et al.，2009）利用经济合作与发展组织（OECD）国家的面板数据研究了基础设施与经济增长之间的关系，其结果表明了，基础设施对社会经济增长具有显著的正影响，此影响会随着国家、时间和部门的不同而有所差异。

但是，也有一部分经济学家对阿瑟豪尔（Aschauer）的研究成果表示质疑，塔托姆（Tatom，1991）表明了阿瑟豪尔估计的产出弹性偏高可能是由于忽视了时间序列的平稳性，对其时间序列一阶差分后，其产出弹性为 0.14。亚伦（Aaron，1990）和艾斯纳（Eisner，1991）指出，阿瑟豪尔的研究错误在于忽视了生产率的增长导致了基础设施需求的增加，而不是相反的结论。鲁尼（Looney，1981）也提出了质疑：基础设施是社会经济发展的初始要素还是调整要素。埃文斯和卡拉斯（Evans and Karras，1994）研究了 1963—1988 年 7 个 OECD 国家基础设施的影响，研究发现二者之间存在正向关系，并指出公共资本存量的增加是劳动生产率和经济增长的结果。

（二）从成本函数层面的研究

早先的研究主要侧重于基础设施对成本方面的影响，林德和里士满（Lynde and Richmond，1992）利用超越对数成本函数，采用美国 1958—1989 年的非金融部门的数据，研究发现基础设施能降低非金融部门的生产成本。纳迪里和莫尼兹（Nadiri and Mamunease，1994）研究了美国1955—1986 年 12 个工业行业的数据并运用上述模型，发现基础设施的增加能降低企业的生产成本，基础设施对 12 个行业的成本弹性为 -0.05—0.21。莫里森和施瓦兹（Morrison and Schwartz，1996）运用里昂惕大成本函数，采用美国 1971—1987 年 48 个州的数据，研究了基础设施对不同工业部门生产成本的影响，结果显示，公共投资每增加 1%，东北地区工业成本会降低 0.15%，西部地区的工业成本降低了 0.25%。博纳格里等（Bonaglia et al.，2000）采用 1970—1994 年意大利的年度数据，利用可变成本函数估计了基础设施投资对制造业生产成本的作用，公共资本投资对总资本的弹性在意大利是 0.3，这表明了每支出 1 美元，社会总成本会节省 0.3 美元。莫雷诺（Moreno，2002）利用超越对数函数，采用 1980—1990 年西班牙 15 个地区 12 个制造业的相关数据，研究了基础设施对生产成本的短期和长期影响效应，结果显示，基础设施每增加 1%，生产成本短期内会增加 0.027%（因为短期内投入要素的价格会增加）。这表明制造业企业短期内不能从基础设施投资增加中获益，而长期内，基础设施投资每增加 1%，生产成本会降低 0.025%，说明了企业愿意为基础设施投资。后来，一些学者考察了公共基础设施与私人资本之间的关系，阿尔巴拉 - 贝特朗和莫迈茨科斯（Albala-Bertrand and Mamatzakis，2004）使用超越对数函数，并采用 1960—1998 年的数据研究了公共基础设施投资在生产要素投入中成本节省所占的份额，结果显示基础设施投资可以使社会经济体节省 33% 的生产成本，此外，研究表明，公共投资和私人资本具有互补关系。萨蒂亚等（Satya et al.，2004）利用加拿大 12 个行业 1961—1995 年的相关数据，结果发现公共基础设施投资能降低行业的生产成本，而且这种影响效应非常显著，此外，回归结果显示，基础设施能降低劳动力和资本的投入，并且基础设施与二者之间存在替代关系。埃斯库拉等（Ezcurra et al.，2005）利用 1964—1991 年西班牙部分地区的面板数据，考察了基础设施对工业、农业和服务业生产成本节省的影响，结果显示，基础设施会减少私人资本，提高劳动生产率，公共基础设施对工业部门的生产成本的估计结果为 -0.154，对服务业的生产成本的影响为 -0.145，表明其对工业部门节省成本最显著，其次是对服务行业。科恩和莫里森（Cohen and Moriison，2004）利用美国制造业 1982—1996 年的相关数据，研究了基础设施对各州内部及其之间私人成本节省的问题，并利用空间溢出效应，结果表明，基础设施投资对州内劳动生产率有随时间而增长的趋势，基础设施投资对所节省的可变成本为 0.31，州内基础设施投资效应在美国西部地区最大，东部和南部最小。

二　国内研究的文献综述

国内学者研究基础设施对经济增长的联系，包括以下几个方面：基础设施的产出效应、空间溢出效应以及二者之间的关系。

（一）基础设施产出效应的影响

娄洪（2003）利用拉姆齐模型的分析框架，建立了包括外生投资和内生投资的基础设施资本存量的经济增长模型，结果显示，国内基础设施资本的产出弹性为0.235。然而，马栓友（2000）研究了国内公共资本存量对私人部门的影响，结果显示公共资本对市场化部门具有显著的外部性。迪莫格（Demurger，2001）利用两阶段最小二乘法，采用1985—1998年中国24个省市的面板数据进行分析，认为交通基础设施对经济增长具有显著的促进作用，同时，基础设施水平的差异可以缓解中国区域间经济发展的不平衡。踪家峰、李静（2006）利用1987—2003年中国29个省市的面板数据进行研究，结果显示，基础设施对经济增长有显著的促进作用。范九利、白暴力（2004）采用生产函数方法，运用1996—2000年中国29个省市的面板数据研究各区域的基础设施投资对经济增长的弹性，结果表明，基础设施对人均GDP的产出弹性为0.187，并且存在明显的区域差异。王任飞、王进杰（2006）研究了中国基础设施产出弹性和最优化规模问题，结论显示，中国基础设施产出弹性对经济增长具有显著的影响效应，基础设施对生产率和总产出的弹性为0.297，总体上看，中国基础设施供给仍然不足。刘阳、秦凤鸣（2009）采用15个国家的跨国数据研究了基础设施存量和收入水平之间的关系，结果显示，基础设施需求总量因人均收入的提高而增加，但不同基础设施存量的增长有所差异。

一些学者考察了交通基础设施对经济增长的影响，Fan 和 Zhang（2004）研究了基础设施对中国农村经济的影响，结果显示，交通基础设施对农村经济的产出弹性为0.032，表明其促进了农村经济的发展。张学良（2007）利用中国1993—2004年的省区面板数据，研究了基础设施对中国区域经济增长的关系，结果显示，交通基础设施与经济增长具有显著的空间集聚特征，还表现出明显的区域特征：在东部地区比较显著，从东往西逐步递减，其中中部地区交通基础设施对经济增长作用最大。刘生龙、胡鞍钢（2010）利用巴罗增长模型，采用中国1987—2007年的省际面板数据，研究了交通基础设施对中国经济增长的影响，结果显示：交通基础设施对中国经济发展具有显著的影响，特别对西部地区尤其重要。李泊溪、刘德顺（1995）研究了基础设施与区域经济增长之间的关系，实证分析显示：基础设施促进了经济增长，并且基础设施的区域差异与区域人均收入水平现状相适应。张学良（2009）分析了四类空间权重矩阵并研究交通基础设施对区域经济增长的影响，发现外地交通基础设施对本地经济有显著的正向溢出效应，而在人口密度权重矩阵下，此效应为负向溢出效应。刘秉镰、武鹏、刘玉海（2010）利用空间计量方法，研究了交通基础设施与全要素生产率（TFP）之间的关系，结果表明，中国基础设施显著促进了全要素生产率的增长，其中 2001—2007 年中国交通基础设施的增加使全要素生产率增长了 11.075%，占全要素生产率的 59.1%，而二级公路和高速公路的作用比较显著。

第三节　基础设施与生产率问题的文献综述

拉费拉拉和马尔切利诺（La Ferrara and Marcellino, 2000）采用意大利的地区数据，研究了基础设施与劳动生产率问题的关系，结论显示，基础设施的效应随时间而不断增加，而此效应在意大利中部和南部比北部要高。尚克斯和巴恩斯（Shanks and Barnes, 2008）从产业层面考察了公路基础设施对澳大利亚行业生产率增长的影响，结果表明，公路基础设施对行业的产出效应为 0.43，即公路基础设施能促进行业生产率的增长。Wong（2004）和 Wang（2005）运用跨国数据研究了电话基础设施对跨国技术溢出的影响效应，其中 Wang（2005）的研究表明了通信基础设施以物质载体的技术溢出渠道更为直接，从而能间接促进生产率的提高。李涵、李志刚（2009）的研究表明，便捷的交通运输基础设施可以节省运输成本，减少企业库存成本，从而使企业降低库存，保持最优库存水平；其次，减少了货物运输的不确定性，同时降低货物运输时间，提高产出效率。由新经济地理的相关知识可知，一个地区的基础设施水平越高，其区域内的贸易成本就越低，如果其他条件不变，规模报酬递增的行业可能更集中在这些地区，这就导致了集聚效应（黄玖立、李坤望，2006）。金煜、陈昭、陆铭（2006）考察了交通和通信基础设施对地区工业集聚的正影响效应。集聚产生的外部规模经济效应，有利于专业知识的交流和扩散，加速了劳动力的流动，提高了企业的技术水平和劳动生产效率。刘生龙、胡鞍钢（2010）利用1988—2007年的省际面板，研究了基础设施（交通、信息和能源基础设施）对中国经济增长的影响。回归结果显示，交通和信息基础设施对中国经济增长有显著的溢出效应，二者促进了中国全要素生产率的增长，而能源基础设施的效应不显著。

第四节　基础设施与技术创新问题的文献综述

很少有文献探讨基础设施水平的提高对技术创新的影响，基础设施对社会经济发展的间接效应能促使技术创新能力的提高。基础设施通过吸引生产要素流入，促进本地经济增长，地区基础设施水平的提高有助于吸引更多的资金、技术和高科技人才，形成所谓的"聚集效应"（Hulten et al. ，2003），即基础设施的外部性的影响效应。金煜、陈昭、陆铭（2006）考察了基础设施对地区工业集聚有正的影响效应，集聚产生的外部规模经济效应，基础设施的外部性促进专业知识的交流和扩散，加速了劳动力的流动，提高了企业的技术创新水平。

基础设施水平的提高可以促进进口贸易，节省运输成本，形成进口贸易的集聚效应，进口贸易特别是中间产品贸易的增长可促进该地区技术溢出水平的提高。科等（Coe et al. ，1997）概括了国际贸易产生技术溢出的机制：第一，中间产品的进口可以直接提高国内的全要素生产率；第二，落后国家可以通过较低的成本引进，模仿和吸收发达国家的技术来实现自身的技术进步；第三，国际贸易可以促进国内资源优化配置和新技术的产生，从而提高国内企业的产出。格罗斯曼和赫尔普曼（Grossman and Helpman）在1991年合著的《全球经济中的创新与增长》中分析了中间产品贸易对经济的长期影响，技术通过中间产品的投入产生传递和扩散：如果经研发后生产的新中间产品与现有的中间产品不同（水平差异投入），或比现有中间产品更好（质量阶梯模型），当这些中间产品出口时，进口国的技术水平会通过贸易伙伴的研发效应和技术传递而得到提高。中间产品的种类能够增加最终产品的生产率，外部收益和外溢出效应使生产效率得到提高，另外，专业化生产的中间产品的进口使进口国通过对产品的学习和模仿，甚至开发出具有竞争力的相似产品和差异产品，促进进口国的技术创新。

很多文献研究了基础设施对出口贸易的影响，克拉里达和芬德利（Clarida and Findlay, 1992）利用1985—1995年的相关数据，运用引力模型研究了基础设施对双边贸易的影响，结果表明，基础设施不仅能够促进出口数量的增长，而且还对贸易活动的发生具有决定性的作用。唐纳森（Donaldson, 2008）构建了具有贸易成本、多地区多产品的李嘉图模型，分析了基础设施对区域出口和比较优势的影响，结果显示，基础设施水平的提高不仅能降低贸易成本，减少区域的价格差，而且能促进出口贸易的开展。薛漫天（2010）利用中国1984—2007年工业行业的数据，在耶普尔和戈卢布（Yeaple and Golub, 2007）模型的基础上进行研究，结果显示，电力、交通和通信基础设施对中国出口比较优势的作用不显著，而电力基础设施对制造业行业比较优势具有显著的作用。克鲁格曼（Krug-man, 1979）在分析了经济一体化（主要包括创新者的出口行为）对技术创新的作用后指出，贸易竞争带来的出口增长给创新者带来的技术创新报酬是进一步刺激创新的重要力量。国内学者李平、田朔（2010）通过构建研发活动的投入产出函数，运用中国2001—2007年制造业行业的面板数据，实证检验出口贸易通过技术溢出对行业技术创新的影响。结果表明，出口贸易的水平效应对技术创新产生了积极的影响，后向溢出的作用较不显著，但在考虑行业竞争程度的影响后，出口贸易的技术溢出效应均显著为正。因此，基础设施水平的提高，可以形成出口比较优势，而出口贸易进一步促进了中国技术创新能力的提高，由此可以说基础设施间接促进了中国技术创新能力的提高。

第五节   技术创新能力的综述

近些年来，国内外有关学者就技术创新能力及其关联问题做过一些研究工作，并取得了一定成果。目前该方面的研究围绕什么进行，有什么观点和结论，进展到何种程度，有什么新动态、新趋势，等等，诸如此类的问题需要通过对文献的梳理给予回答，这既是对前人研究继承发展的需要，也是明确研究方向、深化认识的需要。

一 技术创新研究起源

1912 年，创新理论鼻祖、美国著名经济学家熊彼特（Schumpeter）在《经济发展理论——对于利润、资本、信贷、利息和经济周期的考察》一书中最早提出了创新概念。他说："创新就是生产函数的变动，而这种函数是不能分解为无限小的步骤的。"熊彼特的创新概念包括五种情况，即采用一种新的产品，采用一种新的生产方法，开辟一个新的市场，掠取或控制原材料或半制成品的一种新的供应来源和实现任何一种工业的新的组织。熊彼特还指出，作为企业"灵魂"的"企业家"的职能就是实现"创新"，引进"新组合"。创新在熊彼特的学说中极其重要，可以说"创新理论"构成了其"经济发展理论"的核心。熊彼特首先提出的创新理论（Innovation Theory）在当时曾轰动西方经济学界。

然而在此后相当长的一段时间内，熊彼特的创新理论似乎被人们遗忘了。"其原因是，经济学家们认为发明与创新是经济模型之外的东西，是外生的变量。早期，熊彼特自己也认为创新是外在于经济系统的。"20 世纪三四十年代开始，熊彼特的理论被重新发现，其后形成了技术创新经济学和技术创新管理两大分支。在 20 世纪四五十年代，一些经济学家就创新与失业、与经济周期的关系展开研究，还有人做了石油、收音机、机床等产业技术创新的实证研究。此外，还有学者从不同角度对技术进步进行研究，如索洛（Solow, 1956）研究了技术进步对经济增长的贡献率，库兹涅茨（Kuznets）研究了技术进步的特征，希克斯（Hicks, 1932）研究了技术进步方向的问题，阿伯拉莫维茨（Abramovitz, 1956）和格瑞里克斯（Griliches, 1957）研究了技术进步对生产率影响，以及诺斯（North, 1981）研究了技术创新与制度创新之间的关系，等等。这些研究为后来的技术创新经济学研究和技术进步的研究奠定了基础。

鉴于创新是一项商业活动，而企业是商业化活动的基本单位，另外一些学者就企业如何通过创新实现竞争力的提高，如何实现创新过程等问题展开探讨。从 50 年代末 60 年代初起，创新管理研究成果开始出现。如伯恩斯（Burns）在 1961 年就出版了《创新的管理》一书，美国麻省理工学院在 60 年代正式成立研究组研究创新的管理并出版了相关成果。

前面已对技术创新的概念进行了详细的定义，下面将对技术创新理论的其他内容进行逐一介绍。

二　技术创新的特征

技术创新的基本特征可以概括为以下几个方面：

（一）新颖性

技术创新的新颖性主要是指技术创新过程中所涉及到的构思、产品或者服务，以及工艺的应用具有新的性质，这些均是技术创新的本质特征。新颖是一个相对模糊的概念，从描述创新的角度来说，新颖主要是指新知识的创造以及对新知识展开的突破性的应用，然而对于新颖性范围则要从企业、行业部门、国家等方面来理解。一般情况下，只要企业开展了以前尚未做过但却有利于企业生产或者发展的活动，即可认为该企业是在创新。

（二）创造性

创造性是技术创新活动必须具备的特征，如果创新活动不具备创造性，那么该创新活动就不能生产出满足市场需求的产品或者服务，这会大大影响企业的竞争力。反之，具有创造性的创新活动会使创新者在竞争中具有相对技术优势，从而提高企业的竞争能力。因此，创新的本质就是一种能动性的创造。在技术创新过程中所涉及或产生的新技术的开发、新理论的提出、新工艺的采用、新的组织方式或者管理方法的产生，这些都是创造性的成果。

（三）高投入性

从研究开发到市场实现，一项技术创新活动包含很多环节，花费巨大的人力财力和物力。可以这么说，一定数额的资本投入是开展技术创新每个阶段顺利进行的保证，如果没有充足的创新资源投入，创新活动的预期目标就很难甚至无法实现，而且创新资源的投入强度随着创新的难度的增大而增加。现代技术的发展日趋复杂，学科之间的渗透与交叉也日趋广泛，这将进一步提高创新的投入强度。因此，技术创新的一个显著特征便是高投入。

（四）高风险性

高风险性属于创新活动的主要特点之一。大量研究表明，在创新产品进入市场前大约有90%的创新活动已经失败，所以技术创新具有比较高的失败比率。日本科学技术与经济研究会的数据统计显示，企业开展的技术创新项目在技术阶段、生产阶段和市场阶段的失败率分别为 85.5%、37.5% 和 11.4% 。而美国的高新技术创新投资项目的成功率也仅有 10%—20% 。技术创新活动的不确定性决定了它的高风险性，这主要表现在一项新的工艺或者新的产品能否在预期的时间内被开发出来，新技术能在哪一阶段获得突破性进展都是不确定的；企业文化以及企业自身的生产管理模式与某项技术创新活动的适应性也是不确定的；市场对新产品的需求倾向可能会背离企业的最初预期，另外市场环境也可能会被竞争对手所改变。

（五）高收益性

在经济活动中，高收益与高风险是并存的。根据统计显示，企业所开展的技术创新项目如果有 20% 左右的成功率就可收回创新成本并取得预期利润，原因主要在于开展创新的企业会比竞争对手具备技术上的优势，这会使创新企业在一定时期内形成技术垄断。高效益就是依靠这种技术优势或者技术垄断来实现的，进而获得高额垄断利润。大量的企业以比较高的投入来开展创新活动就是为了获得这种高额利润，并以此来维持企业自身的生存和发展。

（六）周期性

技术创新具有周期性的特点，从新技术的设想开始到新产品的产生再到新产品进入市场，最后到新产品进行技术扩散直到其退出市场。由此可以看出，技术创新活动是一个复合环状的链式过程。技术创新在经过由发明到市场实现这个过程中的各个阶段以后，技术创新主体会根据市场需求，开展新一轮的创新活动，从而形成螺旋式上升的创新过程，以上这些体现了技术创新具有周期性的特点。

（七）协调性

协调性也是技术创新的特点之一。技术创新不仅包括企业内部的研究和开发、生产与销售，而且技术创新还会涉及市场状况、社会条件以及其他政策因素等，它是包含技术、经济和社会三大因素的复杂的系统工程。由此可以看出，技术创新活动不仅需要企业内部状况和企业外部环境相协调，而且需要技术创新的行为与创新者的素质相协调。另外，技术创新的协调性体现在以下几个方面：大学和其他科研机构与企业之间良好的合作关系；企业在技术创新过程中，要求各部门之间要协调一致、通力合作；

企业与用户之间也需要建立紧密联系；社会环境与企业之间需要协调发展。

三　技术创新的内容

根据熊彼特对技术创新的定义以及后来大量学者的相关研究，可将技术创新的主要内容概括为产品创新、工艺创新、组织管理创新和服务创新。

产品创新主要是指通过对原有产品的改进与更新或者生产出新的产品。这样能够增加创新产品的品种，开辟新的产品市场，并促使企业在激烈的市场竞争中获得优势地位，进而使企业在短时间内获得更多的经济效益，所以企业家都比较偏好于产品创新。国内外大量企业成功的经验表明，一个有广阔市场前景的新产品是企业经济效益新的增长点。一个企业或者国家的市场竞争能力会受到产品创新能力的直接影响。

工艺创新主要是指研制和改进制造产品的方法或者过程以及生产产品所用的材料、工具设备等方面的内容。工艺创新的目的不仅要降低生产成本，保证产品的质量，而且还要提高生产效率以及经济效益。对于那些以高新技术成果产业化为内容的新产品或者换代产品来说，如果没有工艺上的创新，实现这些产品的商业化是很难实现的。

组织管理创新和服务创新主要是指运用新的技术手段，将有关企业经营的新设想转变成为改进的管理方法或者是组织方式和服务形式，比如电子银行和电子商务等。中国自改革开放以来，随着科技与经济的迅速发展，产业结构也随之产生了重大变化，其中以信息产业为代表的服务业迅速崛起。在多数发达国家中，第一产业和第二产业在国民生产总值中所占比重的总和已经低于第三产业在国民生产总值中所占的比重，而在一些发展中国家中，这个比重也在不断地增加，以使推动国民经济发展的产业结构逐渐趋于合理，所以国家或者企业都应该更加重视组织管理创新和服务创新。

四　技术创新的类型

技术创新的分类方法大体上可以归结成为两种。一种是创新客体与创新主体分类法，这种分类主要是依据创新活动的技术变动对象与强度。另外一种是宏观与微观分类法，这种分类方法主要依据的是创新范围与层次。

（一）希克思分类

英国著名经济学家希克斯在 1932 年出版的《工资理论》一书中提出了针对发明的分类方法。结合该著作的上下文来分析，其中所涉及到的发明即等同于创新。希克斯在该书中假设只存在两种生产要素，即劳动和资本。因此，可将发明或者创新根据它们最初的效果来进行分类，具体表现为它们的最初效果是减少、不变或者是增加资本边际投入对劳动边际产出的比。可将其分为三类：

第一类，中性的创新，是以同样的比例同时增加劳动边际产出和资本投入。

第二类，节省资本的创新，这类创新主要是指相对于资本边际投入来说，增加了劳动边际产品。

第三类，节省劳动的创新，这类创新主要是指相对于劳动边际产品而言，增加了资本边际投入。此分类的意义在于有利于分析创新的走向，这也是新古典经济理论分析技术进步的概念框架。

（二）科学政策研究所（SPRU）分类

20 世纪 80 年代，一种基于性质、程度以及规模的创新分类被英国苏塞克斯大学的科学政策研究所提出：

1. 渐进型创新

这主要是一种不断进行着的累积性的改进，这种类型的创新主要是对生产工艺的改进或者是对产品进行变型，这种改进通常被称为"螺丝—螺母"型创新。如果一个企业要使自身所生产的产品在市场竞争中保持优势竞争地位，就必须不断地开展此类创新。如果企业的竞争者也能生产出同样功能或者是更优质的产品，那么企业在未来的竞争中就必须对自己的产品进行改进，以使自己所生产的产品无论在性能上还是在成本上都具有竞争优势。尽管此类创新的进展缓慢，但是对于降低生产成本、提高产品的质量、改进包装以及提高生产效率都具有重要作用。这种类型创新也是数量最多的一种创新，而且这种创新所消耗的资源较少，但是它对企业的发展却至关重要。

2. 根本性创新

这类创新主要是在市场需求驱动或者技术推动下，以及在这二者综合作用下而开展的研究和开发工作。这种类型的创新的成果不仅会引起生产工艺化，而且还会影响产品的性能以及功能，使生产产品的技术产生根本性的突破，而这种突破一般情况下会改变整个行业的特征。例如喷气发动机和静电复印等。一般说，此类创新的数量相对较少，而且所需要的资源也相对较多，但是此类创新会为经济发展带来较大影响，它可能会产生一个或者是几个新的产业，并且会改变产业的组织结构。中国由技术引进带来的新产业移植，例如录像机工业等就属于此列。

3. 技术系统的变革

这类创新主要是指在周到细致的组织和严密的计划下，经过较长时间并且消耗大量资源的情况下才能完成的对复杂系统的建立。比如全球性通讯系统和航天飞行计划等。国家的计划推进以及行政干预是此类创新的主要特点，这主要是因为企业没有如此巨大的市场需求并提供如此大量的资源来开展这样的创新活动。而国家却能够运用行政干预手段和经济调节手段保证这类创新在不同的阶段所需求的资源，进而保证完成此项创新。杰出的科学家和出色的工程技术人员是这类创新不可或缺的条件，因此这类创新数量是有限的，但它的成功往往会带动相关产业的巨大发展。

4. 技术—经济范式的变更

这种变更会伴随着很多根本性的创新群、同时也会包含很多技术系统的变更。它几乎会影响到经济的每一个部门，同时也会改变人们的常识。这种变更的兴衰主要是通过经济的周期性来体现。

五　技术创新的来源

技术创新对于一国技术进步、经济发展的重要性日益为学术界和理论界所认识，然而，创新是一个创造性的过程，创新的产生不似生产过程那样容易加速和可控，但是我们仍可以从创新的来源和途径中去努力探寻创新可能发生的一些特征，从创新模式中发现把握创新的关键。对于这些问题的归纳，有助于清晰认识技术创新与基础设施规模、国际贸易之间的关系，为进一步研究二者的作用机理奠定基础。

技术创新的来源是一个伴随着技术创新研究开始就一直讨论的问题，正如我们在概念界定中所指出的，技术的本质就是知识和信息。那么，技术创新实际上就是用知识生产新知识，是一种技术诀窍的积累过程（熊彼特 1998，Rothwell 1992）。研发、技术引进、技术溢出、技术改造、消化吸收等方面的投入都是重要的技术创新源，它们的主要作用在知识创造和知识积累，而这些来自多层面的知识学习从"创新的来源"的角度决定着技术创新的发生与发展，也就构成了知识的创造与积累同现实的技术创新能力之间正式转化的基础。

对于技术创新源的研究，国内外学者通常是从两个角度对其展开分类讨论的：

其一，按照创新源的组织类型，将技术创新的来源分为：供应商、政府结构、研究结构、行业内部、大学、海外等（弗里曼，1980；Rothwell，1986；Marquis，1988）。由于不同的研究选用的行业不一致，样本之间不具有可比性，因此技术创新在各个来源上的分配比例差别较大。但是，通过对已有研究的整理，我们发现，外部信息对产生创新设想和解决方案的设计都很重要。

其二，按照创新源的形成途径划分。大岛优子木（Yuko Kinoshita，2000）认为研发、技术转让、技术溢出是技术创新的三个主要途径，其中自主研发属于内部技术的来源，技术转让和技术溢出则是技术的外部来源。通过实证研究，他证实了技术溢出对创新有影响，并且还影响前两者。庄和林（Chuang and Lin，1999）利用中国台湾地区的工业调查数据进行了研究，也发现当地技术购买以及流向海外的投资对当地研发活动都产生了替代效应。更进一步，查尔斯和豪威尔斯（Charles and Howells，1992）专门针对企业外部的技术来源进行了详细的分析，他们将企业寻求外部技术来源的决策行为归因于供需因素的影响。此类划分正是本研究所要关注的问题。

大量研究表明，创新源有许多种类。创新的创新源主要是科研机构、企业或大学。创新的种类和产业不同，相应的创新源也不同。根据创新者与创新之间的联系，美国麻省理工学院冯希普等人将创新分为用户创新、制造商创新以及供应商创新等类别，他们的研究指出，技术创新在科学仪器领域中，用户创新占77%，制造商创新占23%；在半导体和印刷电路板制造领域中，用户创新占67%，制造商创新占21%；在铲车技术领域中，用户创新占6%，制造商创新占94%；在工程塑料领域中，用户创新占10%，制造商创新占90%；在塑料添加剂技术领域中，用户创新占8%，制造商创新占92%。范德·沃夫的研究指出，在以氧气和氮气为原材料的设备领域中，用户创新占 42%，制造商创新占 17%，氮、氧气供应商的创新占 33%；在以热塑塑料为原料的设备领域中，用户创新占 43%，制造商创新占 14%，热塑塑料供应商的创新占 36%；在电力终端设备的领域中，与联结端子相关的产品创新，有 83% 是联结端子供应商完成的。

　　由此可知，用户、制造商和供应商是除了大学和其他科研机构以外的重要创新源。通常情况下，人们认为产品创新过程是由制造商控制的，但实际上用户和供应商在创新活动的整个过程中也发挥着非常重要的作用。创新原型是由用户或者是供应商根据市场需要并通过开展相关的研究和开发而建立起来的，而加以完善并推向市场则是由制造商来完成的。

　　关于创新源，大企业、小企业或者个人，他们中哪个才是主要创新源，这个问题被人们长期争论。根据马克维斯和梅耶斯的研究表明，创新的数量与企业大小没有一致的关系，小企业并不见得比大企业开发的创新少。曼斯菲尔德经过研究也认为企业大小对创新数量多少的影响很小。历史上的大多数创新都归功于小企业或独立的发明家。但是后来这种情况有所变化，在 20 世纪 80 年代美国专利商标局批准的 6 万项专利中，大多数是来源于大公司。出现这种情况的原因可能是由于很多研究和开发工作还是需要昂贵的设备，以及来自不同学科的研究人员的共同合作，而大公司的这些条件通常情况下要好于小公司。主要的创新源也会随着行业的不同而不同，这主要是因为不同行业的企业结构和发展阶段也会存在不同之处。

六　技术进步理论

　　科学技术是第一生产力，科学技术伴随人类社会的进步，科学技术的发展史等同于人类社会文明的发展史。生产一开始就决定于科学技术，科学技术通过社会生产不断开辟新领域和提出新的研究对象。社会生产发展产生了科技，反过来科技又推动了社会生产发展。尤其在现代科技突飞猛进的情况下，这就为人类的文明和社会生产力发展开辟了更为广阔的空间，并且有力地推动了社会和经济的发展。科学技术满足了经济快速发展的迫切需求，而经济发展又推动了技术进步，并且是技术进步的归宿和基础，技术进步对经济发展具有促进作用。我们要从技术进步的含义和类型来回顾技术进步理论。

（一）技术进步的含义

世界知识产权组织对技术进步进行了定义，即技术是制造一种产品的系统知识。联合国经济合作组织对技术的定义是从产品的研究、开发到销售整个过程中所用的知识。技术进步是从技术对人类社会发展的作用，特别是从经济发展的角度来认识科技水平的提高，而不是指单项科学研究成果或某项技术水平的提高，也不是从纯技术角度的科学技术发展。

技术进步包括科学的发明与发展以及在生产、流通等领域应用中的进步。同时，由于技术是融合、渗透在社会生产力诸要素（包括管理）之中。那么，技术进步的生产力含义指融合、渗透在社会生产力诸要素中科学技术因素的综合发展和进步。技术进步包括自然科学与技术的发展和进步，以及社会科学与技术的发展和进步。技术进步可分为狭义技术进步和广义技术进步。狭义技术进步主要是指制造技能、生产工艺和中间投入品等方面的革新和改进。具体表现为改进旧工艺、改造旧设备、采用新工艺、采用新设备以及使用新的原材料和能源，还包括提高工人的劳动技能，对原有产品进行改进和研究开发新产品等。广义技术进步是指技术所涵盖的所有知识的积累与改进。在开放经济中，技术进步的途径主要有三个：技术扩散、技术创新和技术转移与引进。对于后发国家来说，工业化的赶超可以理解为技术的赶超。目前，国内的技术进步和赶超工作主要通过各类高新技术园区和开发区来完成，政府通过引导资金、技术、人才、产业等的集聚来孵化高新企业和高新技术。

（二）技术进步的类型

技术进步对要素使用量和收入分配影响是不同的，根据它们之间的不同，技术进步也有不同的分类。在《工资理论》一书中，希克斯将技术进步分为三类：资本节约型、中性型和劳动节约型。经济学家哈罗德、索洛和希克斯等人分别提出分类和判断标准。

1. 希克斯中性技术进步

希克斯分类方法有两种表述方式：第一，要素比例标准，即假设投入要素的价格不变，资本—劳动比由于技术进步而改变；第二，边际产品比例标准，即假设资本—劳动比不变，要素的边际产品比例因技术进步而改变，它的表现是要素相对价格的变动。资本和劳动是希克斯分类假设所投入的两个要素，这两者的价格比率稳定，并且认为投入的生产要素是有限的。若资本—劳动比因为技术进步而上升、下降或者不变，那么其相对应的技术进步分别称为劳动节约型、资本节约型和中性型。因此，在现代经济迅速发展的进程中，需要高效循环利用有限的自然资源，从而实现经济的节约型增长。

2. 哈罗德中性技术进步

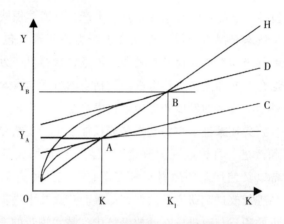

图 2 - 1　哈罗德中性技术进步

如果资本—产出比在技术进步影响下上升、下降或者不变，那么相对应的技术进步分别称为劳动节约型、资本节约型和中性型。哈罗德中性技术进步属于劳动节约型的技术进步。该理论认为不管生产函数如何移动，资本—产出比如何变化，资本的边际产量始终保持不变，如图 2 - 1 所示。由此可见，资本—劳动比在哈罗德中性技术进步中提升缓慢，从而加深了资本深化程度，但总收入中利润率所占的比重并未发生变化。据此，我们可以把哈罗德中性技术进步表示为生产函数形式：$Y = F [K, (b) L]$。

3. 索洛中性技术进步

索洛的技术进步分类假设工资率不变而资本—产出比不断变化，如果技术进步使劳动—产出比上升、下降或者不变，那么相对应的技术进步分别称为劳动使用型、劳动节约型和中性型。可以明显看出，技术进步后的劳动—产出比率大于技术进步前的劳动—产出比率。如图 2 - 2 所示。

为了在逻辑上更好地理解本书基于对国际贸易、基础设施规模对中国技术创新能力关系的研究，非常有必要进一步明确技术创新与技术进步的关系。

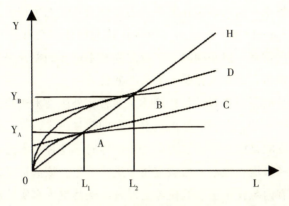

图 2 - 2 索洛中性技术进步

七 技术创新与技术进步的关系

(一) 技术进步

技术进步 (technology progress) 是一个经济学术语, 从最基本的生产函数理论上来说, 技术进步表现为生产函数向更高生产率的方向变动。美国经济学家罗森博格 (Rosenberg, 1982) 把技术进步定义为是 "某种知识, 在一给定的资源量上, 它既能使产量增加, 又能提高产品质量"。这一定义把技术进步与知识联系了起来。

琼斯 (1992) 认为技术进步应该具有三方面的内容, 即相同投入生产出更多的产出 (或相同的产出所需投入较少)、现有产品质量得到改进和生产出全新产品。

内生经济增长理论则倾向于扩大范围, 将凡是影响生产函数、经济增长中不能用资本和劳动力等投入要素来解释的任何其他要素, 均纳入技术进步的范围 (Romer, 1990; Aghion et al, 1992)。显然, 这种广义的技术进步把一些非技术性的因素, 如制度因素、社会文化因素, 以及由自然条件的变化而引起的单位投入的产出变化增大, 都涵盖于其中了。

(二) 技术创新与技术进步的关系

技术作为一种生产组织手段, 它的发生、发展以及对经济社会的影响, 离不开科学进步, 更离不开人们知识的积累。一般而言, 技术进步与技术创新息息相关。一些重要的知识、经验必须通过创新才可以转变为具有经济价值的技术，从而将隐含的生产力转变为现实的生产力。巴伦特和普雷斯科特（Parente and Prescott，1994）认为即便当今社会技术知识已经在全球范围内贡献，但是国家、产业之间技术进步的差异仍然取决于实际应用的技术知识，而不是竞争因素的有效性。

从技术进步的原因来看，就经济体系而言，外生技术进步是由经济体系之外的要素决定的；当创新是由现有资源的数量决定，并且创新的速度及其对产出的影响是由经济体系内在力量决定时，这种技术进步即内生技术进步。传统经济增长理论一般假定技术进步外生，该假定可以使分析更为便利，但只有内生技术进步假设才是对现实经济更为真实的反映。

八 技术创新的驱动系统

（一）技术创新驱动因素的研究进展

学者们对于技术创新的驱动力的认识，经历了一个由单因素解释到双因素解释再到系统性解释的不断深化的过程（张宗庆，2000）。

1. 单因素驱动

20 世纪 50 年代初到 60 年代末，一场著名的争论揭开了学术界对于技术创新驱动研究的序幕。最初，大多数学者都支持技术创新的技术推动说（熊彼特，1990），他们认为创新活动的步伐依赖于科学进展，技术创新的过程也就是所谓的创新的线性模式，从科学知识本身的发展引起，并单向地向前直到技术应用和商业应用。

与此相反，施穆克勒（Schmookler，1996）构建了需求引导的技术创新过程模型，指出在创新中，需求与技术潜力相比，是一个更重要的因素。梅尔斯和马奎斯（Myers and Marquis，1969）以及厄特巴克（Utterback，1978）的实证研究也证实了大部分的重要创新是需求拉动的。

综合早期学者们的争辩，罗森堡（Rosenberg，1982）更强调了创新技术和市
场需求的共同作用，"需求决定了创新的报酬，技术决定了创新成功的可能性及成本"。

2. 双因素驱动

从 20 世纪 70 年代中期开始，人们开始在一个演进的环境中考察创新的驱动力。这期间出现了日后具有重大影响的"演化理论"（Nelson et al，

1982），即认为技术创新是一个演进的、开放的、路径依赖的过程。创新存在着两个源流：一是在静态环境中，通过干中学发现和利用创新机会；二是在动态环境中，通过搜寻与选择现实对创新机会的发现与利用。由此看出，创新机会是得到创新主体的辨认，内化于技术创新的主体之中的。该学者还指出，创新的成果只有与环境相符，创新才能最终确立。环境将选择赢家与输家。这表明，创新不是孤立的，它与主体的知识状况以及与环境的关系密切相连的。

3. 系统驱动

20 世纪 80 年代以来，对于技术创新的研究出现了综合化的趋势（傅家骥，1998；张宗庆，2000；王伟光，2003），其标志就是创新系统思想的产生（弗里曼，1992），越来越多的学者从"系统"的角度来解释影响创新的各种因素和动力（Lundvall，1992；Edquist，1997；Mckelvey，1997；Breschi et al，2000）。

麦凯维（Mckelvey，1997）认为代理人、制度和环境的相互作用决定着技术和经济机会，而这两者又共同决定着创新的机会。

艾昆斯特（Edquist，1997）认为，生产结构、相关要素价格、组织条件、事业程度、工会态度、技术政策、诀窍的有效性等是技术创新的主要驱动因素。

（二）技术创新驱动系统的构成

任何一项经济活动的开展总是参与该活动的行为主体在一定的动力支配下发生的，企业技术创新活动同样需要相应的动力来推动和加速。从系统的角度看，构成技术创新动力的要素来自许多方面，这些要素并非孤立地发挥作用，而是在相互作用的基础上形成企业技术创新的综合动力。

技术创新的激励（technology incentive）是创新研究的一个核心问题。各国、各地区、各产业在宏观创新行为上表现出来的种种差异，可以说都是由创新激励机制的不同引起的（柳卸林，1993）。因此，我们认为，不同层次的激励构成了一个创新的激励系统，它既是我们分析创新激励的合理框架，又能用来解释不同层次的创新差异。

贝尔图利亚（Bertuglia et al，1995）综合了前人的研究成果，从企业层面给出了影响技术创新活动的内外部因素的一个研究框架（图 2 - 3）。

李垣、汪应洛（1994）从技术创新的内外部相互作用的关系研究中，构建了技术创新交互式动力系统（图2-4），他们认为只有内、外部动力和谐搭配的条件下，才能启动创新过程。

柳卸林（1993）则从宏观层面提出了技术创新激励机制的分析框架（图2-5），创新激励的方式可分为四种：产权激励、市场激励、企业激励和政府激励。产权激励通过确立创新者与创新成果的所有权关系来推动创新活动。市场激励通过市场力量来推动创新。企业创新是一种内部激励。政府激励应视为是前几种激励机制不能有效发挥作用时而实施的辅助措施。以上四种激励机制互相作用，构成了一个创新的激励系统。

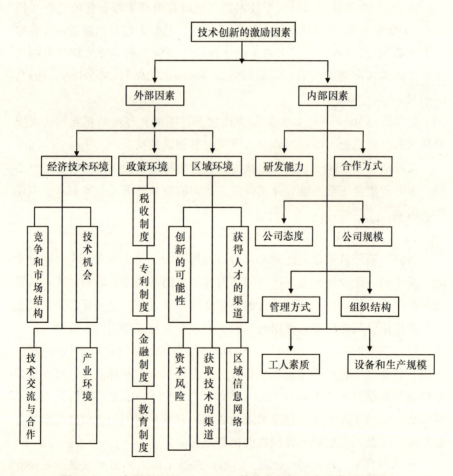

图2-3　贝尔图利亚（Bertuglia）的技术创新激励系统分析框架

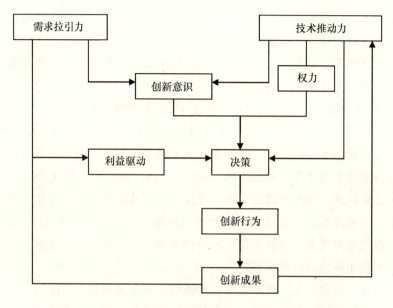

图 2 - 4 李垣等交互式激励系统各动力要素之间的关系

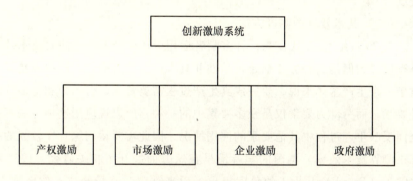

图 2 - 5 柳卸林的技术创新激励机制的分析框架

综上所述,尽管学者们对创新激励系统的构建各不相同,但总的来说划分的思路都比较类似,即都考虑了创新组织的外部激励和自身内部的激励,而其中的技术、市场、政策和能力是大家一致认为起着关键激励作用的因素。

九 技术效率理论

(一) 技术效率的含义

技术效率的研究源于对技术有效性研究。科普曼斯(Koopmans)定义了技术有效性的含义，他认为技术上不用减少任何投入或者增加任何产出是技术有效性的前提条件。德布鲁和谢泼德（Debreu and Shephard）运用模型化的方法测算了相应生产单元的技术效率，具体说明主要是通过运用距离函数来度量生产前沿和各个生产单元之间的距离来实现的，他们认为技术效率的提高主要是依赖于产出有效以及投入有效。法尔（Farre. M. J.）对技术效率进行了较为权威的定义，他认为技术效率的前提是市场价格和生产技术保持不变，在此前提下度量产出所需要的最小成本所占总投入的比重。莱宾斯坦（Leibenstein）从产出的视角定义了技术效率，他认为，在投入结构、投入规模以及市场价格的比例保持不变的前提下，可将技术效率表示为实际产出在理想产出量中所占的比重。因此，大多数的学者认为技术效率是实际产出占潜在产出的比重，这进一步突出了技术使用所能达到的状态。

由以上内容可知，技术效率主要测度经济主体所能实现的最大产出能力，同时能够反映经济主体在已有技术效率条件下实际生产接近前沿面的程度。

（二）技术效率的测度方法

自 20 世纪 50 年代以来，许多学者运用劳动生产率的方法对技术效率进行度量，但是这种方法缺乏科学性并具有一定的局限性。这主要是因为对于一个生产主体来说，要完成其生产过程需要资本、劳动力和土地等多种要素，而劳动力要素仅是众多要素中的一种，所以说应用这种方法不能全面反映生产过程中其他要素的使用情况，因此需要运用综合性较强的指标来测算技术效率。英国的学者最早在这方面展开了相关研究，1957 年法雷尔（Farrell）从投入的角度提出了后来被广为接受的技术效率理论。之后的莱宾斯坦（Leibenstein）基于产出视角提出了后来被普遍应用的技术效率定义。艾弗利特（S. N. Afriat）应用计量经济模型对技术效率展开了研究，他首次应用最大似然估计的方法得出具有统计性质的前沿生产函数模型，该模型的具体的表达式为：

$$\ln y_i = \ln[f(x_i)] - u_i$$

u_i 表示第 i 个生产单元的残差，且 $u_i \geq 0$。当 $u_i > 0$ 时，表示实际产出与最大产出的差距。若 $u_i = 0$ 时，表示实际产出 y_i 在生产边界上，那么此时对应的技术效率为 1。$\ln y_i = \ln[f(x_i)] - u_i$ 为前沿生产函数能够确定的组成内容。技术效率相应的表达式可表示为：

$$TEL = \ln y_i = \ln[f(x_i)] - u_i$$

上述模型的不足在于其得出的结果会在一定程度上受到最大似然估计法残差分布形式的影响。理查德（J. Richmand）对该方法做了进一步的调整，他主要是运用经过修正的 OLS 方法来估计前沿生产函数。

由此可以看出，法雷尔（Farrell）、艾弗利特（S. N. Afriat）、理查德（J. Richmand）等所提出的技术效率度量模型都具有相同的假设条件，即均认为生产单元的前沿生产函数也相同，而且技术效率主要是由生产单位的边界产出和实际产出之间的差别所产生的，当然这些假设在很多情况下都会与实际情况有所差异。在这样的背景下，大量的学者相继开展了随机生产函数的研究。

伴随着随机前沿生产函数的出现，对技术效率的估计也开始由纯理论研究逐渐转变为实际应用方面。查理斯和库柏（A. Charnes and W. W. Cooper）等针对有效性提出了新的评价方法，即数据包络分析方法（DEA），这种方法主要是以相对效率为研究基础。魏权龄首次提出了 DEA 模型—C^2R 模型。随后，魏权龄等（1987，1988）和科里拉詹（Kalirajan et. al）等对该模型进行了相应的改进，并且他们和科利尼、赛福德和施图茨（B. Celany，L. Seiford and J. Stutz）又开展了相关合作研究。查理斯（Charnes et. al）和魏权龄等提出了技术效率识别的 C 模型。DEA 方法是度量技术效率的有效方法，本书将在具体估算技术效率的时候再介绍该方法及其对技术效率的测度过程。

采用科学适当的效率评价方法是进行创新效率研究的基础。目前应用比较多的创新效率的评价方法是参数方法（统计方法）和非参数方法（数学规划方法）。

有关创新有效性的研究最早是基于对技术有效性的研究，这一领域的最初探索是德布鲁和谢泼德（Debreu and Shephard）。科普曼斯（Koopmans）对技术效率进行了定义：一个可行的投入产出向量就可称为是技术有效的，可进一步解释为，如果在不减少其他产出或增加其投入的情况下，技术上是不可能减少任何投入或增加任何产出的。技术有效的所有投入产出向量的集合就构成了理想的生产前沿面。德布鲁和谢泼德（Debreu and Shephard）给出了一个模化方法来测量一个决策单元的多投入多产出的生产技术效率，即决策单元与生产前面的距离是依据距离函数沿着产出增大方向（Debreu 投入有效），或者是投入减少方向（Shephard 投入有效）来测量。

法雷尔（Farrell，1957）首次对技术效率进行了测量，他以产出不变为前提，主要度量投入能够减少的最大值，后来这种方法得到了广泛的应用。法雷和洛弗尔（Fare and Lovell，1978）提出了新的论断，即当生产单元达到技术有效的时候，松弛变量为非零的可能性还是存在的，此时生产单元并未达到真正的技术有效。法雷和洛弗尔（Fare and Lovell，1978）对技术有效性问题进行了深入研究，他们给出了测量技术有效性应满足的条件，并给出了满足这些条件的测量方法。

随着数据包络分析（DEA）方法的发展，到 20 世纪 70 年代后期，人们重新重视起技术效率测量。DEA 方法是一种数学规划方法，它基于法雷尔（Farrell）测量，由查理斯（Charnes）等提出，并由法雷（Fare）等予以推广。DEA 方法将科普曼斯、德布鲁和谢泼德（Koopmans，Debreu and Shephard）关于技术效率的理论研究推广到对生产单元生产效率的直接测量，这种方法主要是利用生产单元的投入产出向量包络出确定的最佳生产前沿面，并且每个生产单元的效率指数（即与生产前沿面的距离）均可得到，这种方法已经在经济分析和管理科学等领域中得到广泛应用。

玛丽亚（Maria）比较分析了不同评价方法之间的差异，发现这些方法的共同点都是注重创新过程的作用。他将参与性评价方法引入到创新系统的效率评价中，这是一个注重动态弹性过程的方法，其中的每个创新主体都会参与评价。

弗里奇（Fritsch）测量和比较了 11 个欧洲区域创新系统的质量，他是运用知识生产函数方法进行测量和比较的。通过比较研究的结果显示，区域间的研究和开发活动的差异在某种程度上印证了存在于中心—边缘范式中的集群经济的存在。

十 从国家创新到区域创新

（一）国家创新系统研究的兴起

从 20 世纪 70 年代起，西方有学者提出，在技术创新中，用户、供应商等对技术创新起着重要作用。人们逐渐认识到了技术创新的多主体性、动态性和集成性特征。无论是国家层次上的创新，还是区域层次上、产业层次上的创新，都可以看作是一个由多种要素及其相互关系组成的一个系统，即创新系统。"创新系统首先是在国家层次上展开研究的，即国家创新系统；而后，学者们又在区域层次上对创新系统进行探讨，即区域创新系统。"

20 世纪 80 年代中期，国家创新系统理论产生，这标志着技术创新研究进入到了一个新阶段。国家创新系统理论的提出是对科学技术与经济发展关系的认识不断深化的结果。1987 年，弗里曼（Christopher Freeman）在其出版的《技术、政策和经济绩效：来自于日本的经验》（Technology, Policy and Economic Performance：Lessons from Japan）一书中，介绍了日本企业组织、生产组织、企业间关系、政府（尤其是日本通产省）的作用，深入探讨了日本"技术立国"政策和技术创新机制，指出国家创新系统是国家内部系统组织及其子系统间的相互作用，其对日本经济高速发展产生了巨大作用。学术界普遍认为这是"国家创新系统"概念的首次明确使用。1988 年，弗里曼在，《日本：一个新的国家创新系统?》（Japan：a new national system of innovation?）一文中，分析了"技术差距"的特性和日本国家创新系统的性质，并与美国的国家创新系统作了对比。实质上，弗里曼在研究中所指的国家创新系统就是国家技术创新系统。至于何为国家创新系统，他提出了广义和狭义的解释。"广义的国家创新系统包括国民经济中涉及引入和扩散新产品、新工艺和新系统的所有机构；狭义的国家创新系统涵盖了与科学技术活动直接相关的机构。这些机构包括大学实验室、产业部门的研究开发实验室、质量控制和检验、国家标准机构、国立研究机构和图书馆、科技协会和出版网络，以及支撑上述机构的、由教育系统和技术培训系统提供的高素质人才。"

除了弗里曼之外，纳尔逊（Richard R. Nelson）和朗德威尔（Bent-Ake Lundvall）对国家创新系统理论的产生也作出了重要贡献。1988 年美国学者纳尔逊在其著作《美国支持技术变革的制度》（Institutions supporting technical change in the United States）中介绍了美国的国家创新系统。"他研究了大学、政府、企业在新技术生产中的作用，认为创新是大学、企业等有关机构的复合体制，制度设计的任务是在技术的私有和公有两方面建立一种适当的平衡。"1993 年纳尔逊主编的《国家创新系统：一个比较分析》（National Innovation Systems：A Comparative Analysis）对 15 个国家的国家创新系统（即国家技术创新系统）进行了分析比较。纳尔逊和弗里曼的思想有不少是相同的。如他们均认为现代国家的创新体系在制度上是相当复杂的，既涉及制度因素，也涉及很多具体行为因素，还包括致力于公共技术知识的大学，以及政府基金和规划之类的机构；私人以盈利为目的的厂商，是所有这些创新体系的核心，它们相互竞争，但也合作；各国的大学在创新体系中起了重要作用。郎德威尔于 1992 年出版了《国家创新系统：创新和交互学习理论构建》（National Systems of Innovation：Towards a Theory of Innovation and Interactive Learning）一书，研究了国家创新系统的构成与运作，行为主体的作用及相互关系。在国家创新系统的概念界定上，郎德威尔认为有广义和狭义之分。"狭义的国家创新系统包括参与研究和探索活动的机构和组织，如从事研发活动的机构、技术学院和大学。广义的国家创新系统包括经济结构、影响学习和研究与探索的所有部门和方面，如生产系统、市场系统、财政系统及其子系统，这些系统都是学习发生的地方。"从方法论的角度来看，朗德威尔的国家创新体系理论侧重于分析国家创新体系的微观基础，即国家边界是如何对生产者—用户之间的相互作用发挥作用的，以及这种相互作用如何影响到一国经济发展实际的。

自从国家创新体系这个概念出现以来，还有很多学者也做了大量研究，为国家创新系统理论的形成和发展作出了积极贡献。此外尤其要指出的是经济合作与发展组织（OECD）对国家创新系统研究的贡献，它自 1994 年开展的国家创新体系研究，前后历时五年以上，涉及数十个国家，出版了大量的研究论文和综合性分析报告，为研究国家创新系统的政策含义提供了重要思想。

中国的国家创新体系研究始于 20 世纪 90 年代中期。经济科学出版社 1992 年出版的 G. 多西等主编的《技术进步与经济理论》一书首次将国家创新体系概念引入中国。1995 年，加拿大专家受国家科委委托对中国十年科技体制改革进行评估。在评估报告中，详细介绍了 OECD 的国家技术创新系统的概念，对中国的国家技术创新系统进行了分析。并提出中国应该注意国家创新体系这种分析方式，以此作为辨认未来科技改革需要、确定科技系统与国家的整个经济和社会活动的关系的手段。同年,齐建国教授完成的《技术创新——国家系统的改革与重组》研究报告,是中国学者第一次运用国家创新体系理论分析中国的宏观经济体制问题,他提出"应该将国家经济系统看作是一个综合技术创新系统,经济的发展和国际竞争取决于国家的技术创新,而技术创新快慢又取决于经济体制"。

1996 年 7 月,第二届中韩产业技术政策研讨会在北京召开,会议的主题是"面向 21 世纪的国家技术创新系统"。1998 年,柳卸林完成了题为《中国国家创新系统的现状、问题与发展趋势》的研究报告,认为政府、企业、科研与高校以及支撑服务等四个要素,以及它们彼此之间的相互作用构成了国家创新体系的主体。此后,关于国家创新系统的研究著作纷纷出现,如张凤、何传启(1999)、曾国屏(1999)、肖云龙(1999)、石定寰(1999)、李正凤(1999)、杨生华(2000)、

柳卸林(2000)、王滨(2002)等人著书立说,从不同的视角对国家创新系统进行研究,研究论文从 1999 年后更是显著增长。

(二)区域创新系统研究的兴起

国家创新系统概念产生以后,在全世界范围内掀起了一股研究热潮。但是随着经济、社会和科学技术的发展,经济区域化特征越来越明显,创新在区域经济发展过程中的重要性与日俱增。因此,国家创新系统理论与现代区域经济理论开始融合,区域创新系统(Regional Innovation System,RIS)概念产生,并得到学术界和实践界的重视。

英国威尔士卡迪夫大学社会科学高级研究中心(CASS)主任及城市与区域规划系教授库克(Philip Cooke)是最早对区域创新系统进行理论和实证研究的学者之一。1992 年,他发表了一篇名为《区域创新系统:新欧洲的竞争性规制》的文章,提出了区域创新系统概念。1996 年,库克、布拉茨克和海登里希(Cooke Braczyk and Heidenreich,1996)在撰写的《区域创新系统:全球化背景下区域政府管理的作用》一书中,详细阐述了区域创新系统的理论与实证研究,认为区域创新系统是由在地理上相互分工与关联的生产企业、研究机构和高等教育机构等构成的区域性组织体系,这种体系支持并产生创新。此后,他又开展了大量以欧盟为背景的区域创新系统建设研究。他认为,区域创新系统这一概念来自于演化经

济学，强调企业经理在社会互动中不断学习和改革而进行的选择，这种互动超越了企业自身，它涉及到大学、研究所、教育部门、金融部门等。当在一个区域内形成了这些机构部门的频繁互动时，就可以认为存在了一个区域创新系统。

英国的梅特卡夫（Metcalfe）教授认为，把"国家作为一个单位来分析一个技术系统的动态图像可能太大了。因此，应该考虑一组特色的、以技术为基础的系统，其中的每一个以在一个国家地理和制度为边界，而它们之间又进行连接，支撑国家或国家创新系统的发展。"

另一个对区域创新系统研究作出重大贡献的学者是阿希姆（Asheim），他认为区域创新系统是由支撑机构围绕的区域集群（Asheim and Isaksen，2002）。根据阿希姆的观点，区域创新系统主要由两类主体以及他们之间的互动构成：第一类主体是区域主导产业集群中的企业，同时包括其支撑产业；第二类主体是制度基础结构，如研究和高等教育机构、技术扩散代理机构、职业培训机构、行业协会和金融机构等，这些机构对区域创新起着重要的支撑作用。这样，一个集群要发展成创新系统就需要满足以下两个条件：（1）集群内部企业间开展更多正式的创新合作；（2）建设强有力的制度基础结构，如创新合作过程中引入更多的知识提供者等。

区域创新系统研究的兴起无疑受到了硅谷奇迹和现实中企业集群现象的启发。萨克森宁（A. Saxenian,）非常深刻而独到地剖析了硅谷兀然崛起和持续繁荣之谜。在这位学者的眼中，企业之间的竞争合作所形成的产业集群是硅谷成功的重要因素之一。迈克尔·波特（Michael Porter，1990）力图通过其研究缩短人们对公司集群现象的认知差距，他认为集群不仅仅降低交易成本、提高效率，而且改进激励方式，创造出信息、专业化制度、名声等集体财富。更重要的是，集群能够改善创新的条件，加速生产率的成长，也更有利于新企业的形成。国内有关学者（柳卸林，2003；陈辉，2006；孙大卫，2008；等）也认为美国硅谷的崛起和产业集群是区域创新系统研究兴起的重要原因。还有人提出区域创新研究的兴起还与技术创新本身的特点有关（吴贵生等，2004）。

总之，区域创新系统理论研究的兴起，既是研究现实区域经济发展实践的需要，也是制度经济学、新区域经济学、学习经济学、创新经济学和网络理论等发展、交融的产物，它标志着技术创新研究进入了一个新阶段。

国家、区域创新研究的核心是区域技术创新能力提升问题。因为在制度创新、技术创新、管理创新和服务创新等创新系统的功能要素构成中，关键是技术创新问题，技术根本上决定着企业的竞争力乃至于一国经济增长的可持续性。而研究国家、区域技术创新的目的就是要弄清国家或区域内技术创新能力的形成机理，以寻找提升技术创新能力的"治本"之策。

但是，国内外迄今为止的相关研究尚存在不少问题，约束了理论之于实践的指导作用。综合林迎星（2002），陈德宁、沈玉芳（2004），胡明铭（2004），戚汝庆（2008）和黄志亮等的分析来看，大家基本认为现有研究在一些基本概念上仍存在较多的争议，尚没有形成比较完整的理论体系；研究方法上，以表层的描述和分析为主，没有深入系统内部进行综合性的定性和定量研究；忽视区域技术创新系统的特殊性，对作为区域创新系统子系统的区域技术创新系统研究的重视程度不够；没有对区域技术创新过程、运行基础作具体深入的分析；缺乏系统、深入的区域技术创新系统专题研究，不能为政府决策提供科学的依据和可操作的对策；局限于个体案例的经验总结和定性分析，总体性的定性、定量分析不够。面对诸如此类的问题，迫切需要把研究引向深入。

正是基于上述认识和现状，有关学者（尤其是国内学者）提出"区域技术创新能力是区域创新体系的中心问题。构建区域创新体系的中心指向，就是为了获得区域持续发展的技术创新能力，为区域经济发展提供最根本的技术支撑力量。"并开始探讨区域技术创新系统及其能力问题，把研究推向了深入。

国外学者在早期研究中就涉及到了区域技术创新系统问题。如希克斯早在 1932 年对技术创新起因进行认识时提到要素稀缺性与创新产生的关系，后来，罗森堡（N. Rosenberg）也对技术创新诱导机制做过探讨。他们的研究在一定程度上说与区域技术创新系统研究有关，因为他们对生产要素相对价格的变化以及技术、生产和资源供给瓶颈与技术创新发生间的作用机制的研究是在区域范围假设下进行的。

其后，美国经济学家莫厄里（D. Mowery）和罗森堡（N. Rosenberg）提出的术创新"推—拉综合作用模式"，克莱因（S. Klein）和罗森堡

（N. Rosenberg）提出的颇有说服力的技术创新"链环—回路模型（Chain-linked Model）"，更是分析了技术创新与（一定区域内的）科学进展、市场需要等之间的关系和技术创新实现过程，使得我们对区域技术创新的认识发展到了一个更高的层次。在近些年的研究中，有国外学者明确提出用系统范式研究区域技术创新问题。如卡尔森（B. Carlsson，2002）指出，创新系统可用多种方式界定：它们可以是国家、区域产业或技术创新系统，都包括创造、扩散和应用知识。然而搜索 Elsevier、Kluwer 等数据库，还没有发现明确提出区域技术创新系统概念并对有关问题加以研究的文献。为什么？其中的原因还需探究。笔者在此推测，有关学者们也许认为区域创新系统研究的核心问题就是区域技术创新，没有必要把两者加以区分。笔者认为，从系统的层次性特征出发，可以认为区域技术创新系统是区域创新系统中一个子系统。就这个子系统开展研究，是深化区域创新系统研究的需要。同时，在更具体的层面上开展研究，有关结论更具有操作指导意义。

国内明确提出区域技术创新系统问题并进行研究是从 20 世纪 90 年代末开始的。1999 年，盖文启、王缉慈在《论区域的技术创新型模式及其创新网络——以北京中关村地区为例》一文中提出，在经济全球化和新技术革命背景下，区域竞争优势的获得和保持，关键依靠区域持续不断的创新能力。技术创新型模式，则是许多技术型区域发展中所选择的一种成功模式。而在区域技术创新过程中，区域创新网络的构建对创新活动发生的作用尤为重要。北京中关村地区发展之路，是区域技术创新型模式发展的典型实例。

此后，国内有关学者就区域技术创新系统的概念、构成及运行等问题展开了一系列研究。周亚庆、张方华（2001）认为技术创新系统是在一定社会经济文化背景下由经济、科技、教育等诸多要素形成的一体化发展的机制和体制。区域技术创新系统是国家技术创新系统运行的前提和组成部分，是国家宏观技术创新发展与企业创新的桥梁，其决策目标的制定过程，是实现宏观创新目标和微观创新目标相互作用和相互融合的过程。区域技术创新既是国家宏观创新发展决策的具体化，又要有利于推动企业创新的发展。周亚庆、张方华还指出，区域技术创新系统由教育子系统、科技子系统、资金体系、政府子系统和文化子系统构成。陈光、王永杰

（1999）提出，区域技术创新系统的行为主体主要有企业、研究开发部门（科研机构和教学科研型大学中的研发部门）、政府部门、中介机构等。各行为主体在创造、使用和扩散新技术中的地位和作用各不相同。区域技术创新系统的效率和功能除取决于各行为主体自身的运行机制外，还取决于主体间的交互作用和结合方式。区域技术创新系统的基本设计思想就是促进与技术创新活动相关的行为主体的联系与合作。区域技术创新系统是一个开放的体系，来自于其他地方和传播到其他地方的技术、技术转移和技术创新也是本区域技术创新系统的有机组成部分。因此，区域技术创新系统不可避免地要和本国其他区域技术创新系统发生各种联系和交流，和其他国家有关机构产生竞争和合作。温新民（2003）认为区域技术创新系统的运行是建立在互动、学习基础上的，从根本上讲，技术创新是一个动态的相互关联和学习的过程——只有在联合与协作中，才能更好地发现各种技术——经济问题，尝试各种方法去解决创新中的问题，推进创新的成功实现。只有各有所专的科研、技术、市场营销人员相互之间联合、协作、学习，才便于创新活动者创造性地发现问题，构思和设计解决问题的方法，组织实施已有的设计方案、计划，并不断总结和改进。

国外学者在国家和区域层面上对创新能力内涵、影响因素和测评等问题进行过不少研究。如弗曼（Furman，2002）在国家层面上探讨过创新能力的决定因素。他们认为，国家创新能力是一个国家长时期内连续不断地生产创新技术并使之商业化的能力。国家创新能力决定于公共创新基础设施、具体产业集群中的创新环境，以及两者之间的联系强度。基于此认识，他们进行了实证研究。迈克尔、弗里奇和弗兰克（Michael Fritsch and Franke，2004）通过实证研究指出，不同区域的创新间的明显差异与研发活动的生产率有关，与从区域内其他创新主体的研发活动所产生的研发溢出有关。埃萨（Buesa，2006）提出了影响区域创新能力的因素：区域生产和创新环境，大学，公共管理部门和私营企业。进而又提出了企业及其与区域创新系统的关系，创新基础设施，与创新关联的公共部门的绩效，国家和区域创新环境四个方面的变量和评价指标，并以西班牙为个案进行了研究。

但是，国外学者直接就区域技术创新能力有关问题展开研究的不多，仅有少数文献。如斯特恩、波特和弗曼（Stern、Porter and Furman，

2000）认为一个区域的技术创新能力由生产一系列相关的创新产品的潜力确定，最重要的因素是研发存量，无论是企业研发还是政府研发，都能支持新技术、发明、设计和创新生产方式，从而影响研发边际产出并影响技术创新能力。与这种观点相近的是，里德尔和施瓦尔（Riddeland Schwer，2003）把区域技术创新能力定义为区域内不断地产生与商业相关联的创新的潜力。

国内学者对区域技术创新能力问题的研究基本上是从 2000 年开始的。在中国知网的"中文学术期刊"上以"区域技术创新能力"为篇名搜索，可以发现发表在核心刊物上的共有 29 篇文章。2004 年后，对区域技术创新能力问题的关注开始增多。区域民营科技型中小企业技术创新与区域经济增长的实证研究，区域中小企业技术创新能力测度指标体系研究，企业技术创新能力的区域比较，以及科技园区区域技术创新能力评价问题之类的研究受到大家关注。

国内学者目前关于区域技术创新能力的研究主要聚焦于如下几个方面：

（一）区域技术创新能力评价

目前国内学者关于区域技术创新能力评价的研究有两种情况，一是放在区域创新能力评价中来讨论。代表性的是中国科技发展战略研究小组的观点，例如他们认为区域创新能力包括知识创造能力，即不断地创造新知识的能力；知识流动能力，即知识在各创新组织之间流动的能力；企业创新能力，即企业应用新知识推出新产品、新工艺的能力；创新环境，即为知识的生产、流动和应用所提供的环境；创新绩效，即创新的产出能力和效果。二是直击主题，直截了当地以区域技术创新能力作为研究对象。如唐福国、陈光（2001），石忆邵、汪伟（2007）等的研究，均直接以区域技术创新能力评价作为研究对象，从创新的有关基础，有关研发，教育指标，经济发展水平，专利数等方面对区域技术创新能力评价问题做了探讨。

（二）区域技术创新能力需要通过一系列评价指标来反映

能力和能力评价指标二者是不同的概念，能力评价指标是人为、主观设定的反映区域技术创新系统不同方面能力的数量概念，并不是能力本身。研究区域技术创新能力不能仅仅停留在评价指标的选取及其计算上，另外，仅仅从一些缥缈的数字指标简单地去设计提升区域技术创新能力的方案和建议必然是肤浅的，针对性和可操作性也不可能高。

迄今为止的研究中，对区域技术创新能力的形成机理进行专门研究的不多，而探讨其形成机理，有助于合理评价区域技术创新能力，更确切地寻找提升区域技术创新能力的途径和措施。正是出于这样的认识，邵云飞、谭劲松（2006）在已有研究文献的基础上，提出区域技术创新能力的基本要素为以下4部分：技术创新的潜力；技术创新的投入；技术创新的产出；技术创新的环境支持。这几个方面的能力相互联系、相互影响、相互作用，共同构成区域技术创新能力系统。

区域技术创新能力的行为组织主要包括企业、高校、研究机构、中介机构、金融机构及政府部门等，各个行为组织在创造、使用和扩散新技术中的地位和作用各不相同，其原因在于它们内部运行机制的差别。区域技术创新能力是否能够形成与提高，除了与行为组织自身的运行机制紧密相关之外，更为重要的是取决于各行为组织之间的交互作用和结合方式，以及知识配置能力。

（三）区域技术创新能力的影响因素

区域技术创新能力的影响因素和区域技术创新能力的评价指标是有联系的。包括前述有关学者在内的对区域技术创新能力评价方法和指标的所有讨论，实际上也是在讨论相关的影响因素。但不能把区域技术创新能力的影响因素和评价指标完全等同，因为影响因素反映的是内在作用机制，评价指标则是外在的数量化的反映。虞晓芬等（2005）利用 DEA 方法对中国 30 个省市自治区 1999—2002 年期间的技术创新效率进行了测算。研究发现，企业性质、人力资本、产业结构等是影响中国各省市自治区技术创新能力、效率的显著因素。欧晓万（2007）经过实证研究发现，异质型人力资本、市场需求都与中国技术创新能力呈显著的正相关，是重要的影响因素。闫金秋、董瑾（2007）使用面板数据定量评估了外资的进入对中国北京、上海、广东 3 个最具技术优势地区技术创新作用的影响，认为内资及外资企业的科研经费投入、内资人员投入、地区经济发展水平、人力资本存量及产学研结合对 3 个地区的技术创新产生积极影响，而外资人员投入和科研机构的作用很有限；外资进入对外观设计专利的影响程度明显高于对发明和实用新型专利的影响。李晓钟、张小蒂（2008）的研究结论则有所不同，他们利用中国 2002—2006 年 29 个省市自治区的面板数据实证分析了 FDI 对中国区域技术创新能力的影响，结果表明，外资企业基于利益驱动下的产品本土化研究和技术水平的提高，对中国区域技术创新能力提升具有促进作用。并认为 FDI 的梯度转移是激活中西部地区技术创新潜力的重要途径之一。

张家峰、赵顺龙（2009）对区域技术创新能力的影响因素也做过研究。二人根据 2000—2007 年度统计资料，运用知识生产函数，对江浙沪区域技术创新能力的影响因素进行实证研究。研究结果表明，在科研机构、大中型企业与高等院校三个因素中，科研机构与高校对区域创新贡献不明显，大中型企业是影响区域技术创新能力的主要因素；人力资本是技术创新的核心力量，人才是技术创新的源泉，人力资本在创新产出中具有最大的贡献作用。此外，杨俊、李晓羽、杨尘（2007），以及程雁、李平（2007）等人的研究也提出了人力资本、创新基础设施是影响技术创新的重要因素。

（四）区域技术创新能力提升的对策

虞晓芬等（2005）通过实证研究指出，要提高区域技术创新效率，缩小中国区域经济之间发展的差距，中西部地区须进一步促进企业产权改革，加强人才建设和产业结构调整。罗亚非、李敦响（2006）通过对山西、安徽、江西、河南、湖北、湖南和北京、上海、广东的比较分析，发现无论是从创新投入，还是从创新绩效来说，中部 6 省都存在着相当的差距。中部各区域在制定创新政策时应加大创新人力和财力资源的投入力度，调整投入结构提高各种资源的利用率，通过创新要素的合理流动来整合创新资源，提高技术创新系统的创新绩效。朱雪伟、方存好、孟硕（2007）从研究区域技术创新各个环节中的"市场失灵"出发，提出了一个基于政府和市场双重作用的区域技术创新理论模型。在这一模型框架下，进一步以新古典经济学派关于"市场失灵"的假定为基本的分析依据，并参照新熊彼特学派的技术创新理论，以技术创新中的各个创新过程为分析对象，对各个技术创新环节中的"市场失灵"进行判断和分析，由此导出政府相应的政策工具选择。以此为依据，分析得出政府应对技术创新过程中"市场失灵"的政策框架。

关于此问题，其他学者从其他角度也进行了研究。如钟敏（2009）

在对"泛珠三角"区域科技资源状况进行分析的基础上指出，各省区的自主创新需要通过创新合作和技术转移来实现，以主导与协同的创新分工模式来构建区域创新体系，是"泛珠三角"地区企业实现自主创新与技术转移的有效途径。刘小斌、韩玉启（2009）认为技术创新扩散与区域产业集群相互作用，关乎区域技术创新绩效。他们构建了技术创新扩散关系模型，并以此为基础，全面描述了南京地区技术创新扩散的现状，总结其现行的措施。在识别出当前亟须解决的四个问题（产学研的协同、知识流的断层、政府引导下的技术创新扩散激励冲突和有效的评价机制）之后，提出了相应的对策建议。

十一　简要评述

区域技术创新系统在区域创新系统中的地位极其重要，处于核心位置。制度创新、技术创新、管理创新和服务创新等一起共同构成了区域创新系统要素，其中技术创新是核心、目标，其他创新是基础、手段。我们说区域创新是区域保持经济竞争力和可持续发展的必然选择，本质上主要是从区域技术创新的角度来讲的。因为只有构建一个完善的、运转良好的区域技术创新系统，并不断提升其在新产品和新工艺商业化上的能力，才能根本提升一个区域的经济竞争力和可持续发展。区域之间的经济竞争实质上是各区域内的企业之间的竞争，而不同区域内的企业间的竞争又表现为以产品和工艺为代表的技术竞争。所以，对区域技术创新系统加以研究对于区域创新系统研究的深化和相关实践是极其重要的。

虽然自 20 世纪 90 年代末开始，国内有关学者开始对区域技术创新及其能力问题开展研究，并取得了一定成果。然而迄今为止，关于区域技术创新的研究仍然偏少，研究也还不够系统深入。具体主要表现在以下几点：

（一）研究方法的使用尚不够科学合理，定性研究较多，定量研究较少

如在对区域技术创新能力的影响因素做分析时，一些学者简单地从区域创新系统的构成要素出发，运用定性研究方法，把大学、科研机构与高校等同地作为区域技术创新能力的影响因素。虽然也有学者做了定量研究，但人工评价法较为常见，评价效果的主观因素较强，科学性不足。再

如，比较研究也是经济研究和管理研究中的基本方法，然而从目前来看，国内学者在区域技术创新研究中以个别区域作为对象的研究多，选择多个区域作对比的研究少。

（二）研究内容的选择上尚显狭窄，不够全面

目前国内学者的研究较多地聚焦于区域技术创新能力评价方法的选取、指标体系建立，以及区域技术创新系统构成要素识别等问题。对这些问题的研究无疑是重要的，但是从把理论研究推向深入以更好地发挥实践指导作用的高度出发，今后亟待扩大研究的范围和深度。如区域技术创新系统的内在机制问题，区域技术能力的形成机理问题，区域技术创新的人力资本支撑问题，经济发展阶段与区域技术创新能力间的关系问题，区域技术创新与区域制度创新问题，区域技术创新系统与产业集群问题，等等，亟须纳入研究范畴，尽快开展深入研究。

（三）研究深度不够，流于表层

如有学者在探讨区域技术创新系统的内部构成时，从创新主体角度出发，把大学、科研机构、企业、政府部门和中介机构等认定为构成要素。这样的认识不能说不对，但过于简单，容易给读者这样一种肤浅的认识，即一个区域只要存在上述主体，区域技术创新系统就存在，这些主体越多，区域技术创新能力就越强。笔者认为，一个地方是否存在显性的区域技创新系统，系统的能力有多强，关键是决定于这些主体之间是否存在相互联系、相互作用的内在机制。即使一个地方拥有较多的大学、科研机构和企业等组织，如果各主体之间处于割裂状态，少有或没有产学研联系，那么实际上就可能不存在显性、有效的区域技术创新系统，系统能力可能也不会高。中国的某些中心城市，高等学府和科研机构不少，企业也不少，但为什么创新能力弱，原因即在于此。

（四）研究结论散杂、浅化

就现有的研究来看，结论散杂不一、浅化的现象较为突出。以区域技术创新能力的影响因素为例，有学者把区域技术创新能力的影响因素进行系统分析，并将影响因素分为创新经济基础、创新环境基础和创新技术基础三个层次，并设计了相应的指标。也有学者从区域技术创新主体、资源禀赋的角度指出大中型企业、人力资本是区域技术创新能力的主要因素。还有学者提出 FDI，以及包括知识存量、研发资本投入、教育投入、开放

度、专利保护强度、反垄断强度等在内的创新基础设施是区域技术创新能力的影响因素。等等之类的结论不一而足，较为散杂。还有，现有的一些研究还不够深入，定性分析较多，科学合理的定量分析还不多。即使有定量分析，但存在着模型构建欠考虑、指标选取值得商榷等问题，所以使得最终得出的结论说服力、解释力不够强。由于研究结论的散杂、浅化，所以在相关文献中普遍存在所提政策建议笼统、不切要害、针对性和可操作性差等现象。理论的混沌使相关实践界莫衷一是。

（五）实证研究不够，抽象的概念式研究偏多

实证研究是经济学的一个重要研究方法。以某个区域的技术创新问题为个案开展实证研究具有很重要的作用，这一来可以从具体的个案研究中发现规律并升华为理论，二来可以对现有的理论观点加以验证，三来可以从中归纳、总结出可资借鉴的启示。然而国内在这方面的研究仍然较少，再则从已有的研究来看，也没有建立一套行之有效的指标评价体系。实证研究以问卷为主，数理分析很少，缺乏完整的评价体系，尤其是没有指标来量化主体间的相互关系，这都制约了理论的进一步发展。

基于上述分析可以认为，迄今为止的研究在深度和广度上还远远不够。理论的贫乏必然导致实践的混沌。中国目前一些地方在区域技术创新体系构建方面规划做得多、实际行动少，口号喊得大、实际效果小，投入不少、效果不大等现象的存在，与没有正确、有效的研究成果做指导有直接关系。实践的发展亟待理论深化。

第三章

基础设施外部性对中国技术
创新能力的影响效应

本章首先考察基础设施对技术创新能力的协整关系，并分别验证交通、通信和信息基础设施对技术创新能力的影响效应，为以后面板数据分析奠定基础，是面板模型分析的必要条件。本章的结构为：第一节分析基础设施对技术创新能力影响的协整关系，第二节分析基础设施外部性对中国技术创新的影响效应。

第一节　基础设施发展与技术创新的协整关系

在改革开放的三十多年中，中国经济以年均 9% 高速增长并创造了"中国奇迹"。与此同时，基础设施实现了跨越式发展，到 2008 年底，中国多项基础设施指标已经位居世界前列。铁路里程从 1980 年的 5.29 万公里增加到 2008 年的 8 万公里，居世界第三位（排在美国、俄罗斯之后）；时速超过 200 公里以上的高速铁路在建规模已经超过 1 万公里，到 2012 年底营业里程达到 9356 公里，居世界第一位。公路里程从 1980 年的 88.83 万公里增加到 2008 年的 373.02 万公里，高速公路里程从 1990 年的 0.05 万公里增加到 2008 年的 6.03 万公里，均居世界第二位（排在美国之后）。内河航道里程已达 12.28 万公里，居世界第一位。能源人均消费量已从 118.0 千克/人标准煤下降至 69.2 千克/人标准煤；发电量已从 10.7 千瓦小时/人，增加到 331.9 千瓦小时/人，到 2008 年年底，中国的固定电话、移动电话、互联网用户和宽带网用户均超过美国，居世界第一位。基础设施已经从过去经济增长的最大"瓶颈"转变为现在最显著的"加速器"，成为了中国经济增长奇迹最重要的影响因素之一。围绕中国基础设施投资与经济增长的因果关系，国内外学者进行了广泛深入的研究，许多研究表明，基础设施显著地促进了中国的经济增长（范九利、白暴力，2004；刘生龙、胡鞍钢，2010）。

但很多学者忽视了基础设施对技术创新的影响，至今鲜有文献从这个角度进行分析。基础设施对技术创新的影响可以从以下几个方面得到体现。

第一，较高的基础设施水平，可以促使产业集聚现象发生，产业集群使得企业具有相似的产业文化、技术方式和便捷的沟通联系渠道，使得集群内的企业具备比较强的技术吸收能力，从而可以提高集群内企业技术扩散的效率，因此可以加速集群内企业的技术创新能力。

第二，随着地区基础设施水平的提高，会有越来越多的厂商出口产品，从而可以形成出口比较优势，企业通过出口贸易可以从竞争中获得国外先进的技术、知识和管理经验。李平、田朔（2010）研究了出口贸易通过技术溢出对技术创新的影响，结果表明，出口贸易的水平效应对技术创新产生了积极的影响。

第三，基础设施水平的改善也对进口贸易有显著的影响，一些文献分析了基础设施对贸易流量的影响（Francois and Manchin，2006），他们认为技术设施的改善等同于贸易成本的降低，从而使厂商为减少企业技术创新融资创造了条件。

表3—1　　　　　中国 1980—2008 年基础设施的基本情况

	交通基础设施		能源基础设施		通信基础设施
	公路 万公里	铁路 万公里	煤炭 千克/人	电力 千瓦时/人	邮政业务总量 亿元
1980	88.83	5.29	118.0	10.7	13.34
1985	94.24	5.52	148.7	21.2	29.60
1990	102.83	5.79	147.1	42.4	155.54
1995	115.70	6.24	112.3	83.5	988.85
2000	140.27	6.87	67.0	115.0	4792.95
2005	334.52	7.54	77.0	221.3	12028.54

续表

	交通基础设施		能源基础设施		通信基础设施
	公路 万公里	铁路 万公里	煤炭 千克/人	电力 千瓦时/人	邮政业务总量 亿元
2006	345.70	7.71	76.6	255.6	15325.87
2007	358.37	7.80	74.1	308.3	19805.06
2008	373.02	7.97	69.1	331.9	23649.52

（一）变量的选取

（1）本章以地区专利申请量（发明、实用新型和外观设计三项专利申请受理数之和）作为技术创新产出的代理变量。其中 pz 表示专利申请总量，这是因为，专利数是衡量技术创新水平最为直接的指标，更能反映创新的真实水平。

（2）交通基础设施（transport）。包含两类，即铁路里程、公路里程。为了能准确地反映各地区交通基础设施存量的差异，本节采用迪莫格（Demurger，2001）加总两类交通基础设施之后再除以中国的国土面积的方法计算了中国的交通基础设施密度。

（3）能源基础设施（energy）。能源基础设施是中国经济高速发展的基础和源泉，经济高速增长是过多依赖能源消耗的结果，能源基础设施的发展已经成为经济增长的重要支撑。按照世界银行的定义，能源基础设施主要包括生产和输送能源的设备，包括煤炭、石油管道、高压输电线、风电、核电等，本章采用刘生龙、胡鞍钢（2010）的方法，选择地区的能源消耗量来衡量中国的能源基础设施存量，它既能反映各地区的能源消费总量，又可以间接地反映能源基础设施规模，我们以各地区的人均能源消费总量来衡量中国的能源基础设施水平。

（4）信息基础设施（information）。由于信息基础设施包括的内容比较广泛，一些学者一般使用电话普及率或者互联网普及率来衡量信息基础设施存量（Dermuger，2001；Fan and Zhang，2004）。考虑到数据的可得性和连续性，本章采用邮电业务总量来反映中国的信息基础设施存量，因为邮电业务总量是指信息设施为社会提供邮电业务的总数量，是考察邮电业务发展和变化总趋势的综合性指标（国家统计局，2009）。选择邮电业务总量主要是它可以表示信息基础设施（邮政网点、邮政线路长度、长途电话交换机容量、局用交换机总量、移动电话交换机容量、互联网接入端口）产出的综合性指标。

（二）控制变量

本章中控制变量 *control* 包含的变量为：

（1）人力资本（human）。新经济增长理论认为，技术创新是经济持续增长的关键，而人力资本是技术创新的关键因素，因此，人力资本禀赋决定了企业创新的能力，我们以平均受教育年限来衡量各地区的人力资本。

（2）贸易开放程度（open）。进口贸易可能会使中国通过技术溢出获得国外先进的技术，进而通过模仿促进技术创新；而出口贸易通过水平溢出和垂直溢出能显著促进技术创新（李平，2010），我们用进出口总额占GDP 的比重来衡量。

（3）外商直接投资（FDI）。外商直接投资通过示范效应、竞争效应、联系效应和人才效应对中国技术创新产生影响，促进东道国的技术创新能力。因此，贸易开放程度和外商直接投资能够提高一国的技术创新能力，我们用外商直接投资占 GDP 的比重来衡量。

（三）数据说明

人力资本存量用各地区平均受教育年限来表示，关于平均受教育年限指标，很多学者采用平均受教育年限 = （大专以上人口数 × 16 + 高中人口数 × 12 + 初中人口数 × 9 + 小学人口数 × 6）/总受教育人口数；由于外商直接投资的数据指标是用美元衡量的，本书先将它按当年平均汇率调整成人民币价格再除以当年的 GDP，为保持样本数据的一致性，如果不做特别说明，本书中的其他数据基本上来自国家统计局《新中国六十年统计资料汇编》、各年份《中国统计年鉴》。

一 时间序列的单位根检验

本节采用 1986—2008 年的数据考察了交通、能源和信息基础设施与中国技术创新能力的协整关系。

表 3—2　　　　　lnpz、lntran、lnenergy、lninf、lnopen、lnfdi、
lnhuman 的单位根检验

时间序列	检验类型 (C, T, K)	ADF 检验值	结果	时间序列	检验类型 (C, T, K)	ADF 检验值	结果
lnpz	(C, 0, 4)	−0.1182	不平稳	Δlnpz	(C, 0, 4)	−4.57***	平稳
lntran	(C, 0, 4)	0.663	不平稳	Δlntran	(C, 0, 4)	−4.563***	平稳
lnenengy	(C, 0, 4)	1.782	不平稳	Δlnenergy	(C, 0, 4)	−5.671*	平稳
lninf	(C, 0, 4)	−1.784	不平稳	Δlninf	(C, 0, 4)	−4.608***	平稳
lnopen	(C, 0, 4)	−0.826	不平稳	Δlnopen	(C, 0, 4)	−4.138***	平稳
lnfdi	(C, 0, 4)	−2.687	不平稳	Δlnfdi	(C, T, 4)	−4.248**	平稳
lngov	(C, 0, 4)	−1.209	不平稳	Δlngov	(0, 0, 4)	−2.087**	平稳
lnhuman	(C, 0, 4)	−0.9614	不平稳	Δlnhuman	(0, 0, 4)	−2.694**	平稳

注:Δ 表示对变量一阶差分,检验类型(C, T, K)分别表示单位根检验方程包括常数项、时间趋势和滞后阶数。***、**、*分别表示在 1%、5% 和 10% 的水平上显著。

由表 3—2 可知,所有的变量都是 I(1)。

二　交通基础设施变量与技术创新之间的协整关系

（一）约翰森（Johansen）协整检验

表 3—3　　　　　　　　　协整个数检验

原假设	检验设定:协整方程中含截距项,不含时间趋势项的线性变化					结论
	迹检验		最大特征值检验			
	Trace 统计量	Prob	Max-Eigen 统计量	Prob		
None	116.284***	0.0000	49.483***	0.0003		拒绝原假设
At Most 1	66.802***	0.0003	34.294***	0.0059		拒绝原假设
At Most 2	35.07**	0.0238	20.272*	0.0656		接受原假设

续表

原假设	检验设定：协整方程中含截距项，不含时间趋势项的线性变化				结论
	迹检验		最大特征值检验		
	Trace 统计量	Prob	Max-Eigen 统计量	Prob	
At Most 3	12.236	0.1460	12.228	0.1024	接受原假设
最终结论	lnpz、lntran、lnhuman、lnfdi、lnopen 之间存在两个协整关系				

注：***、**、* 分别表示在 1%、5% 和 10% 的水平上显著。

从而，交通基础设施与技术创新能力之间的协整关系为：

$$lnpz = 1.233lntran + 4.392lnopen + 2.716lnhuman - 0.1793lnfdi$$

$$(2.48) \qquad (7.77) \qquad (11.96) \qquad (-10.61)$$

（二）技术创新与交通基础设施之间的 VAR 模型的滞后阶数和稳定性检验

VAR 模型的滞后阶数是通过 AIC 准则及相关其他指标的综合考虑，我们选择的最优滞后期为 2，即为变量的 VAR（2）模型。

表 3—4　　　　　　　　　　滞后阶数的选择

Lag	logL	LR	FPE	AIC	SC	HQ
0	128.433	NA	3.00e-12	-12.343	-12.095	-12.295
1	174.433	64.681*	3.96e-13	-14.463	-12.969	-14.172
2	213.765	35.219	1.74e-13*	-15.877*	-13.138*	-15.342*

说明：①*表示各个指标选择的滞后期；②LR、FPE、AIC、SC、HQ 是滞后期的五个选择标准。

稳定性检验可以作为检验理论合理性的标准，它也是进行脉冲响应分析的前提。观察 AR 根可知，全部 AR 根的模均位于单位圆内，表明我们设立的标准 VAR（2）模型具有良好的稳定性，从而确保了下一步研究的有效进行。

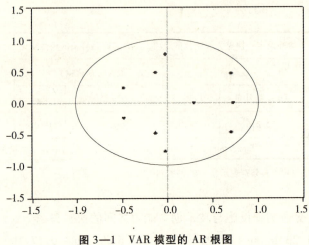

图 3—1 VAR 模型的 AR 根图

(三) 脉冲响应函数

虽然 VAR 模型参数的 OLS 估计量具有一致性，单个参数估计值的经济解释是非常困难的，为了考察解释变量对被解释变量的长期影响，本章采用累积的脉冲响应函数。

从图 3—2 可以看出，交通基础设施对技术创新能力的脉冲响应函数，其描述的是在随机误差项上施加一个标准差大小的冲击后对内生变量的当期值和未来值所带来的影响，通过脉冲响应函数，可以考察 1 单位的解释变量的冲击对技术创新能力的影响，考虑到异方差和单位根的影响因素后，本章将所有变量先取对数再差分，随后再进行脉冲响应，交通基础设施对技术创新的冲击比较敏感，除在前两期比较平缓外，随后则呈现上升的趋势，到第三期逐渐达到一个顶峰后对技术创新的影响缓慢地上升，直至到第九期达到最大值，随后逐渐衰减，其累积效应为 0.051154，总体来看，技术创新能力对交通基础设施的冲击呈正效应。

三 能源基础设施变量与技术创新之间的协整关系

(一) 约翰森 (Johansen) 协整检验

能源基础设施与技术创新能力之间的协整关系为：

$$lnpz = 1.232lnenergy + 2.218lnopen + 1.509lnhuman - 0.0081lnfdi$$
$$\quad (2.831) \qquad (8.616) \qquad (2.429) \qquad (-1.75)$$

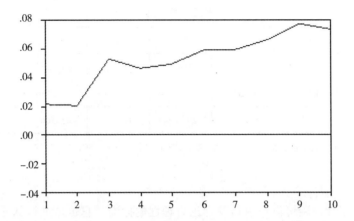

图 3—2　交通基础设施和 FDI 对技术创新能力的累积脉冲响应

从协整方程的回归结果看，交通基础设施、贸易开放度、人力资本禀赋都促进了中国技术创新能力的提高，但是外商直接投资阻碍了技术创新能力的提升。

（二）技术创新与能源基础设施之间的 VAR 模型的滞后阶数和稳定性检验

VAR 模型的滞后阶数是通过 AIC 准则及相关其他指标的综合考虑，我们选择的最优滞后期为 2，即为变量的 VAR（2）模型。

表 3—5　　　　　　　　　　　协整个数检验

原假设	迹检验		最大特征值检验		结论
	Trace 统计量	Prob	Max-Eigen 统计量	Prob	
None	125.459 ***	0.0000	61.069 ***	0.0003	拒绝原假设
At Most 1	64.389 ***	0.0007	31.814 **	0.0134	拒绝原假设
At Most 2	32.575 **	0.0233	19.473 *	0.0840	接受原假设
At Most3	13.103	0.1111	12.387	0.1969	接受原假设
最终结论	lnpz、lntran、lnhuman、lnfdi、lnopen 之间存在两个协整关系				

表格上方说明：检验设定：协整方程中含截距项，不含时间趋势项的线性变化

注：***、**、*分别表示在1%、5%和10%的水平上显著。

表 3—6　　　　　　　　　　　　滞后阶数的选择

Lag	logL	LR	FPE	AIC	SC	HQ
0	140.242	NA	9.21e－13	－13.524	－13.275	－13.476
1	189.783	69.372	8.69e－14	－15.979	－14.486	－15.688
2	234.040	39.823*	2.29e－14*	－17.904*	－15.166*	－17.369*

说明：①*表示各个指标选择的滞后期；②LR、FPE、AIC、SC、HQ 是滞后期的五个选择标准。

稳定性检验可以作为检验理论合理性的标准，它也是进行脉冲响应分析的前提。观察 AR 根可知，全部 AR 根的模均位于单位圆内，表明我们设立的标准 VAR（2）模型具有良好的稳定性，从而确保了下一步研究的有效进行。

（三）脉冲响应函数

虽然 VAR 模型参数的 OLS 估计量具有一致性，单个参数估计值的经济解释是非常困难的，为了考察解释变量对被解释变量的长期影响，本章采用累积的脉冲响应函数。

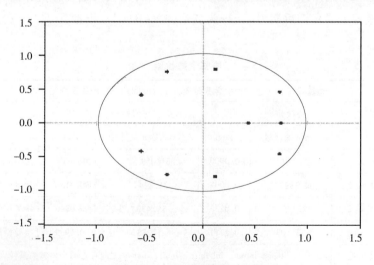

图 3—3　VAR 模型的 AR 根图

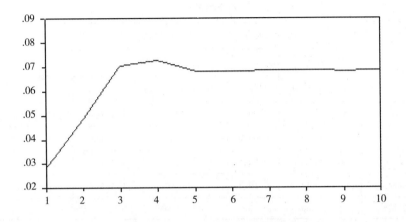

图3—4　能源基础设施对技术创新能力的累积脉冲响应

从图3—4可以看出，能源基础设施对技术创新能力的脉冲响应函数，其描述的是在随机误差项上施加一个标准差大小的冲击后对内生变量的当期值和未来值所带来的影响，通过脉冲响应函数，可以考察1单位的解释变量的冲击对技术创新能力的影响，考虑到异方差和单位根的影响因素后，本章将所有变量先取对数再差分，随后再进行脉冲响应，能源基础设施对技术创新的冲击比较敏感，从第一期开始迅速上升，到第三期后呈现平缓上升的趋势并达到最大值，随后则呈现平缓下降的趋势，到第三期逐渐达到一个顶峰后对技术创新的影响缓慢地上升，其累积效应为0.068472，总体来看，技术创新能力对交通基础设施的冲击呈正效应。

四　信息基础设施变量与技术创新之间的协整关系

（一）约翰森（Johansen）协整检验

从实证结果可以得到能源基础设施与技术创新能力之间的协整关系为：

$$Lnpz = -0.8923lninf + 1.067lnopen + 3.977lnhuman - 0.73581lnfdi$$

$$(-13.061) \quad\quad (12.374) \quad (9.635) \quad\quad (-8.329)$$

表3—7　　　　　　　　　　　　协整个数检验

原假设	迹检验		最大特征值检验		结论
	Trace 统计量	Prob	Max-Eigen 统计量	Prob	
检验设定：协整方程中含截距项，不含时间趋势项的线性变化					
None	148. 664 ***	0. 0000	53. 337 ***	0. 0001	拒绝原假设
At Most 1	95. 327 ***	0. 0000	47. 078 ***	0. 0001	拒绝原假设
At Most 2	48. 249 ***	0. 0001	34. 858 ***	0. 0003	接受原假设
At Most 3	13. 391	0. 1012	13. 389	0. 9663	接受原假设
最终结论	lnpz、lntran、lnhuman、lnfdi、lnopen 之间存在三个协整关系				

注：***、**、*分别表示在1%、5%和10%的水平上显著。

从而，能源基础设施与技术创新能力之间的协整关系为：

$$lnpz = -0.8923 lninf + 1.067 lnopen + 3.977 lnhuman - 0.73581 lnfdi$$
$$(-13.061) \quad\quad (12.374) \quad\quad\quad (9.635) \quad\quad\quad (-8.329)$$

（二）技术创新与信息设施之间的 VAR 模型的滞后阶数和稳定性检验

VAR 模型的滞后阶数是通过 AIC 准则及相关其他指标的综合考虑，我们选择的最优滞后期为 2，即为变量的 VAR（2）模型。

表3—8　　　　　　　　　　　　滞后阶数的选择

Lag	logL	LR	FPE	AIC	SC	HQ
0	124. 297	NA	4. 54e - 12	- 11. 929	- 11. 680	- 11. 881
1	180. 548	78. 757	2. 19e - 13	- 15. 055	- 13. 561	- 14. 763
2	229. 859	44. 413 *	3. 46e - 14 *	- 17. 489 *	- 14. 751 *	- 16. 955 *

说明：①*表示各个指标选择的滞后期；②LR、FPE、AIC、SC、HQ 是滞后期的五个选择标准。

稳定性检验可以作为检验理论合理性的标准，它也是进行脉冲响应分析的前提。观察 AR 根可知，全部 AR 根的模均位于单位圆内，表明我们设立的标准 VAR（2）模型具有良好的稳定性，从而确保了下一步研究的有效进行。

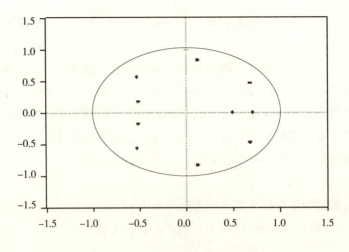

图 3—5　VAR 模型的 AR 根图

（三）脉冲响应函数

虽然 VAR 模型参数的 OLS 估计量具有一致性，单个参数估计值的经济解释是非常困难的，为了考察解释变量对被解释变量的长期影响，本书采用累积的脉冲响应函数。

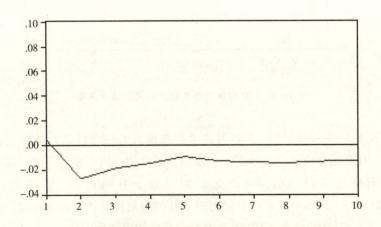

图 3—6　信息基础设施对技术创新能力的累积脉冲响应

从图 3—6 可以看出，信息基础设施对技术创新能力的脉冲响应函数，其描述的是在随机误差项上施加一个标准差大小的冲击后对内生变量的当

期值和未来值所带来的影响，通过脉冲响应函数，可以考察 1 单位的解释
变量的冲击对技术创新能力的影响，考虑到异方差和单位根的影响因素
后，本书将所有变量先取对数再差分，随后再进行脉冲响应，能源基础设
施对技术创新的冲击比较敏感，从第一期开始迅速下降，到第二期达到最
小值后平缓上升，紧接着呈现平缓下降的趋势，到第五期后对技术创新的
影响逐渐平缓，其累积效应为 - 0.012929，这表明了技术创新能力对能源
基础设施的增加具有微弱的负效应。

五　控制变量对技术创新能力脉冲响应

（一）外商直接投资（FDI）对技术创新能力脉冲响应

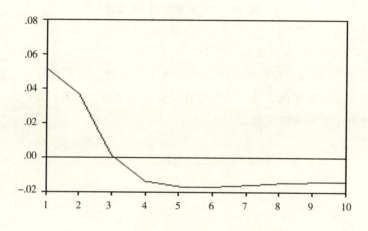

图 3—7　FDI 对技术创新能力的累积脉冲响应

从图 3—7 可以看出，FDI 对技术创新能力的一个标准差的冲击比较
敏感，在受到单位冲击后马上产生反应到最大值，第二期后一直下降，到
第七期后达到最小值，在此之后则呈现上升的趋势，累积效应为
- 0.013845，这说明技术创新能力对 FDI 的增加具有微弱的负效应。

（二）贸易开放度（OPEN）对技术创新能力脉冲响应

从图 3—8 可以看出，OPEN 对技术创新能力的一个标准差的冲击比
较敏感，在受到单位冲击后马上产生反应并在第三期达到最大值，第三期
后一直下降，到第五期后逐渐达到最小值，在此之后则呈现上升的趋势，
累积效应为 0.062153，这说明技术创新能力对 OPEN 的增加具有微弱的

正效应。

（三）人力资本（HUMAN）对技术创新能力脉冲响应

从图3—9可以看出，表示了技术创新能力对 HUMAN 和 OPEN 的一个标准差的冲击后的脉冲响应，HUMAN 对技术创新能力的一个标准差的冲击比较敏感，在受到单位冲击后马上从第一期产生反应并一直缓慢地上升，在此之后则呈现上升的趋势，累积效应为 0.057017，这说明技术创新能力对 HUMAN 的增加具有微弱的正效应。

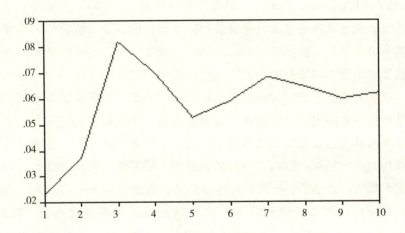

图 3—8 OPEN 对技术创新能力的累积脉冲响应

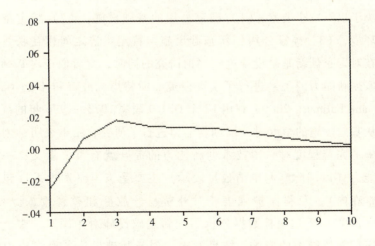

图 3—9 HUMAN 对技术创新能力的累积脉冲响应

第二节　基础设施外部性对中国技术
创新能力的影响效应

　　经过三十多年的快速增长，中国的基础设施实现了跨越式发展，基础设施已经成为中国经济高速增长的助推器。很多学者研究了基础设施对经济增长的作用，如弗纳尔德（Fernald，1999）、罗勒和韦弗曼（Roller and Waverman，2001）以及道格（Duggal，2007）分别检验了公路、电话及互联网等基础设施投资对经济增长的影响，检验结果均发现其具有显著作用。埃杰特（Egert et al.，2009）利用 OECD 国家的数据检验了基础设施与增长的关系，其结果表明基础设施对经济具有正的影响。尚克斯和巴恩斯（Shanks and Barnes，2008）从产业层面考察了公路基础设施对澳大利亚行业水平的要素劳动生产率增长的影响，结果表明公路基础设施能加速劳动生产率的增长。很多学者忽视了基础设施的外部性对技术创新的影响，一国的创新能力除了受传统的研发人力和研发资本投入的影响外，还受到该国创新基础设施总体水平的影响，现代创新理论已经把基础设施作为一国创新系统的重要组成部分，OECD（2001）研究发现基础设施对技术创新的影响仅次于资金匮乏而排在第二位。波特和斯特恩（Porter and Stern，2002）认为一个国家的创新能力取决于以下三个要素：（1）国家公用的基础设施；（2）特定集群的创新环境；（3）国家公用创新基础设施与特定集群之间相互联系的质量。在对国家创新基础设施进行理论研究的同时，学者们还对基础设施与国家创新能力的关系进行了实证研究。斯特恩、波特和弗曼（Stern、Porter and Furman，2000）利用 17 个 OECD 国家 1973—1996 年的统计数据，从基础设施的角度对一国创新能力进行了研究，结果表明，创新基础设施的完善程度对一国技术创新能力的提升就有重要意义；一国的创新能力（以国际专利申请数量表示）主要受该国研发投入（包括人力资本在内）、专利保护强度、对外贸易开放度和教育投入。程雁、李平（2007）采用面板数据分析了创新基础设施对中国东、中、西部地区区域创新能力的影响，结果发现，创新基础设施各要素对中国区域创新能力的提升起到积极的推动作用，但这种作用在各区域间表现并不均衡。基础设施对技术创新的影响主要从以下几个方面得到体现：

1. 基础设施特别是通信基础设施能够促进信息的交流，使企业能够更直接和迅速地获得最新的技术信息，加快技术进步和知识水平的提高，Wang（2005）指出，以通信基础设施作为技术溢出渠道能促进全要素生产率的提高，进而促进企业的技术创新。

2. 良好的交通基础设施能够降低运输成本和风险，减少企业对中间产品的存货，提高企业的产出效率。李涵、黎志刚（2009）的研究表明，交通基础设施一方面节省了运输成本，减少了企业库存采购成本；另一方面减少了货物运输中的不确定性，缩短货物运输时间，使企业获得最低的安全库存水平，从而降低企业的协调成本，减少企业的融资困难，促进企业技术创新。

3. 完善的基础设施能够有效缓解由于信息不对称所导致的逆向选择问题，还能够为企业降低相应的出口成本，从而有利于企业的出口。王永进等（2010）采用1995—2004年HS-6分位的跨国数据研究了基础设施对出口技术复杂度的影响，结果显示，基础设施水平的提高能够提高企业的出口参与，良好的基础设施能形成出口比较优势。李平、田朔（2010）研究了出口贸易通过技术溢出对技术创新的影响，结果表明，出口贸易的水平溢出效应对技术创新产生了积极的影响。因此，基础设施的外部性能够促进企业的技术创新。

改革开放以来，落后的基础设施已严重阻碍了经济的快速增长，基础设施的跨越式发展不仅带来了经济的高速增长，也促进了规模经济和网络经济的发展，也就是基础设施的外部性的表现。基础设施的改善可以提高进口中间产品的种类、降低进口贸易成本，从而促进贸易集聚现象，进而导致产业聚集。马歇尔（1920）提出了产业集聚与经济的外部性存在密切的关系，产业集聚中的技术溢出对技术创新活动也有一定的促进作用。克鲁格曼认为贸易因素也能影响技术创新活动，产业集聚增加了产业内的技术贸易，从而促进了产业的技术创新活动。基础设施的改善有利于国际及地区间的技术溢出，促进技术创新和技术扩散，促进经济增长。

一　模型设定与数据说明

(一) 模型的设定

胡尔滕 (Hulten et al., 2006) 的模型论证了基础设施的外部性, 基础设施投资既可以直接促进经济增长, 又可以通过规模经济和产业关联间接促进经济增长, 胡尔滕 (Hulten et al., 2006) 采用的生产函数如下:

$$Y = A (I, t)。F (K, L, I) \qquad\qquad (3.1)$$

从 (3.1) 式中我们可以看到, 基础设施的外部性, 也就是基础设施间接促进经济增长, 主要体现在 (3.1) 式中的 A (I, t) 项, 良好的基础设施能为中国更好地吸收和利用国外的先进技术、管理经验和更多地进行国际技术合作, 为中国的技术创新发展提供雄厚的基础条件。

因此, 本章主要在于检验三大基础设施, 即交通基础设施、能源基础设施、信息基础设施对技术创新的影响, 本章的计量模型为:

$$\ln Y_{it} = \alpha_0 + \alpha_2 \ln infra_{it} + \beta \ln control_{it} + \varepsilon_{it} \qquad (3.2)$$

上式中, i 表示地区, t 表示年份, Y_{it} 表示地区 i 在 t 年的创新产出, $infra_{it}$ 为相应的基础设施存量, $control_{it}$ 表示其他控制变量, ε_{it} 为误差项。

(二) 变量的选取

1. Y_{it}: 本章以地区专利申请量 (发明、实用新型和外观设计三项专利申请受理数之和) 作为技术创新产出的代理变量。其中 pz 表示专利申请总量, pf 表示"拥有自主知识产权技术核心指标"的发明专利申请量。这是因为, 许多学者采用研发投入和专利数据等测度技术创新的变量中, 专利数是衡量技术创新水平最为直接的指标, 更能反映创新的真实水平。

2. $infra_{it}$: 本节采用刘生龙、胡鞍钢 (2010) 的分类方法, 把其分为交通、能源和信息基础设施。

(1) 交通基础设施 (transport) 包含三类, 即铁路里程、公路里程和内河航道里程。为了能准确地反映各地区交通基础设施存量的差异, 本节采用狄格曼 (Demurger, 2001) 加总三类交通基础设施之后再除以各省份的国土面积的方法计算了各省份 1998—2008 年的交通基础设施密度。

(2) 能源基础设施 (energy)。能源基础设施是中国经济高速发展的基础和源泉, 经济高速增长是过多依赖能源消耗的结果, 能源基础设施的发展已经成为经济增长的重要支撑, 按照世界银行的定义, 能源基础设施

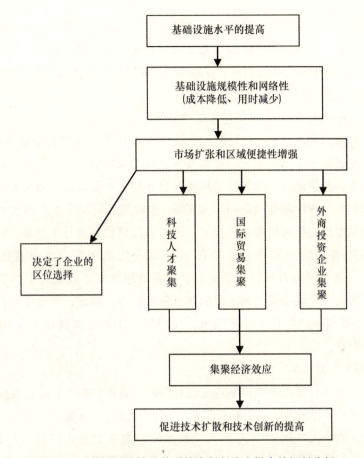

图 3—10 基础设施的改善对技术创新能力提高的机制分析

主要包括生产和输送能源的设备,包括煤炭、石油管道、高压输电线、风电、核电等,本节采用刘生龙、胡鞍钢(2010)的方法,选择地区的能源消耗量来衡量中国各地区的能源基础设施存量,它既能反映各地区的能源消费总量,又可以间接地反映各地区能源基础设施规模,我们以各地区的人均能源消费总量来衡量各地区的能源基础设施。

(3)信息基础设施(information)。由于信息基础设施包括的内容比较广泛,一些学者一般使用电话普及率或者互联网普及率来衡量信息基础设施存量(Dermuger,2001;Fan and Zhang,2004)。考虑到数据的可得性和连续性,本节采用邮电业务总量来反映中国的信息基础设施存量,因为邮电业务总量是指信息设施为社会提供邮电业务的总数量,是考察邮电业务发展和变化总趋势的综合性指标。选择邮电业务总量主要是它可以表示信息基础设施（邮政网点、邮政线路长度、长途电话交换机容量、局用交换机总量、移动电话交换机容量、互联网接入端口）产出的综合性指标。

（三）控制变量

本节中控制变量 *control* 包含的变量为：

（1）人力资本（human）舒尔茨认为人力资本是体现在劳动者身上，并凝聚在劳动者身上的知识、技能及其表现出来的能力，人力资本禀赋决定了企业创新的能力，我们以平均受教育年限来衡量各地区的人力资本。

（2）贸易开放程度（open）和 FDI。进口贸易可能会使本国或本地区通过技术溢出获得国外先进的技术，进而通过模仿促进技术创新，而出口贸易通过水平溢出和垂直溢出能显著促进技术创新；外商直接投资（FDI）会通过示范效应、竞争效应、联系效应和人才效应对中国技术创新产生影响，可能会促进东道国的技术创新能力。因此，贸易开放程度和 FDI 能够提高一国的技术创新能力，我们用 FDI 和进出口总额占 GDP 的比重来衡量。

（四）数据说明

人力资本存量用各地区平均受教育年限来表示，关于平均受教育年限指标，很多学者采用平均受教育年限 =（大专以上人口数×16 + 高中人口数×12 + 初中人口数×9 + 小学人口数×6）/总受教育人口数；由于 FDI 的数据指标是用美元衡量的，本书先将它按当年平均汇率调整成人民币价格再除以当年的 GDP，为保持样本数据的一致性，如果不作特别说明，本书中的其他数据基本上来自国家统计局《新中国六十年统计资料汇编》、各年份《中国统计年鉴》和分省统计年鉴。

二 基础设施外部性对技术创新能力的实证结果

（一）斯皮尔曼（Spearman）相关性检验

从表 3—9 可以看出，斯皮尔曼（Spearman）相关性检验结果表明：交通基础设施 transport、能源基础设施 energy、信息基础设施 inf 与专利申请量 pz、发明专利申请量 pf 正相关并在 5% 水平上显著；人力资本存量 human、贸易开放度 open、外商直接投资 fdi 与专利申请量 pz、发明专利申请量 pf 正相关并在 5% 水平上显著。

表 3—9 　　　　　　　　　　Spearman **相关性检验**

变量	pz	pf	transport	energy	inf	human	open	fdi
pz	1.00							
pf	0.95*	1.00						
transport	0.71*	0.72*	1.00					
energy	0.32*	0.41*	0.24*	1.00				
inf	0.43*	0.48*	0.40*	0.44*	1.00			
human	0.58*	0.65*	0.47*	0.68*	0.44*	1.00		
open	0.55*	0.52*	0.57*	0.49*	0.61*	0.39*	1.00	
fdi	0.44*	0.36*	0.50*	0.23*	0.41	0.63*	0.49*	1.00

注：* 表示 5% 的水平上显著性。

因此交通基础设施（transport）、能源基础设施（energy）、信息基础设施（inf）、人力资本存量（human）、贸易开放度（open）、外商直接投资（fdi）可能会促进中国的技术创新。考虑到区域存在的个体异质型，在实证方法上我们采用固定效应和随机效应模型进行分析，在具体选择时常用 Hausman 检验作为模型选用的依据，从表 3—10 的回归结果看，F（ui = 0）值在 1% 的水平上都是显著的，对三个方程分别进行 Hausman 检验，结果表明了固定效应模型更加适用。

表 3—10 　　　　　**基础设施对技术创新的检验结果**

变量	\multicolumn{6}{c}{被解释变量为专利申请总量}
	FE	RE	FE	RE	FE	RE
lntransport	0.534*** (8.56)	0.576*** (9.64)				
lnenergy			0.634*** (7.01)	0.612*** (6.81)		
lninf					0.352*** (7.94)	0.361*** (8.32)

续表

	被解释变量为专利申请总量					
变量	FE	RE	FE	RE	FE	RE
lnhuman	5. 588 *** (13. 62)	5. 317 *** (13. 47)	5. 229 *** (10. 21)	5. 270 *** (10. 39)	4. 235 *** (7. 38)	4. 094 *** (7. 33)
lnopen	0. 0920 *** (3. 41)	0. 0956 *** (3. 56)	0. 104 *** (3. 74)	0. 110 *** (3. 92)	0. 0835 *** (3. 04)	0. 0878 *** (3. 21)
lnfdi	− 0. 115 *** (− 3. 16)	− 0. 114 *** (− 3. 18)	− 0. 0724 * (− 1. 95)	− 0. 0631 * (− 1. 70)	− 0. 0569 (− 1. 56)	− 0. 0485 (− 1. 35)
C	− 3. 670 *** (− 3. 90)	− 3. 030 *** (− 3. 29)	− 3. 527 *** (− 3. 22)	− 3. 558 *** (− 3. 22)	− 3. 235 *** (− 3. 13)	− 2. 948 *** (− 2. 87)
F（Chi 方）	338. 45 (0. 00)	1369. 97 (0. 00)	311. 50 (0. 00)	1210. 89 (0. 00)	327. 14 (0. 00)	1316. 88 (0. 00)
F（ui = 0）	123. 49 *** (0. 00)		183. 7 *** 3 (0. 00)		175. 40 *** (0. 00)	
Hausman	1314. 90 (0. 00)		1146. 88 (0. 00)		1393. 72 (0. 00)	
观测值	330	330	330	330	330	330

注：本书使用 Stata11. 0 计算，FE 表示固定效应模型，RE 表示随机效应模型；F 检验括弧中均为 P 值；F（ui = 0）为固定效应模型中个体异质性检验，***、**、* 分别表示在1%、5%、10% 的水平上显著，括号内为 t 值。

我们最关注的变量交通基础设施（transport）、能源基础设施（energy）和信息基础设施（inf），在所有的回归中其系数均是在1%的水平上显著，交通基础设施、能源基础设施和信息基础设施（inf）促进了中国各地区的技术创新活动，这表明交通基础设施、能源基础设施和信息基础设施 inf 对中国的技术创新具有显著的溢出效应，这也充分表明了基础设施不但能促进经济增长（Joseph and Ozbay，2006；胡鞍钢和刘生龙，2009）而且也能够间接提高各地区的技术创新能力进而促进经济增长，说明了改革开放以来交通基础设施的快速发展为中国企业创新提供了重要支撑。中国粗放式的经济增长主要依赖于过度的能源消耗，刘生龙和胡鞍钢（2010）认为能源基础设施并没有表现出对经济增长显著的溢出效应，他们认为这主要是和中国的能源使用效率不高相联系的，但是本书的实证结果表明能源基础设施显著地促进了中国的技术创新，虽然能源的利用效率低，但是经济发展主要还是依赖煤炭、石油、天然气等能源物质支撑；信息基础设施的发展需要高技术的支持，信息基础设施的高速发展提升了中国技术创新能力的提高。

　　控制变量中人力资本、贸易开放度在1%水平上显著，人力资本促进了技术创新的提高，一方面，人力资本是技术创新的重要载体，是技术创新的关键因素；另一方面，人力资本的提升可以更有效地学习国外的先进技术和管理经验，进一步提高技术创新水平。贸易开放度显著提升了中国的技术创新能力，中国通过进口高附加值、高技术密集度和高技术复杂度的产品，特别是中间产品的技术溢出能促进中国自主创新能力的提高。外商直接投资 fdi 显著抑制了中国的技术创新能力，虽然外商直接投资对中国的经济发展作出了很大的贡献，但是对中国经济的发展不可避免地带来了消极的影响，外商企业控制核心技术，吸收高科技人才，国内企业的人才流失很严重，导致技术力量大量流失；外商直接投资凭借其资金、技术、管理、品牌、规模等垄断优势控制了中国的某些行业和市场，通过合法或不正当手段吞食中国内资企业，已经对中国民族经济发展产生了显著的负面影响，从而间接导致了外商直接投资对中国的技术创新表现为负显著并抑制其提高；由于中国限制外商投资国内的信息基础设施，所以，表现为外商直接投资对信息基础设施不显著。

　　（二）分地区的估计结果

　　表3—11 给出了按照东部和中西部分组的估计结果①，经 Hausman 检验，结果表明，固定效应模型更加适合。从其中可以看出，按东部和中西部分组之后，与总体样本估计结果一致，交通基础设施（transport）、能源基础设施（energy）和信息基础设施（inf），在所有的回归中其系数均是在1%的水平上显著，交通基础设施、能源基础设施和信息基础设施显著促进了中东部和中西部的技术创新活动。人力资本促进了东部和中西部

---

　　① 东部地区包括北京、天津、河北、辽宁、山东、江苏、浙江、上海、福建、广东、海南共11个省、市，西部地区包括黑龙江、吉林、河南、安徽、湖北、湖南、江西、内蒙古、山西、陕西、甘肃、宁夏、四川、重庆、贵州、广西、云南、青海、青海共19个省、市、自治区。

地区的技术创新。外商直接投资（fdi）对东部的技术创新不显著，但是对中西部的技术创新在5%水平上负显著，这可能的原因：一方面，随着外向经济发展程度的加深，东部发达地区国际技术合作的渠道不断加深，形式不断增多，国际技术外溢的方式可能更多地体现在进口贸易方面，从而减少了对外商直接投资的依赖；另一方面，东部地区经济发达，市场竞争力强，企业更注重自主创新才能在市场中立足，因此外商直接投资（fdi）对东部地区的技术溢出不显著。贸易开放度促进了东部地区的技术创新，对中西部地区不显著，这可能的原因：东部地区是中国对外贸易最活跃的地区，进口贸易外溢效应能促进该地区的技术创新活动，但中西部地区可能与贸易技术溢出的门槛效应有关。

（三）稳健性检验

表3—12给出了使用发明专利量作为被解释变量时的估计结果。从回归结果看，F（ui＝0）值在1%的水平上都是显著的，如果使用混合数据回归（PoolOLS）将产生不一致的估计值，说明了使用固定效应和随机效应模型的合理性。对三个方程分别进行Hausman检验，结果表明，固定效应模型更加适合。从估计结果可以看出，所有解释变量估计参数的符号均与表3—11估计的符号一致，交通基础设施（transport）、能源基础设施（energy）、人力资本存量（human）、贸易开放度（open）和外商直接投资（fdi）等变量则具有较好的统计显著性。

表3—11　　　　　　分地区的基础设施对技术创新的检验结果

| 变量 | 被解释变量为专利申请总量 | | | | | |
| | 东部 | | | 中西部 | | |
	FE	FE	FE	FE	FE	FE
lntransport	0.876 *** (6.57)			0.506 *** (8.56)		
lnenergy		1.007 *** (5.07)			0.508 *** (5.97)	
lninf			0.676 *** (6.84)			0.331 *** (7.92)

续表

变量	被解释变量为专利申请总量					
	东部			中西部		
	FE	FE	FE	FE	FE	FE
lnhuman	6.301*** (8.77)	5.017*** (4.77)	3.175*** (2.98)	4.625*** (10.52)	4.612*** (8.32)	3.416*** (5.91)
lnopen	0.0740** (2.21)	0.0758** (2.13)	0.0585* (1.76)	0.0812 (1.21)	0.213 (1.09)	0.0513 (0.74)
lnfdi	-0.0698 (-0.67)	-0.0836 (-0.76)	0.0296 (0.28)	-0.0745** (-2.45)	-0.0407 (-1.25)	-0.0159 (-0.52)
C	-4.786** (-2.95)	-2.982 (-1.34)	-2.416 (-1.31)	-1.642 (-1.56)	-1.990 (-1.58)	-1.509 (-1.36)
F (Chi方)	130.25 (0.00)	111.88 (0.00)	134.00 (0.00)	305.07 (0.00)	254.02 (0.00)	290.79 (0.00)
F (ui=0)	141.73*** (0.00)	123.90*** (0.00)	140.44*** (0.00)	140.03*** (0.00)	234.47*** (0.00)	258.39*** (0.00)
Hausman	433.20 (0.00)	373.68 (0.00)	453.28 (0.00)	863.49 (0.00)	546.71 (0.00)	922.34 (0.00)
观测值	121	121	121	121	121	121

注：本章使用 Stata11.0 计算，FE 表示固定效应模型，RE 表示随机效应模型；F 检验括弧中均为 P 值；F (ui=0) 为固定效应模型中个体异质性检验，***、**、* 分别表示在 1%、5%、10%的水平上显著，括号内为 t 值。

表 3—12　　　　　　　**稳健性检验（被解释变量为发明专利）**

变量	被解释变量为发明专利					
	FE	RE	FE	RE	FE	RE
lntransport	0.568*** (6.95)	0.664*** (8.89)				
lnenergy			0.779*** (6.77)	0.758*** (6.73)		
lninf					0.446*** (7.97)	0.475*** (8.83)

续表

	被解释变量为发明专利					
变量	FE	RE	FE	RE	FE	RE
lnhuman	8.347*** (15.54)	7.631*** (15.36)	7.471*** (11.48)	7.379*** (11.63)	6.089*** (8.40)	5.650*** (8.21)
lnopen	0.166*** (4.69)	0.164*** (4.67)	0.177*** (5.02)	0.182*** (5.11)	0.151*** (4.36)	0.153*** (4.45)
lnfdi	-0.155*** (-3.26)	-0.174*** (-3.78)	-0.111** (-2.35)	-0.106** (-2.27)	-0.0915** (-1.99)	-0.0864* (-1.93)
C	-11.21*** (-9.09)	-9.638*** (-8.39)	-10.04*** (-7.22)	-9.803*** (-7.13)	-9.423*** (-7.22)	-8.628*** (-6.86)
F (Chi方)	366.12 (0.00)	1453.09 (0.00)	362.87 (0.00)	1384.72 (0.00)	385.41 (0.00)	1549.52 (0.00)
F (ui=0)	55.93*** (0.00)		102.71*** (0.00)		89.60*** (0.00)	
Hausman	1000.41 (0.00)		952.20 (0.00)		1248.21 (0.00)	
观测值	330	330	330	330	330	330

三　基础设施外部性对技术创新能力的影响

基础设施水平的改善不但能促进经济增长，而且也能促使科技人才、外商直接投资和国际贸易的集聚，从而基础设施与它们的交互项也可能促进技术创新能力的提高，我们从实证方面来验证这方面的结果。

从表3—13和表3—14可以看出，人力资本禀赋、贸易开放度和基础设施的交互项都提升了中国技术创新能力的提高，人才作为技术创新的主体，是技术创新能力提升的关键要素，贸易开放加速了国内的市场竞争力和技术消化、吸收能力，从而提高了中国的技术创新能力的提高。外商直接投资与交通基础设施的交叉项在1%的统计水平上显著，而对能源基础设施、信息基础设施都不显著，这与中国的外商投资政策有关，中国禁止外商投资与涉及中国安全的能源、信息领域，从而表现为它们的交互项不显著；这也说明了良好的基础设施的确促使了人才资本、对外贸易和外商直接投资的聚集。

表 3—13　　　　　　　　　基础设施对技术创新的检验结果

被解释变量为专利申请总量						
变量						
human * lntran	0.0735 *** (11.12)					
open * lntran		1.033 *** (10.80)				
fdi * lntran			9.316 *** (7.42)			
human * lnny				0.0822 *** (8.75)		
open * lnny					0.679 *** (10.00)	
fdi * lnny						1.187 (0.88)
lnhuman	5.561 *** (15.96)	7.067 *** (25.65)	7.000 *** (21.75)	4.429 *** (8.66)	6.947 *** (24.02)	8.110 *** (23.92)
lnopen	0.0868 *** (3.43)	0.163 *** (6.31)	0.0932 *** (3.37)	0.104 *** (3.88)	0.0608 ** (2.30)	0.109 *** (3.62)
lnfdi	− 0.117 *** (− 3.43)	− 0.00844 (− 0.25)	0.126 *** (2.80)	− 0.0684 * (− 1.91)	− 0.0126 (− 0.36)	− 0.0772 * (− 1.86)
C	− 3.542 *** (− 4.40)	− 6.751 *** (− 10.44)	− 6.133 *** (− 7.67)	− 1.848 * (− 1.69)	− 6.985 *** (− 10.63)	− 9.518 *** (− 12.81)
F（Chi方）	394.71 (0.00)	387.04 (0.00)	318.19 (0.00)	342.18 (0.00)	368.30 (0.00)	357.54 (0.00)
F（ui = 0）	145.01 *** (0.00)	209.74 *** (0.00)	134.46 *** (0.00)	199.64 *** (0.00)	210.42 *** (0.00)	197.24 *** (0.00)
Hausman	1362.95 (0.00)	1285.46 (0.00)	1194.94 (0.00)	1157.67 (0.00)	1244.86 (0.00)	1186.68 (0.00)
观测值	330	330	330	330	330	330

表 3—14　　　　　　　　　　基础设施对技术创新的检验结果

变量	被解释变量为专利申请总量					
	FE	RE	FE	RE	FE	RE
human * lninf	0.0500*** (10.84)	0.0505*** (11.18)				
open * lninf			0.155*** (9.23)	0.156*** (9.38)		
fdi * lninf					-0.425 (-1.48)	-0.413 (-1.43)
lnhuman	0.438 (2.57)	0.336 (0.45)	7.365*** (26.32)	7.276*** (26.03)	8.311*** (27.71)	8.192*** (27.08)
lnopen	0.0775*** (3.03)	0.0810*** (3.19)	-0.0792** (-2.37)	-0.0785** (-2.34)	0.106*** (3.52)	0.114*** (3.76)
lnfdi	-0.0505 (-1.49)	-0.0432 (-1.29)	-0.0239 (-0.67)	-0.0234 (-0.66)	-0.0115 (-0.21)	-0.00451 (-0.08)
C	4.430*** (3.09)	4.656*** (3.30)	-8.359*** (-13.37)	-8.163*** (-12.48)	-9.594*** (-13.79)	-9.294*** (-12.78)
F（Chi方）	387.85 (0.00)	1565.34 (0.00)	351.94 (0.00)	1396.70 (0.00)	259.13 (0.00)	1003.85 (0.00)
F（ui=0）	202.07*** (0.00)		188.93*** (0.00)		154.25*** (0.00)	
Hausman	1431.85 (0.00)		1273.59 (0.00)		1116.39 (0.00)	
观测值	330	330	330	330	330	330

注：本章使用 Stata11.0 计算，FE 表示固定效应模型，RE 表示随机效应模型；F 检验括弧中均为 P 值；F（ui=0）为固定效应模型中个体异质性检验，***、**、* 分别表示在 1%、5%、10% 的水平上显著，括号内为 t 值。

四　基础设施外部性对中国技术创新能力的进一步细化

本书根据格里利谢斯（Griliches，1979）的模型构建如下随机前沿生产函数模型：

$$\ln y_{it} = b_0 + \alpha \ln rd_{it} + v_{it} - u_{it} \tag{3.3}$$

其中 y、α、rd 分别表示各地区的专利申请总量、影响技术创新能力的因素和各地区的研发资本投入。i 和 t 分别表示 i 地区和第 t 个年份，b_0 为常数项，α 代表研发资本产出弹性。$v_{it} - u_{it}$ 代表方程的随机误差项，v_{it} 指系统中不可预测的因素冲击所引致的随机误差变量，其服从正态分布 N $(0, \sigma_v^2)$，并且独立于 u_{it}，u_{it} 表示研发活动过程中的无效率项，其服从正态分布 N (M_{it}, σ_u^2)，其中 M_{it} 表示地区 i 在 t 时期研发活动的技术效率，M_{it} 越大表示技术效率越低。本书重点考察基础设施、人力资本、外商直接投资以贸易开放度等因素对研发活动技术无效率的影响，因而构建以下无效率函数：

$$M_{it} = \beta_0 + \beta_1 infra_{it} + \beta_2 human_{it} + \beta_3 fdi_{it} + \beta_4 open_{it} + \varepsilon_{it} \qquad (3.4)$$

其中 β_0 为常数，infra、human、fdi、open 分别表示基础设施、人力资本、外商直接投资和贸易开放度，$\beta_1, \beta_2, \beta_3, \beta_4$ 为相应变量的系数，ε_{it} 为误差项。

判断模型（3.3）的主要依据是似然比统计量 LR 和 γ 统计量。其中 γ 表示随机误差项中技术无效所占权重大小，$\gamma = \dfrac{\sigma_u^2}{\sigma_u^2 + \sigma_v^2}$（$0 \leq \gamma \leq 1$），如果 γ 趋近于 1，就表明了无效率项在生产单元与前沿面的偏差中占据主要成分，此时就应当采用随机前沿模型对方程进行估计。本书利用 Frontier4.1 软件，估计交通基础设施和能源基础设施对中国技术创新能力的影响，我们采用各省区的面板数据，分别对方程（3.3）和方程（3.4）进行估计，进一步考察基础设施外部性对技术创新效率的影响，从表 3—15 的回归结果可以看出：交通基础设施的 $\gamma = 0.9717$ 和能源基础设施的 $\gamma = 0.9761$ 且 LR 统计量低于 1% 的水平，这也充分说明地区的面板数据使用随机前沿生产函数是合理且适当的。

从无效率函数看，交通基础设施和能源基础设施对技术创新效率都在 5% 的水平上显著为正，表明了交通和能源基础设施对技术创新效率有显著的负相关，虽然他们都促进了技术创新能力的提高，但对技术创新效率的影响都是负的，这可能的原因：一方面，中国在公路、铁路方面的投入巨大，但对企业库存的影响不是很显著。李涵、黎志刚（2009）研究表明，普通公路和铁路的投资对企业的存货水平没有显著的影响。另一方面，交通基础设施的融资依赖加大交通运输的成本，增加企业创新融资的成本，这就抑制了企业技术创新能力的提高，导致了交通基础设施对技术创新效率表现出负的外部性。刘生龙、胡鞍钢（2010）研究结果表明，能源基础设施对经济增长不存在显著的正外部性，这主要是和中国的能源使用效率不高相联系的，由于中国长时期以来实行粗放式的经济增长模式，单位 GDP 能耗不仅高于发达国家，甚至还高于一些发展中国家，从而使得能源基础设施表现出对技术创新效率显著的负外部性。结果同时还表明，人力资本对技术创新效率负相关，虽然国家培养大批人才，但是具有创新的复合型人才相当匮乏；贸易开放度对技术创新率不显著，这可能与中国进口的高技术含量的产品消化吸收能力差有关，另外，可能是国外的技术水平与中国适宜的技术水平差距较大。外商直接投资虽然抑制了中国的技术创新能力，但是对中国的技术创新效率在 5% 的水平上显著为正，促进了技术创新效率的提高，这可能由于外商投资加剧了中国各地区和各行业的竞争，企业只有加强技术创新才能在市场中立足。

表 3—15　　　基础设施外部性对中国技术创新效率的检验结果

	系数	标准差	t 值	系数	标准差	t 值
前沿生产函数						
b_0	− 16.746 **	8.169	− 2.05	− 14.220 *	7.77	− 1.83
α	2.403 *	1.167	1.75	2.131 *	1.292	1.65
无效率函数						
β_1	2.367 **	0.951	2.49	0.332 **	0.144	2.31
β_2	1.133 ***	0.162	6.99	1.097 ***	0.173	6.33
β_3	− 0.148	0.106	− 1.39	0.630	0.504	1.25
β_4	− 8.163 **	3.596	− 2.27	− 6.778 *	3.458	− 1.96
σ^2	11.67 ***	5.187	2.25	13.58 ***	4.667	2.91
γ	0.9717 ***	0.0139	69.57	0.9761 ***	0.0089	109.01
单边 LR 检验	104.69			110.15		
平均效率	0.1309			0.099		

注：技术无效率函数中系数为正表示该变量负向影响技术创新效率，系数为负表示正向影响技术创新效率。*、**、*** 分别表示在 10%、5% 和 1% 水平上显著，LR 为似然比检验统计量。

五　结论

改革开放以来，中国的基础设施建设取得长足的发展，基础设施投资除了促进经济增长外，基础设施的外部性还能促进中国技术创新能力的提高，本章利用中国1986—2008年的数据研究了基础设施对中国技术创新能力的影响效应，结论表明，交通和能源基础设施都促进了中国技术创新能力的提高，而信息基础设施抑制其创新能力的提高，此外人力资本禀赋、贸易开放度都提升了中国技术创新能力的提高，而外商直接投资与其相反。

基础设施发展一方面促进了经济增长，另一方面基础设施外部性提高了中国技术创新的能力，本章采用1998—2008年的数据验证了交通基础设施和能源基础设施这三大基础设施的外部性。结果表明，交通基础设施、能源基础设施和信息基础设施对中国的技术创新能力有显著的正外部性。此外，本章的实证结果还发现人力资本和贸易开放度对技术创新有着显著的正外部性，而外商直接投资则对中国的技术创新有着显著的负外部性；分地区的实证结果表明，交通基础设施、能源基础设施和信息基础设施对东部和中西部的技术创新能力有显著的正外部性，另外人力资本促进了各地区的技术创新活动，贸易开放度促进了东部技术创新活动但对中西部不显著，外商直接投资对东部不显著但对中西部负显著。能源和交通基础设施对中国技术创新效率具有显著的负外部性，人力资本也表现出负的外部性，但是外商直接投资对技术创新率有显著的正外部性。

第四章

基础设施对中国技术创新
能力的影响效应

——基于进口贸易视角的研究

内生增长理论强调技术进步是经济增长的动力，并进一步将技术内生化，这无疑对发展经济学起到了极大的推动作用。内生增长理论重点强调了发展中国家从开展国际贸易中所获得的技术溢出效应对本国技术进步的重要作用，并把国际贸易同技术创新一起视作技术进步的发动机（Grossman and Helpman, 1991）。科等（Coe et al., 1997）表明了国际贸易促进技术进步的途径：技术落后国家通过模仿发达国家的技术促进本国技术创新能力的提升。进口贸易通过影响进口国的要素市场而间接影响该国的技术创新能力的提升，作为发展中的大国，我们利用进口贸易的技术溢出，加速经济增长是一个重要的捷径。鲜有文献从进口贸易的角度考察基础设施对中国技术创新能力的影响效应。

第一节　基础设施对中国技术创新的影响效应
——基于进口贸易的面板数据模型

本部分采用2001—2008年间国际面板数据，研究基础设施与进口贸易以及其传导机制的国际研发投入对中国技术创新的影响。

一　基础设施对进口贸易影响的理论模型

（一）研究假设

本节将构造基础设施对生产要素、产量和进口贸易的影响，私人部门使用劳动和不同品种的中间产品，只生产一种同质的最终产品，政府部门通过税收建设具有公共性质的基础设施，并无偿向私人部门开放，家庭通过劳动获取劳动报酬，并用来消费最终产品。假设中间品市场为垄断市场，政府的公共基础设施投入能增加其供给，并能降低中间品成本，从而减少最终产品的支出成本。

（二）一般均衡条件

本书运用 CES 生产函数表示最终品的生产：

$$Y = L_y{}^{1-a} \left[\left[\sum_{j=1}^{n} x_j{}^h \right]^{\frac{1}{h}} \right]^a \tag{4.1}$$

式中 Y 表示最终产品，L_y 为 Y 生产所需的劳动力投入，x_j 为生产最终产品所需的第 j 种中间品数量，$0 < a$、$h < 1$ 为常数。

考虑中间产品市场均衡，假设中间品生产企业 j 的生产函数为：

$$L_{x_j} = f + \frac{k}{G^b} x_j \tag{4.2}$$

式中 L_{x_j} 为厂商 j 生产数量 x_j 的中间产品对劳动的需求量，f、k、b 为非负常数，b 为可变成本对基础设施的弹性系数，G 为基础设施的数量，本节假定基础设施生产规模报酬不变，基础设施的生产函数为：

$$G = \eta L_g \tag{4.3}$$

式中 L_g 为生产 G 数量的基础设施所需要的劳动力，η 为正常数。

在市场均衡下中间产品产量 x 与基础设施水平 G 的关系：

$$x = \frac{f}{1 - h - (a - h)/n} \times \frac{h + (a - h)/n}{k} G^b \tag{4.4}$$

随着专业化分工加深，即中间产品种类 n 充分大，$\frac{a - h}{n}$ 接近于 0，（4.4）式可近似表示为：

$$x = \frac{f}{1 - h} \times \frac{h}{k} G^b \tag{4.5}$$

基础设施供给变动对中间产品产量 x 的影响，通过（4.5）式两边取自然对数，然后对 G 求导得到：

$$\frac{dx/x}{dG/G} = b \tag{4.6}$$

上式表明，中间产品的品种数量随着基础设施存量的增加而增加，也就是说随着基础设施的改善，企业生产中间产品的品种也随之大幅度增加。基础设施的增加可以促使中间产品品种增加时，外部效应增强，从而工资率大幅度上升，中间产品的价格也随之提高，因此，基础设施供给得越多，进口的中间产品就越多。

二 基础设施、进口贸易的国际研发对技术创新的影响

（一）计量模型

在进口贸易中，国外的研发通过进口产品间接对国内的技术创新产生影响，$S^{f\text{-}LP}$ 表示按利希滕贝格和波特里（Lichtenberg and Potterie，1998）方法计算的贸易伙伴的研发进口额加权投入的计算公式：

$$S_{it}{}^{f\text{-}LP} = \sum_{i \neq j} \frac{m_{ijt}}{y_{jt}} S_{jt}{}^{frd} \tag{4.7}$$

其中，i 代表国家，t 代表年份，$S_{it}{}^{f\text{-}LP}$ 为进口产品获得的外国研发资本存量，m_{ijt} 是本国 i 在时期 t 从外国 j 的中间产品进口量，y_{jt} 是时期 t 国家 j 的 GDP，$S_{jt}{}^{frd}$ 是外国 j 的国内研发资本存量。各地从进口贸易中获得的国外的研发溢出为：

$$S_{kt}{}^{f} = S_{it}{}^{f} \times \frac{m_{kt}}{\sum_{k} m_{kt}} \tag{4.8}$$

其中 m_{kt} 为 k 地区在 t 时期的进口总额，$S_{it}{}^{f}$ 为进口贸易获得的外国研发资本存量。

（二）实证模型

一般认为研发活动是技术创新的主要源泉，国内很多学者以专利申请量或者年均研发经费投入等变量代表技术创新的水平，本节的实证模型可表示为：

$$lnpz_{it} = \alpha + \beta infra_{it} \times imprd_{it} + \gamma control_{it} + \varepsilon_{it} \tag{4.9}$$

其中 pz 表示技术创新，本节用专利申请量（发明、实用新型和外观设计三项专利申请受理数之和）作为技术创新产出的代理变量，imprd 为进口产品获得国外的研发资本存量。

良好的基础设施 infra 能够促进信息的交流，使企业能够更直接和迅速地获得最新的技术信息，加快技术创新和知识水平的提高，本节用邮政营业网点密度和邮政线路密度度量邮政基础设施；采用狄格曼（Demurger，2001）的方法用地区铁路网和公路网的密度来测度交通基础设施；用人均电力、煤炭消耗来度量能源基础设施；用人均互联网宽带接入端口测度网络基础设施；用人均长途自动交换机容量、本地电话交换机容量、移动电话交换机容量以及长途光缆线路密度测度通信基础设施。

为考察估计结果的稳健性，我们加入了如下控制变量：

（1）国内研发投入（gsyf），研发投入是技术创新活动的根本和动力，研发投入越多越可能促进技术创新活动的健康发展，本节用各地区的研发投入衡量，并用 2001 年的 GDP 平减指数平减。

（2）人力资本（human），人力资本是技术创新的关键，也是科技知识活动的重要载体，人力资本禀赋决定了企业创新的能力，我们以平均受教育年限来衡量各地区的人力资本。

（3）人均 GDP，人均 GDP 除了可以反映一个地区现有的技术水平外，还可以反映出该地区利用现有知识促进经济发展的能力，而一个地区的经济发展水平又可以从更广泛的意义上影响该地区技术创新能力的提高。我们以各地区的 GDP 除以该地区的总人口，并用 2001 年的 GDP 平减指数平减。

（4）投资率（inv），物质资本投资作为地区经济增长的重要投入要素，在一定程度上既反映该地区的要素禀赋特征，又能影响该地区的技术创新能力，我们用资本形成总额除以 GDP 表示。

（5）制度变迁（insti），中国正处于关键的转型时期，非公有经济的发展为经济腾飞奠定了强有力的基础，非公有经济促进了市场竞争，只有提高技术创新能力才能在市场中立足，我们用非国有投资除以总投资表示。

（三）数据说明

本节的数据来自《中国统计年鉴》、《中国科技统计年鉴》和《新中国六十年资料汇编》和 CCER 金融数据库，其余的数据说明如下：

（1）国外的研发资本存量 imprd。本节在表示研发资本存量选用研发投入金额来度量。国外的研发存量用各国的 GDP 乘各国的研发占 GDP 的比重来计算，并利用 GDP 平减指数转化为用 2001 年的购买力评价来衡量。而各国研发占 GDP 的比重数据源于中国科技统计网站。由于国外的研发资本存量没有统计数据，为了保持各国数据的连续性和可比性，本节对初始年度的存量计算公式为 $S = A_0/(g + \delta)$，其中 S 表示存量，A_0 表示初始年度的流量，g 表示变量从起始年度（1978）到 2008 年的平均增长率，δ 表示折旧率，一般假定为 5%，再用永续盘存法估计各国的资本存量，而国内的研发资本存量按 2001 年可比价格计算的 GDP 比重来估算，由于中国进口 G－7 国家的产品总量占中国总贸易量的比重非常高，因此，本节选取 G－7 国家作为研究对象，各省市的资本存量以各地区的按 2001 年可比价格计算的权重来测算。

三　基础设施与进口贸易国际研发对技术创新的实证分析

表 4—1 和 4—2 是对方程（4.9）的回归结果，同时结果表明：交通、能源、通信和网络基础设施与进口产品的国际研发交叉项（infra ∗ imprd）的系数都为正数，除了邮政营业网点密度和邮路长度密度不显著外，其余各项都在 1% 的水平上显著，这也充分说明了进口产品的国际研发能促进中国技术进口能力的提高，进口产品特别是进口中间产品更能促进技术创新，首先，更多种类的中间产品能够增加最终产品的生产率，生产率的提高得益于外部收益和外溢效应；其次，专业化生产的中间产品使得中国对其模仿和学习，从而促进中国的技术创新和技术进步。回归结果给予我们的启示：要注重提升进口中间产品的技术含量，加大力度引进国外具有先进技术和高科技含量的中间产品，基础设施增强了对产品模仿和吸收的能力以此促使自主创新能力的提高，并逐步减少对初级低技术的中间产品的进口，只有这样才能促进中国工业行业的技术创新和产业结构的升级。

四　基础设施的内生性问题及其处理

很多文献关注基础设施的内生性问题（Kamps，2005；Canning and Pedroni，2008），基础设施能够影响各地区的进口贸易，但是也可能存在反向促进作用，也就是随着进口贸易数量的增加，各地区逐渐从进口贸易中获得国外先进的科学技术和管理经验，提高了中国各地区的技术效率，使得各地区的经济发展水平得到提高。经济的快速发展为基础设施的改善提供了强有力的资金支持，另一方面各地区的居民和企业对高水平基础设施的需求使得政府加大财政支出力度，在一定程度上进口贸易促进了基础设施的快速发展。因此，不仅基础设施水平能促进进口贸易的发展，而且进口贸易还可能对基础设施的发展产生影响，也就造成了二者有一定的内生性。

表4—1 基础设施与进口贸易的国际研发协同效应对技术创新能力的实证结果

	交通		邮政		能源
	公路	铁路	营业网点	邮路长度	电力消耗
infra * imprd	0.0042 *** (6.91)	0.175 *** (4.75)	0.0024 (1.18)	0.000063 (1.14)	0.0111 *** (5.99)
lngsyf	0.142 * (1.81)	0.191 ** (2.32)	0.231 *** (2.70)	0.235 *** (2.74)	0.159 ** (1.98)
lnhuman	1.751 *** (3.01)	1.903 *** (3.10)	1.857 *** (2.87)	1.832 *** (2.84)	1.695 *** (2.84)
lngdp	0.563 *** (4.63)	0.522 *** (4.05)	0.572 *** (4.24)	0.564 *** (4.16)	0.558 *** (4.47)
lninv	−0.274 *** (−2.34)	−0.329 (−2.66)	−0.482 *** (3.84)	−0.469 *** (−3.68)	−0.309 *** (−2.58)
lninsti	0.734 *** (5.48)	0.688 *** (4.88)	0.653 *** (4.41)	0.656 *** (4.44)	0.755 *** (5.48)
C	5.417 *** (3.92)	4.890 *** (3.36)	4.809 *** (3.14)	4.872 *** (3.18)	5.536 *** (3.90)
R2（组内）	0.879	0.866	0.853	0.853	0.874
F（Chi方）	248.56 (0.00)	220.32 (0.00)	196.58 (0.00)	196.46 (0.00)	235.26 (0.00)
F（ui＝0）	24.12 (0.00)	21.96 *** (0.00)	19.67 (0.00)	19.62 (0.00)	22.61 (0.00)
Hausman	146.09 (0.00)	140.22 (0.00)	130.75 (0.00)	131.54 (0.00)	140.03 (0.00)
观测值	240	240	240	240	240

注：*** 、** 、* 分别表示在1%、5%、10%的水平上显著，括号内为t值。

内生性的影响会导致最小二乘法的估计结果是有偏的和非一致性，通常的做法是选择一个与基础设施相关而且独立丁进口贸易的变量作为工具变量，进行两阶段最小二乘估计（TSLS），选取工具变量需要满足两个条件，工具变量本身必须是外生的，而且与内生变量高度相关。我们采用地形的平坦程度（flat）和海外市场接近度（fma）作为基础设施的工具变量，选用这两个变量的原因在于：一方面，从表面上看，地形平坦程度和海外市场接近度都与进口贸易之间没有直接关系，因而具有较强的外生性；另一方面，大量的实证研究表明，地理和地形变量对基础设施建设具有重要影响（Lai，2006）。其中地形平坦程度用各省区平地面积占其总土地面积的比重来衡量，该数据来源于中科院中国自然资源数据库。

表4—2　基础设施与进口贸易的国际研发协同效应对技术创新能力的实证结果

	通信				网络
	长途交换机	本地交换机	移动交换机	长途光缆	网络
infra * imprd	0.0113*** (4.11)	0.0079*** (6.47)	0.0028*** (4.67)	0.013*** (6.38)	0.0107*** (3.45)
lngsyf	0.216** (2.61)	0.171** (2.16)	0.177** (2.15)	0.157* (1.98)	0.198** (2.35)
lnhuman	1.706*** (2.74)	1.544*** (2.62)	1.889*** (3.07)	1.577*** (2.67)	1.930 (3.07)
lngdp	0.524*** (4.01)	0.536*** (4.35)	0.545*** (4.23)	0.561*** (4.55)	0.561*** (4.26)
lninv	-0.369*** (-2.97)	-0.279** (-2.35)	-0.347*** (-2.81)	-0.383*** (-3.32)	-0.399*** (-3.20)
lninsti	0.754*** (5.22)	0.784*** (5.74)	0.740*** (5.21)	0.817*** (5.93)	0.682*** (4.73)
C	5.417*** (3.66)	5.924*** (4.21)	5.048*** (3.46)	5.839*** (4.14)	4.084*** (3.22)
R2（组内）	0.863	0.877	0.866	0.876	0.859
F（Chi方）	213.93 (0.00)	242.04 (0.00)	219.46 (0.00)	240.65 (0.00)	208.34 (0.00)
F（ui=0）	20.85 (0.00)	23.20 (0.00)	21.50 (0.00)	22.80 (0.00)	20.92 (0.00)
Hausman	131.30 (0.00)	143.00 (0.00)	129.78 (0.00)	140.74 (0.00)	130.44 (0.00)
观测值	240	240	240	240	90

注：***、**、* 分别表示在1%、5%、10%的水平上显著，括号内为t值。

对于工具变量海外市场接近度（fma），我们采用黄玖立和李坤望（2006）的方法，取各省市省会城市到海岸线距离的倒数（乘100）为国外市场接近度，其中沿海省份到海岸线距离为其内部距离（D_{mm}），非沿海省份到海岸线的距离为其到最近的沿海省区的距离（D_{mj}），加上该沿海省区的内部距离（D_{mm}）。因此，可以表述如下：假设C为沿海省份集合，则地区m的海外市场接近度可表示为：

$$fma_m = \begin{cases} 100/D_{mm}, m \in C \\ 100/(\min D_{mj} + D_{mm}), m \notin C, j \in C \end{cases} \qquad (4.10)$$

其中，D_{mm}的计算公式为$D_{mm} = (2/3)(S_m/\pi)^{1/2}$，（Redding and Venables，2004），S_m为地区m的面积。

选用这两个与基础设施相关的变量作为工具变量的原因主要体现在以下两点：

（1）一个地区的地形平坦程度对基础设施的建设和使用起着非常重要的作用，在地形状况很恶劣的地区，进行基础设施建设的成本很高，并且对基础设施维护的成本也比较高，人口稀少的地区更加重了基础设施的使用成本。另外，相对于建设的成本来说，基础设施的维护和管理成本更高，而且加大了长期维护的难度，因此我们认为，地形的平坦程度与地区的基础设施有较强的相关性。

（2）从中国的地形、地貌特征来看，西部地区多是高山、丘陵和沙漠，东部地区地势较为平坦，这就形成了"西高东低"的地势，这样的现实条件造成了西部地区的基础设施落后，也为东部地区的基础设施建设创造了良好的自然条件。另外，沿海地区还可以凭借独特的地理优势加大同外界的交流力度，为基础设施的建设和发展提供便利，这就形成了沿海地区在基础设施建设方面的先天条件，不仅基础设施的水平高而且其建设和维护的成本都比较低。因此，距离海岸线的远近与该地区的基础设施建设存在着密切的联系。

工具变量的有效性还有待于检验，好的工具变量不仅与内生变量之间存在相关性，而且工具变量本身还必须满足外生性条件，我们运用工具变量两阶段最小二乘法，对实证模型进行了重新回归，回归结果如表4—3和表4—4所示。为了考察工具变量的有效性，我们对工具变量进行了弱

识别和过度识别检验。并相应给出了 Sargan 统计量和 Kleibergen-Paap 秩
Wald F 统计量 Kleibergen-Paap rk LM 统计量，从表 4—3 和表 4—4 的检验
结果可以看出：

（1）从回归结果来看，第一阶段的 F 值均在 90 以上，根据斯托克、
怀特和尤格（Stock, Wright and Yogo, 2002），使用两阶段最小二乘法进
行回归时，第一阶段的 F 值在 10 以上就说明了工具变量和内生变量有较
强的相关性，而且第一阶段的 $PartialR^2$ 都达到了 0.5 以上，这些统计量表
明了地形平坦程度和海外市场接近度与基础设施之间具有很强的相关性。

（2）从工具变量的检验结果来看：我们可以在 1% 的显著水平上拒绝
工具变量的弱识别和过度检验的原假设，并且过度识别的 Sargan 统计量
的伴随概率都在 0.1 以上，即我们无法在 10% 的显著水平上拒绝工具变
量是过度识别的原假设。因此，我们不仅认为工具变量与内生变量相关，
而且工具变量也是外生的，满足工具变量的要求。

表 4—3 和表 4—4 给出了基础设施与进口贸易的国际研发的交互项对
中国技术创新能力的影响，其中营业网点密度和邮路长度密度分别在 5%
和 10% 的水平上显著，基础设施内生性使得最小二乘估计产生向下偏移，
也就是低估了营业网点密度和邮路长度密度与进口贸易的国外研发存量对
技术创新的影响，国内研发投入的显著性有了明显的提高，变为在 1% 的
水平上显著，内生性降低了国内研发投入的显著性，这也表明了工具变量
的合理性和有效性。

表 4—3　　　　　　　　　　工具变量的 2SLS 回归结果 （1）

	交通		邮政		能源
	公路	铁路	营业网点	邮路长度	电力消耗
infra * imprd	0.0321 *** (3.43)	0.150 *** (2.94)	0.0934 ** (1.99)	0.00109 * (1.79)	0.0873 *** (3.31)
lngsyf	0.692 *** (28.43)	0.696 *** (28.23)	0.708 *** (28.70)	0.709 *** (28.99)	0.696 *** (28.88)
lnhuman	2.094 *** (6.10)	2.379 *** (7.19)	2.453 *** (7.34)	2.506 *** (7.59)	2.121 *** (6.21)

续表

	交通		邮政		能源
	公路	铁路	营业网点	邮路长度	电力消耗
lngdp	0.473*** (6.59)	0.459*** (5.74)	0.558*** (8.30)	0.558*** (8.17)	0.461*** (6.17)
lninv	-0.539*** (-3.88)	-0.494*** (-3.29)	-0.598*** (-4.13)	-0.583*** (-3.93)	-0.511*** (-3.59)
lninsti	-0.669*** (-8.39)	-0.726*** (-8.34)	-0.682*** (-7.93)	-0.693*** (-7.83)	-0.687*** (-8.50)
C	10.32*** (13.78)	10.86*** (14.92)	11.03*** (15.03)	11.14*** (15.38)	10.36*** (13.88)
Sargan statistic	0.1897 (0.8904)	2.664 (0.1026)	7.039 (0.1080)	7.975 (0.1047)	0.8568 (0.3546)
Kleibergeb-Paap Wald F statistic	4031.76 (0.00)	3031.35 (0.00)	2464.81 (0.00)	2971.44 (0.00)	3564.15 (0.00)
Kleibergeb-Paap rk LM statistic	3465.18 (0.00)	2598.62 (0.00)	2076.40 (0.00)	2298.17 (0.00)	2908.74 (0.00)
第一阶段 R2	0.9026	0.9122	0.5996	0.9157	0.9158
第一阶段 F 值	456.558	343.59	109.273	666.585	511.718
第二阶段 R2	0.9468	0.9446	0.9429	0.9439	0.9465
观测值	240	240	240	240	240

注：***、**、* 分别表示在1%、5%、10%的水平上显著，括号内为t值。

表4—4　　　　　　　　工具变量的2SLS 回归结果（2）

	通信				网络
	长途交换机	本地交换机	移动交换机	长途光缆	网络
infra * imprd	0.0429*** (2.78)	0.0231*** (3.35)	0.0232*** (3.06)	0.0694*** (3.15)	0.0150** (2.06)
lngsyf	0.688*** (27.49)	0.675*** (26.57)	0.694*** (28.01)	0.687*** (27.75)	0.699*** (28.01)

续表

	通信				网络
	长途交换机	本地交换机	移动交换机	长途光缆	网络
lnhuman	2.266*** (6.80)	2.260*** (7.00)	2.061*** (5.75)	1.858*** (4.88)	2.252*** (7.13)
lngdp	0.397*** (4.05)	0.318*** (3.01)	0.454*** (5.69)	0.467*** (6.21)	0.498*** (6.79)
lninv	-0.400** (-2.37)	-0.414*** (-2.70)	-0.489*** (-3.26)	-0.562*** (-4.09)	-0.538*** (-4.12)
lninsti	-0.722*** (-8.41)	-0.678*** (-8.64)	-0.704*** (-8.37)	-0.631*** (-8.02)	-0.708*** (-9.47)
C	10.68*** (14.66)	10.71*** (15.22)	10.22*** (13.03)	9.846*** (12.00)	10.60*** (15.95)
Sargan statistic	0.9274 (0.3355)	0.1074 (0.7431)	1.108 (0.2925)	1.026 (0.3111)	2.072 (0.1500)
Kleibergeb-Paap Wald F statistic	3198.33 (0.00)	3982.87 (0.00)	2921.36 (0.00)	3463.85 (0.00)	2730.81 (0.00)
Kleibergeb-Paap rk LM statistic	2472.19 (0.00)	3296.45 (0.00)	2349.10 (0.00)	2978.28 (0.00)	2436.19 (0.00)
第一阶段 R2	0.8718	0.9088	0.7844	0.6875	0.6368
第一阶段 F 值	111.987	108.74	147.343	92.227	92.705
第二阶段 R2	0.9467	0.9491	0.9447	0.9472	0.9420
观测值	240	240	240	240	90

注：***、**、* 分别表示在1%、5%、10%的水平上显著，括号内为 t 值。

五　基础设施对中国技术创新能力影响的进一步细化

从以上的回归结果可知，基础设施更能促进进口贸易的技术溢出，即基础设施的外部性与进口贸易的协同效应能促进中国技术创新能力的提高，是不是所有的基础设施对中国的技术创新效率都相同呢？下面我们着重分析交通、邮政、能源、通信和网络基础设施对中国技术创新效率的分析。

本节根据格里利谢斯（Griliches，1979）的模型构建如下随机前沿生产函数模型：

$$lny_{it} = b_0 + \alpha lnrd_{it} + \beta lnrdp_{it} + v_{it} - u_{it} \tag{4.11}$$

其中 y、rd、rdp 分别表示各地区的专利申请总量、各地区的研发资本投入和各地区的科技从业人员。i 和 t 分别表示 i 地区和第 t 个年份，b_0 为常数项，α、β 代表研发资本投入和研发人员的产出弹性。$v_{it} - u_{it}$ 代表方程的随机误差项，v_{it} 指系统中不可预测的因素冲击所引致的随机误差变量，其服从正态分布 N $(0, \sigma_v{}^2)$，并且独立于 u_{it}，u_{it} 表示研发活动过程中的无效率项，其服从正态分布 N $(M_{it}, \sigma_u{}^2)$，其中 M_{it} 表示地区 i 在 t 时期研发活动的技术效率，M_{it} 越大表示技术效率越低。本书重点考察基础设施、人力资本、外商直接投资以及贸易开放度等因素对研发活动技术无效率的影响，因而构建以下无效率函数：

$$M_{it} = \beta_0 + \beta_1 infra_{it} + \beta_2 gsyf_{it} + \beta_3 human_{it} + \beta_4 gdp_{it} + \beta_5 inv_{it} + \beta_6 insti_{it} + \varepsilon_{it} \tag{4.12}$$

其中 β_0 为常数，$infra$、$gsyf$、$human$、gdp、inv、$insti$ 分别表示基础设施、研发投入、人力资本、投资率和制度变迁，$\beta_1, \beta_2, \beta_3, \beta_4, \beta_5, \beta_6$ 为相应变量的系数，ε_{it} 为误差项。判断模型（4.12）的主要依据是看似然比统计量 LR 和 γ 统计量。而 γ 表示随机误差项中技术无效所占权重大小，$\gamma = \dfrac{\sigma_u{}^2}{\sigma_u{}^2 + \sigma_v{}^2}$（$0 \leq \gamma \leq 1$），如果 γ 趋近于 1 时，就表明了无效率项在生产单元与前沿面的偏差中占据主要成分，此时就应当采用随机前沿模型对方程进行估计。本节利用 Frontier4.1 软件，估计交通基础设施、能源基础设施、通信基础设施和网络基础设施对中国技术创新效率的影响，我们采用各省区的面板数据，分别对方程（4.11）和方程（4.12）进行估计。

表4—5 和表4—6 给出了基础设施对中国技术创新能力的回归结果，结果表明：所有随机误差项中技术无效所占权重大小 γ 都在 0.97 以上，LR 统计量低于 1% 的水平，这说明了方程（4.12）中的误差项具有明显的复合结构，因此该面板数据使用随机前沿生产函数是正确且合理的。

（一）研发投入要素产出弹性分析

表4—5　　　　　　　　基础设施对中国技术创新效率的实证结果

	交通		通信		能源
	公路	铁路	邮政网点	邮路长度	电力消耗
前沿生产函数					
b_0	5.6445*** (5.0372)	4.9189*** (4.5485)	5.0804*** (4.3152)	4.7836*** (4.0876)	4.9769*** (4.2957)
α	0.4178*** (8.2534)	0.5109*** (9.6210)	0.4665*** (8.3391)	0.4793*** (8.4488)	0.5061*** (8.0862)
β	0.0679 (0.5774)	0.1699 (1.5544)	0.1316 (1.1029)	0.1546 (1.3044)	0.1367 (1.1916)
无效率函数					
β_1	0.1911** (2.621)	−19.1022*** (−2.6873)	−0.4353* (1.7190)	−0.0093 (−0.9629)	−0.1279 (−0.3610)
β_2	0.0146*** (6.640)	0.2346*** (4.0803)	0.2377*** (3.8354)	0.2534*** (4.0711)	0.2476*** (3.9617)
β_3	0.3139 (0.392)	0.0127 (0.3509)	0.0412 (1.0045)	0.0271 (0.6398)	0.0127 (0.3404)
β_4	−0.0529 (−1.6345)	1.172 (1.5692)	1.3205 (1.3497)	1.0493 (1.3798)	1.0198 (1.2755)
β_5	0.4442** (2.279)	0.8336*** (4.8982)	0.7339*** (4.4377)	0.6784*** (3.7856)	0.7099*** (4.0675)
β_6	0.662 (1.484)	−0.4432 (−0.4164)	−0.2866 (−0.2577)	−0.4778 (−0.4452)	−0.4222 (−0.3797)
σ^2	2.5788*** (2.484)	1.3321*** (3.0439)	1.7279*** (3.266)	1.6258*** (3.1736)	1.6049*** (3.0732)
γ	0.9905*** (289.5534)	0.9760*** (112.4231)	0.9819*** (160.3726)	0.9804*** (145.2535)	0.9800*** (134.7534)
单边 LR 检验	2182.0813	150.7122	163.9684	162.4984	157.2248
平均效率	0.2918	0.4347	0.3881	0.3934	0.3942

　　注：技术无效率函数中系数为正表示该变量负向影响技术创新效率，系数为负表示正向影响技术创新效率。*、**、*** 分别表示在10%、5%和1%水平上显著，LR 为似然比检验统计量，括号内为 t 值。

从表4—5和表4—6可以看出，研发资本投入和研发人员投入的产出系数都是正的，但是研发资本投入都在1%的水平上显著，而研发人员投入都不显著，这可能的原因：随着高校大规模的扩招，中国的人力资本存量不断增加，为中国经济的快速增长提供了智力支持，但是人才储备的增加并没有缓解中国自主创新能力薄弱的现状，主要在于中国人才结构不合理和创新型人才匮乏。

表4—6　　　　　　　　基础设施对中国技术创新效率的实证结果

	通信				网络
	长途交换机	本地交换机	移动交换机	长途光缆	网络
前沿生产函数					
b_0	4.7370*** (3.8550)	5.4942*** (4.4138)	4.9118*** (4.2007)	4.9384*** (4.0267)	4.9791*** (4.0445)
α	0.4905*** (9.0009)	0.4825*** (8.8824)	0.4985*** (8.327)	0.4885*** (8.9619)	0.4918*** (9.6749)
β	0.1544 (1.2607)	0.1238 (1.0269)	0.1430 (1.2092)	0.14443 (1.1733)	0.1497 (1.2507)
无效率函数					
β_1	-0.3043 (-0.6406)	0.4721 (1.6421)	-0.0225 (-0.1385)	0.0379 (0.5722)	-0.2468 (-0.5142)
β_2	0.2576*** (4.0711)	0.1883*** (2.5689)	0.2475*** (4.1169)	0.2442*** (3.8805)	0.2417*** (3.9087)
β_3	0.0219 (0.5316)	-0.0035 (-0.9480)	0.0142 (0.2740)	0.0086 (0.2359)	0.0259 (0.5318)
β_4	0.1603 (1.4041)	1.4363 (1.699)	1.1522 (1.4299)	1.1126 (1.4373)	1.2242 (1.5679)
β_5	0.6985*** (4.0836)	0.6057*** (3.4999)	0.6954*** (4.1127)	0.7131*** (4.0773)	0.7036*** (4.418)
β_6	-0.3901 (-0.3601)	-0.4295 (-0.3969)	-0.4629 (-0.4142)	-0.5527 (-0.4897)	-0.4858 (-0.4481)
σ^2	1.6343*** (3.3195)	1.6765*** (3.1809)	1.6574*** (3.3696)	1.7052*** (3.1401)	1.6686*** (3.4988)

续表

	通信				网络
	长途交换机	本地交换机	移动交换机	长途光缆	网络
γ	0.9805 *** (149.3895)	0.9812 *** (146.8066)	0.9807 *** (152.0224)	0.9814 *** (149.3187)	0.9809 *** (156.5388)
单边 LR 检验	161.7901	159.7529	160.8413	161.7080	161.3968
平均效率	0.3940	0.3915	0.3902	0.3866	0.3902

注：技术无效率函数中系数为正表示该变量负向影响技术创新效率，系数为负表示正向影响技术创新效率。* 、** 、*** 分别表示在 10% 、5% 和 1% 水平上显著，LR 为似然比检验统计量，括号内为 t 值。

（二）基础设施各变量对技术创新效率的影响

从表 4—5 和表 4—6 的结果可以看出，公路基础设施通过了 5% 的显著性检验。结果表明，公路基础设施抑制了中国技术创新能力的提高，这可能的原因：一方面，中国对公路建设的投入巨大，但对企业库存的影响不是很显著，李涵、黎志刚（2009）研究表明，普通公路投资对企业的存货水平没有显著的影响；另一方面，交通基础设施的融资依赖加大交通运输的成本，增加企业创新融资的成本，这就抑制了企业技术创新能力的提高，导致了公路基础设施对技术创新效率表现出负的外部性。铁路基础设施和邮政营业网点密度基础设施分别通过了 1% 和 10% 的显著性检验，结果表明，铁路和邮政营业网点都促进了中国技术创新效率的提高，相对于公路而言，铁路的建设和维修成本比较少，况且铁路往往能解决国家战略物资的急需且能有较强的运输能力；邮政营业网点提高信息交流速度和缓解了信息不对称的情况，促进了中国技术创新效率的提高。邮路长度、电力消耗、长途交换机、移动交换机和网络没有通过显著性检验，但是各变量的系数都是负的，也表明了这些基础设施对中国的技术创新效率的提高不明显；本地交换机和长途光缆同样也没有通过显著性检验，但是其变量的系数是正的，说明了本地交换机和长途光缆对中国的技术创新效率的抑制不明显。

（三）控制变量的结果分析

人力资本都通过了 1% 的显著性检验，结果显示，以受教育年限表示的人力资本存量抑制了技术创新效率的提升，这也充分证明了地区从业人员对技术创新的不显著；人均 GDP 没有通过显著性检验，人均 GDP 抑制了技术创新效率的提高；政府支出规模对技术创新效率不显著，这可能的原因：大规模的资金投入，导致了资金的过度扭曲，使得资本边际报酬递减，另外，企业可能把政府的支出用于利润更高的行业而不是用于风险更高的技术创新。贸易开放度在 1% 的水平上显著，虽然贸易开放通过技术溢出促进了中国技术创新能力的提高，但抑制了中国的技术创新效率，这可能与中国的技术水平不适宜于国外高技术水平的商品，另外，中国的技术水平决定了中国的吸收能力有限，这样就导致了贸易开放对中国技术效率的负相关。外商直接投资对技术创新效率不显著，但是其符号大部分都是负数，也表明了外商直接投资对技术效率的提升不明显。

第二节　基础设施对中国技术创新能力的影响效应
——基于贸易结构的研究

随着经济全球化的加深和国际生产体系的高度融合，发展中国家可以通过国际贸易和外商直接投资获得发达国家的先进技术来促进本国的经济增长，而通过进口贸易来引进、模仿和吸收国外的先进技术可以提高国内的技术效率和技术进步，以此来缩小与发达国家的技术差距。新贸易理论认为，国际贸易是促进技术进步的一个重要因素，根据格罗斯曼和赫尔普曼（Grossman and Helpman, 1991）的内生增长模型，内含于中间投入品中的研发才会促进全要素生产率，初级产品和产成品对全要素生产率的推动作用极其有限。近年来，随着世界产业结构的调整与升级，国际产业的重心将继续向服务业转移，服务贸易作为一国核心竞争力的重要体现之一，越来越引起各国的重视，服务贸易在世界贸易的比重逐步提高，从而服务贸易是推动本国经济增长的重要推动力。根据新增长理论与新贸易理论，国际研发活动可以通过商品贸易或者服务贸易间接对本国的技术进步产生作用。科等（Coe et al., 1997）概括了国际贸易产生技术溢出的机制：第一，中间产品的进口可以直接提高国内的全要素生产率。第二，落后国家可以通过较低的成本引进、模仿和吸收发达国家的技术来实现自身的技术进步。第三，国际贸易可以促进国内资源优化配置和新技术的产生，从而提高国内企业的产出。雅各布（Jakob，2007）选取了1883—2002年13个OECD国家的面板数据研究了国际贸易的技术溢出，结果表明，进口贸易与OECD国家全要素生产率（TFP）的增长存在密切关系，TFP增长的93%源于进口贸易溢出，这种技术溢出直接导致了OECD国家TFP增长的趋同。谢建国（2006）采用1994—2003年中国省区面板数据，对中国省区的贸易溢出进行了估算，结果表明，进口贸易对中国的技术水平并不存在显著的影响，并且存在明显的区域差异，对外贸易对西部地区技术效率的提升产生抑制作用。谢建国等（2009）使用1992—2006年的中国省区的面板数据研究了国际研发通过进口贸易对中国省区的溢出效果，结果表明国际研发对中国的技术溢出很显著但有显著的区域差异。唐保庆（2010）从贸易结构的角度研究了国际研发溢出效应，研究发现，货物贸易未能促进全要素生产率的提高，但服务贸易显著促进了全要素效率的提高。尽管有较多文献研究国际研发的技术溢出，但这些研究也存在以下不足：就进口贸易对国内全要素生产率的促进作用没有区分中间产品和服务贸易对技术创新的影响，而这对发展中国家贸易政策的制定有着非常重要的作用。本节选取2001—2008年间国际面板数据，研究了基于进口中间产品和服务贸易传导机制的国际研发投入对中国的技术溢出对技术创新能力的影响效应。

一　基础设施、国际研发技术溢出对技术创新能力的影响

（一）计量模型

进口贸易中国外的研发通过进口产品间接对国内的技术创新能力产生影响，S^{f-LP}表示按利希滕贝格和波特里（Lichtenberg and Potterie，1998）方法计算的贸易伙伴的研发进口额加权投入的计算公式：

$$S_{it}^{f-LP} = \sum_{i \neq j} \frac{m_{ijt}}{y_{jt}} S_{jt}^{d} \tag{4.13}$$

其中S_{it}^{f-LP}为外国研发资本，m_{ijt}是本国i在时期t从国外j的进口量，y_{jt}是时期t国家j的GDP。各省市从进口贸易中获得的国外的研发溢出为：

$$S_{kt}{}^f = S_{it}{}^f \times \frac{m_{kt}}{\sum\limits_{k} m_{kt}} \qquad\qquad (4.14)$$

其中 m_{kt} 为 k 地区在 t 时期的进口总额。$S_{it}{}^f$ 为进口贸易获得的外国研发资本存量。

（二）实证模型

一般认为研发活动是技术创新的主要源泉，国内很多学者以专利授权量或者年均研发经费投入等变量代表技术创新的水平，本节的实证模型可表示为：

$$lnpz_{it} = \alpha + \beta infra_{it} \times rd_{it} + \gamma lncontrol_{it} + \varepsilon_{it} \qquad (4.15)$$

其中 pz_{it} 表示技术创新，本节用专利申请量（发明、实用新型和外观设计三项专利申请受理数之和）作为技术创新产出的代理变量，其中 pz 表示专利申请总量，pf 表示"拥有自主知识产权技术核心指标"的发明专利申请量，rd 分别表示进口中间产品获得国外的研发资本存量以及进口服务贸易获得国外的研发资本存量；良好的基础设施 $infra$ 能够促进信息的交流，使企业能够更直接、更迅速地获得最新的技术信息，加快技术创新和知识水平的提高，本节用邮政营业网点密度和邮政线路密度度量邮政基础设施；本节采用狄格曼（Demurger，2001）的方法用地区铁路网和公路网的密度来测度交通基础设施；用人均电力、煤炭消耗来度量能源基础设施；用人均互联网宽带接入端口测度网络基础设施；用人均长途自动交换机容量、本地电话交换机容量、移动电话交换机容量以及长途光缆线路密度测度通信基础设施。

$control$ 代表控制变量，其中包括：（1）人力资本（human），人力资本是技术创新的关键，也是科技知识活动的重要载体，人力资本禀赋决定了企业创新的能力，我们以平均受教育年限来衡量各地区的人力资本；（2）政府支出规模 gov，中国正处于关键的转型时期，政府投入因素对各地区的经济增长具有特殊意义和重要影响，在一定程度上对该地区的技术创新能力有深刻的影响。我们采用各地区的政府支出规模与该地区的 GDP 的比值来表示；（3）制度变迁（insti），中国经济的高速增长得益于非国有经济的发展，非国有经济增加了市场的竞争力，只有提高技术创新能力才能在市场中立足，我们采用非国有投资与总投资的比值来表示。为了控制可能存在异方差的影响，对所有变量均取对数。

（三）数据说明

本节的数据来自《中国统计年鉴》、《中国科技统计年鉴》和《新中国六十年资料汇编》其余的数据说明如下：

（1）国外的研发资本存量 rd。本节在表示研发资本存量选用研发投入金额来度量。国外的研发存量用各国的 GDP 乘各国的研发占 GDP 的比重来计算，并利用 GDP 平减指数转化为用 2001 年的购买力评价来衡量。而各国研发占 GDP 的比重数据源自中国科技统计网站。由于国外的研发资本存量没有统计数据，为了保持各国数据的连续性和可比性，本节对初始年度的存量计算公式为 $S = A_0/(g + \delta)$，其中 S 表示存量，A_0 表示初始年度的流量，g 表示变量从起始年度（1978）到 2008 年的平均增长率，δ 表示折旧率，一般假定为 5%，再用永续盘存法估计各国的资本存量，而国内的研发资本存量按 2001 年可比价格计算的 GDP 比重来估算，由于中国进口 G-7 国家的产品总量占中国总贸易量的比重非常高，因此，本节选取 G-7 国家作为研究对象，各省市的资本存量以各地区的按 2001 年可比价格计算的权重来测算。

二　基础设施与贸易结构的研发对技术创新能力的实证分析

我们采用 2001—2008 年各省区的面板数据，分别对方程（4.15）进行估计，进一步考察基础设施与中间产品、服务贸易的国际研发协同效应对技术创新能力的影响。在实证方法上，我们利用固定效应和随机效应模型进行分析，在具体选择时常用 Hausman 检验作为模型选用的依据，从回归结果看，F（ui = 0）值在 1% 的水平上都是显著的。对两个方程分别进行 Hausman 检验，结果表明了固定效应模型更加适用。

表 4—7　基础设施与服务贸易的国际研发协同效应对技术创新能力的实证结果

	交通		邮政		能源
	公路	铁路	营业网点	邮路长度	电力消耗
infra * strd	0.0114 *** (10.75)	0.592 *** (9.77)	0.0173 *** (4.07)	0.000517 *** (4.81)	0.0331 *** (10.44)

续表

	交通		邮政		能源
	公路	铁路	营业网点	邮路长度	电力消耗
lnhuman	3.846*** (5.94)	3.886*** (5.79)	5.185*** (6.79)	4.888*** (6.42)	3.440*** (5.16)
lngov	0.934*** (6.31)	0.898*** (5.87)	0.840*** (4.70)	0.870*** (4.94)	0.994*** (6.63)
lninsti	1.168*** (7.04)	1.221*** (7.09)	1.184*** (5.82)	1.218*** (6.07)	1.275*** (7.55)
C	2.258 (1.40)	2.095 (1.25)	−0.789 (−0.41)	−0.0808 (−0.04)	3.319** (2.00)
R2（组内）	0.828	0.816	0.749	0.757	0.825
F（Chi方）	239.86 (0.00)	221.23 (0.00)	148.69 (0.00)	154.74 (0.00)	233.76 (0.00)
F（ui=0）	110.32*** (0.00)	99.57*** (0.00)	95.89*** (0.00)	92.92*** (0.00)	106.52*** (0.00)
Hausman	464.03 (0.00)	418.96 (0.00)	494.48 (0.00)	472.37 (0.00)	453.18 (0.00)
观测值	240	240	240	240	240

注：本章使用 Stata10.0 计算，FE 表示固定效应模型，RE 表示随机效应模型；F 检验括弧中均为 P 值；F（ui=0）为固定效应模型中个体异质性检验，***、**、* 分别表示在 1%、5%、10% 的水平上显著，括号内为 t 值。

从表 4—7 和表 4—8 的回归结果可以看出：交通、邮政、能源、通信和网络基础设施在 1% 的水平上显著为正，这也充分说明了基础设施与服务贸易的国际研发协同效应促进了中国的技术创新能力，这是服务贸易的特点所决定的，技术与知识密集型的服务贸易的开展往往是进出口双方技术传授的过程，只有出口者把技术完全传授给进口者，服务贸易才能算作完成，我们应该加大进口技术与知识密集型的服务贸易，这样才能促进中国产业结构升级和创新能力的提升。

控制变量中人力资本、政府支出规模和制度变迁都通过了 1% 水平的显著性检验，各个变量都促进了中国技术创新能力的提高，人力资本是技术创新的关键要素，人力资本通过对服务贸易技术的模仿、吸收，提高了技术创新能力；政府支出规模为经济增长和技术创新能力的提高提供了重要的资金支持，是技术创新的重要保证；制度变迁体现了非公有经济的发展，非公有经济凭借其灵活的市场反应和在进口产品和外商投资企业的市场竞争中，不断提高了自己的创新能力，才能巩固自己的市场优势。

表4—8   基础设施与服务贸易的国际研发协同效应对技术创新能力的实证结果

	通信				网络
	长途交换机	本地交换机	移动交换机	长途光缆	网络
infra * strd	0.0410 *** (8.22)	0.0225 *** (10.59)	0.00955 *** (9.52)	0.0357 *** (9.48)	0.0440 *** (7.69)
lnhuman	3.732 *** (5.19)	3.360 *** (5.05)	3.776 *** (5.55)	3.729 *** (5.46)	4.376 *** (6.17)
lngov	1.086 *** (6.67)	1.052 *** (7.03)	0.997 *** (6.45)	1.049 *** (6.75)	0.900 *** (5.51)
lninsti	1.272 *** (6.98)	1.238 *** (7.39)	1.251 *** (7.19)	1.077 *** (6.23)	1.239 *** (6.71)
C	0.601 (0.34)	3.576 ** (2.15)	2.595 (1.53)	2.655 (1.56)	1.122 (0.63)
R^2（组内）	0.785	0.826	0.813	0.813	0.791
F（Chi 方）	612.07 (0.00)	236.55 (0.00)	216.85 (0.00)	216.15 (0.00)	187.84 (0.00)
F（ui = 0）	96.76 *** (0.00)	105.51 *** (0.00)	102.93 *** (0.00)	105.08 *** (0.00)	105.29 *** (0.00)
Hausman	131.30 (0.00)	437.95 (0.00)	426.76 (0.00)	501.40 (0.00)	453.62 (0.00)
观测值	240	240	240	240	90

注：本章使用 Stata10.0 计算，FE 表示固定效应模型，RE 表示随机效应模型；F 检验括弧中均为 P 值；F（ui = 0）为固定效应模型中个体异质性检验，***、**、* 分别表示在1%、5%、10%的水平上显著，括号内为 t 值。

表4—9和表4—10的回归结果表明：交通、邮政、能源、通信和网络基础设施在1%的水平上显著为正，这也充分说明了基础设施与中间产品的国际研发协同效应显著促进了中国的技术创新能力的提高，中间产品进口时，进口国的生产率就会通过其贸易伙伴的研发效应和技术传递得到提高，更多种类的中间产品能够增加最终产品的生产率，进口国不必对新的中间产品支付额外的费用，生产率的提高得益于外部收益和外溢效应；其次，专业化生产的中间产品的进口会刺激进口国对这些产品的学习和模仿，甚至开发出具有竞争性的相似产品，从而促进进口国的技术创新。控制变量中人力资本、政府支出规模和制度变迁都通过了1%水平上的显著性检验，各个变量都促进了中国技术创新能力的提高，随着人力资本积累水平的提高，劳动者素质得到逐渐提高，对中间产品的模仿和吸收能力逐步增强，人力资本对技术创新能力的提高起到了关键作用。政府支出规模和制度变迁也促进了技术创新能力的提高。

表4—9   基础设施与中间产品的国际研发协同效应
对技术创新能力的实证结果

	交通		邮政		能源
	公路	铁路	营业网点	邮路长度	电力消耗
infra * zjcprd	0.000443 *** (10.89)	0.0206 *** (9.45)	0.000721 *** (4.17)	0.000323 *** (4.66)	0.0210 *** (10.43)
lnhuman	3.698 *** (5.71)	3.780 *** (5.54)	5.154 *** (6.75)	4.894 *** (6.40)	3.397 *** (5.08)
lngov	0.965 *** (6.55)	0.951 *** (6.14)	0.841 *** (4.71)	0.875 *** (4.96)	1.012 *** (6.74)
lninsti	1.178 *** (7.13)	1.209 *** (6.95)	1.189 *** (5.85)	1.210 *** (6.01)	1.267 *** (7.50)
C	2.658 (1.65)	2.448 (1.44)	-0.715 (-0.37)	-0.0914 (-0.05)	3.434 ** (2.06)

续表

	交通		邮政		能源
	公路	铁路	营业网点	邮路长度	电力消耗
R2（组内）	0.829	0.813	0.750	0.755	0.824
F（Chi 方）	242.64 (0.00)	215.59 (0.00)	149.41 (0.00)	153.43 (0.00)	233.51 (0.00)
F（ui = 0）	113.67 *** (0.00)	100.72 *** (0.00)	96.46 *** (0.00)	91.51 *** (0.00)	105.76 *** (0.00)
Hausman	458.73 (0.00)	407.72 (0.00)	496.77 (0.00)	471.13 (0.00)	454.84 (0.00)
观测值	240	240	240	240	240

注：本章使用 Stata10.0 计算，FE 表示固定效应模型，RE 表示随机效应模型；F 检验括弧中均为 P 值；F（ui = 0）为固定效应模型中个体异质性检验，*** 、 ** 、 * 分别表示在 1%、5%、10% 的水平上显著，括号内为 t 值。

（二）稳健性检验

为了考察基础设施与中间产品、服务贸易的国际研发的交互项对技术创新能力影响的稳健性，我们利用发明专利作为被解释变量，对方程（4.15）进行回归，从表 4—10 和表 4—11 的回归结果可知，基础设施与服务贸易的国际研发的交互项，人力资本、政府支出规模、制度变迁变量都是稳健的，都促进了技术创新能力的提高。

表 4—10   **基础设施与中间产品的国际研发协同效应对技术创新能力的实证结果**

	通信				网络
	长途交换机	本地交换机	移动交换机	长途光缆	网络
infra * zjcprd	0.0210 *** (8.23)	0.0141 *** (10.45)	0.00617 *** (9.68)	0.0223 *** (9.35)	0.0272 *** (7.69)
lnhuman	3.695 *** (5.13)	3.335 *** (4.98)	3.706 *** (5.46)	3.750 *** (5.47)	4.370 *** (6.16)
lngov	1.104 *** (6.77)	1.074 *** (7.13)	1.015 *** (6.59)	1.067 *** (6.82)	0.906 *** (5.55)

续表

	通信				网络
	长途交换机	本地交换机	移动交换机	长途光缆	网络
lninsti	1.268 *** (6.96)	1.229 *** (7.30)	1.249 *** (7.22)	1.062 *** (6.12)	1.236 *** (6.69)
C	2.983 * (1.65)	3.660 ** (2.19)	2.775 (1.64)	2.625 (1.53)	1.146 (0.65)
R2（组内）	0.797	0.825	0.815	0.811	0.791
F（Chi 方）	195.69 (0.00)	233.99 (0.00)	219.71 (0.00)	213.94 (0.00)	187.82 (0.00)
F（ui = 0）	96.25 *** (0.00)	103.99 *** (0.00)	102.90 *** (0.00)	104.05 *** (0.00)	105.15 *** (0.00)
Hausman	426.55 (0.00)	438.35 (0.00)	428.20 (0.00)	502.71 (0.00)	451.67 (0.00)
观测值	240	240	240	240	90

注：本章使用 Stata10.0 计算，FE 表示固定效应模型，RE 表示随机效应模型；F 检验括弧中均为 P 值；F（ui = 0）为固定效应模型中个体异质性检验，***、**、* 分别表示在 1%、5%、10% 的水平上显著，括号内为 t 值。

表 4—11　　　　　稳健性检验（被解释变量为发明专利）

	交通		邮政		能源
	公路	铁路	营业网点	邮路长度	电力消耗
infra * strd	0.0143 *** (10.76)	0.733 *** (9.49)	0.0205 *** (3.82)	0.000663 *** (4.90)	0.0426 *** (10.72)
lnhuman	6.665 *** (8.16)	6.762 *** (7.91)	8.397 *** (8.66)	7.963 *** (8.30)	6.103 *** (7.32)
lngov	0.727 *** (3.89)	0.682 *** (3.50)	0.611 *** (2.69)	0.646 *** (2.91)	0.807 *** (4.30)
lninsti	1.296 *** (6.19)	1.359 *** (6.19)	1.305 *** (5.06)	1.364 *** (5.39)	1.436 *** (6.80)

续表

	交通		邮政		能源
	公路	铁路	营业网点	邮路长度	电力消耗
C	-5.759 *** (-2.82)	-6.069 *** (-2.85)	-9.698 *** (-3.99)	-8.673 *** (-3.61)	-4.305 ** (-2.07)
R2（组内）	0.836	0.822	0.759	0.769	0.836
F（Chi方）	253.89 (0.00)	229.10 (0.00)	156.35 (0.00)	165.48 (0.00)	253.20 (0.00)
F（ui=0）	81.93 *** (0.00)	68.76 *** (0.00)	68.86 *** (0.00)	67.42 *** (0.00)	81.35 *** (0.00)
Hausman	527.55 (0.00)	444.08 (0.00)	520.24 (0.00)	502.74 (0.00)	524.08 (0.00)
观测值	240	240	240	240	240

注：本章使用 Stata10.0 计算，FE 表示固定效应模型，RE 表示随机效应模型；F 检验括弧中均为 P 值；F（ui=0）为固定效应模型中个体异质性检验，***、**、* 分别表示在 1%、5%、10% 的水平上显著，括号内为 t 值。

表 4—12　　　　　　　　稳健性检验（被解释变量为发明专利）

	通信				网络
	长途交换机	本地交换机	移动交换机	长途光缆	网络
infra * strd	0.0576 *** (9.50)	0.0292 *** (11.06)	0.0129 *** (10.55)	0.0497 *** (11.00)	0.0565 *** (7.85)
lnhuman	6.181 *** (7.81)	5.968 *** (7.22)	6.402 *** (7.71)	6.258 *** (7.63)	7.307 *** (8.19)
lngov	0.580 *** (3.23)	0.883 *** (4.75)	0.819 *** (4.34)	0.896 *** (4.81)	0.685 *** (3.34)
lninsti	1.622 *** (7.44)	1.391 *** (6.68)	1.421 *** (6.69)	1.187 *** (5.72)	1.390 *** (5.99)
C	-4.775 ** (-2.43)	-3.898 * (-1.89)	-4.922 ** (-2.37)	-4.653 ** (-2.27)	-7.130 *** (-3.20)
R2（组内）	0.818	0.839	0.834	0.839	0.802

续表

	通信				网络
	长途交换机	本地交换机	移动交换机	长途光缆	网络
F（Chi 方）	834.87 (0.00)	260.41 (0.00)	249.75 (0.00)	259.12 (0.00)	201.79 (0.00)
F（ui=0）	76.74*** (0.00)	81.17*** (0.00)	81.09*** (0.00)	88.77*** (0.00)	76.57*** (0.00)
Hausman	500.26 (0.00)	513.60 (0.00)	503.58 (0.00)	577.09 (0.00)	499.60 (0.00)
观测值	240	240	240	240	90

注：本章使用 Stata10.0 计算，FE 表示固定效应模型，RE 表示随机效应模型；F 检验括弧中均为 P 值；F（ui=0）为固定效应模型中个体异质性检验，***、**、* 分别表示在 1%、5%、10%的水平上显著，括号内为 t 值。

表4—11 和表4—12 给出了基础设施与中间产品的国际研发的交互项，人力资本、政府支出规模和制度变迁对发明专利的回归结果，回归结果表明：交通、邮政、能源、通信和网络基础设施与进口中间产品的国际研发的交互项对技术创新能力都有显著的提升，这与上面的结果保持一致，这也充分说明了基础设施与中间产品的国际研发的交互项，人力资本、政府支出规模和制度变迁都是稳健的。

表4—13　　　　　稳健性检验（被解释变量为发明专利）

	交通		邮政		能源
	公路	铁路	营业网点	邮路长度	电力消耗
infra * zjcprd	0.00909*** (10.81)	0.465*** (9.31)	0.0127*** (3.77)	0.000418*** (4.78)	0.0272*** (10.81)
lnhuman	6.625*** (8.12)	6.706*** (7.77)	8.406*** (8.66)	7.964*** (8.27)	6.031*** (7.24)
lngov	0.745*** (3.99)	0.707*** (3.60)	0.613*** (2.70)	0.653*** (2.94)	0.831*** (4.44)

续表

	交通		邮政		能源
	公路	铁路	营业网点	邮路长度	电力消耗
lninsti	1.286*** (6.15)	1.350*** (6.12)	1.301*** (5.04)	1.354*** (5.34)	1.428*** (6.78)
C	-5.651*** (-2.77)	-5.916*** (-2.75)	-9.716*** (-4.00)	-8.671*** (-3.60)	-4.116** (-1.98)
R2（组内）	0.837	0.819	0.758	0.768	0.837
F（Chi 方）	255.08 (0.00)	225.93 (0.00)	155.98 (0.00)	164.36 (0.00)	254.96 (0.00)
F（ui = 0）	81.94*** (0.00)	67.71*** (0.00)	68.61*** (0.00)	66.97*** (0.00)	81.55*** (0.00)
Hausman	529.52 (0.00)	443.07 (0.00)	518.47 (0.00)	501.29 (0.00)	525.86 (0.00)
观测值	240	240	240	240	240

注：本章使用 Stata10.0 计算，FE 表示固定效应模型，RE 表示随机效应模型；F 检验括弧中均为 P 值；F（ui = 0）为固定效应模型中个体异质性检验，***、**、* 分别表示在 1%、5%、10% 的水平上显著，括号内为 t 值。

从表 4—7、表 4—8、表 4—9 和表 4—10 的回归结果可知，交通、邮政、能源、通信和网络基础设施与服务贸易国际研发的交互项的系数大于它们与中间产品国际研发的交互项的系数（系数标准化后），表明了服务贸易的国际研发比中间产品的国际研发更能提升中国的技术创新能力，更进一步说明了扩大进口技术、知识密集型服务贸易的必要性和重要性，从另一侧面表明了作为处于价值链低端的从事中间产品贸易（加工贸易）企业的工艺升级和产品升级时，受到国际高端企业的限制，跨国公司不会向加工企业提供核心技术，阻碍了其向产业链高端攀升的能力，从而使加工贸易企业长期被锁定于全球价值链底部，最终导致处于外向型经济中加工贸易的主体地位。

表 4—14 稳健性检验（被解释变量为发明专利）

	通信		网络		
	长途交换机	本地交换机	移动交换机	长途光缆	网络
infra * zjcprd	0.0365 *** (9.59)	0.0184 *** (11.03)	0.00838 *** (10.82)	0.0312 *** (10.94)	0.0350 *** (7.86)
lnhuman	6.175 *** (7.09)	5.915 *** (7.13)	6.296 *** (7.63)	6.273 *** (7.63)	7.298 *** (8.18)
lngov	0.977 *** (4.95)	0.913 *** (4.89)	0.843 *** (4.50)	0.923 *** (4.93)	0.693 *** (3.38)
lninsti	1.457 *** (6.62)	1.381 *** (6.63)	1.420 *** (6.75)	1.166 *** (5.61)	1.386 *** (5.97)
C	−4.110 * (−1.88)	−3.741 * (−1.81)	−4.652 ** (−2.26)	−4.660 ** (−2.27)	−7.096 *** (−3.18)
R2（组内）	0.823	0.839	0.837	0.838	0.802
F（Chi 方）	231.04 (0.00)	259.66 (0.00)	255.19 (0.00)	257.67 (0.00)	201.88 (0.00)
F（ui =0）	76.89 *** (0.00)	80.76 *** (0.00)	81.92 *** (0.00)	88.51 *** (0.00)	76.48 *** (0.00)
Hausman	501.65 (0.00)	514.22 (0.00)	506.95 (0.00)	576.16 (0.00)	498.14 (0.00)
观测值	240	240	240	240	90

注：本章使用 Stata10.0 计算，FE 表示固定效应模型，RE 表示随机效应模型；F 检验括弧中均为 P 值；F（ui =0）为固定效应模型中个体异质性检验，***、**、* 分别表示在 1%、5%、10% 的水平上显著，括号内为 t 值。

（三）分区域的检验结果

表 4—15、表 4—16、表 4—17 和表 4—18 给出了按照东部和西部分组的估计结果，经 Hausman 检验，结果表明固定效应模型更加适合。从其中可以看出，按东部和西部地区分组之后，东部地区的估计结果与上述估计结果基本一致，但是西部地区的估计结果与上述估计结果相反，表 4—15 和表 4—16 给出了东部地区的基础设施与服务贸易的国际研发的协同

效应对技术创新能力的回归结果，结果表明：交通、邮政、能源、通信和网络基础设施在1%的水平上显著为正，这也充分说明了基础设施与服务贸易的国际研发协同效应促进了东部地区的技术创新能力，这其中可能的原因：东部地区作为中国经济最活跃的地区，服务贸易已经逐渐从传统的服务贸易向现代服务贸易过渡，并已完善了电信服务、建筑服务、金融服务、保险服务、信息服务、专利或许可、其他商业服务和文化娱乐服务等资本密集型、技术密集型或知识密集型的服务项目；其次，全球外国直接投资正加快向服务业聚集，而这一趋势又构成了世界服务贸易的重要推动力，通过外国投资实现的服务贸易规模不断扩大，东部地区是国外服务业投资的重点地区；另外，东部地区有强大的人才优势，外企与国内企业人才间流动的扩大，加速了技术的外溢，从而提高了人力资本存量。

表4—15　东部地区的基础设施与服务贸易研发对技术创新能力的实证结果

	交通		邮政		能源
	公路	铁路	营业网点	邮路长度	电力消耗
infra * strd	0. 0113 *** (7. 88)	0. 590 *** (7. 26)	0. 0197 *** (3. 58)	0. 000529 *** (3. 74)	0. 0335 *** (7. 66)
lnhuman	3. 862 *** (3. 06)	3. 880 *** (2. 94)	6. 338 *** (4. 19)	5. 808 *** (3. 77)	2. 784 ** (2. 07)
lngov	0. 266 (0. 82)	0. 120 (0. 36)	− 0. 0964 (− 0. 24)	0. 00714 (0. 02)	0. 397 (1. 20)
lninsti	1. 445 *** (3. 93)	1. 694 *** (4. 44)	2. 049 *** (4. 24)	2. 037 *** (4. 26)	1. 778 *** (4. 76)
C	1. 607 (0. 49)	1. 262 (0. 37)	− 4. 355 (− 1. 11)	− 2. 995 (− 0. 75)	4. 439 (1. 28)
R2（组内）	0. 815	0. 801	0. 708	0. 712	0. 809
F（Chi 方）	80. 19 (0. 00)	73. 37 (0. 00)	44. 25 (0. 00)	45. 12 (0. 00)	77. 65 (0. 00)
F（ui = 0）	72. 43 *** (0. 00)	70. 31 *** (0. 00)	70. 02 *** (0. 00)	67. 05 *** (0. 00)	67. 56 *** (0. 00)

续表

	交通		邮政		能源
	公路	铁路	营业网点	邮路长度	电力消耗
Hausman	149.29 (0.00)	153.73 (0.00)	195.40 (0.00)	193.62 (0.00)	139.65 (0.00)
观测值	88	88	88	88	33

注：本章使用 Stata10.0 计算，FE 表示固定效应模型，RE 表示随机效应模型；F 检验括弧中均为 P 值；F（ui＝0）为固定效应模型中个体异质性检验，＊＊＊、＊＊、＊ 分别表示在 1%、5%、10% 的水平上显著，括号内为 t 值。

从表 4—17 和表 4—18 给出了西部地区的基础设施与服务贸易的国际研发的协同效应对技术创新能力的回归结果，结果表明：交通、邮政、能源、通信和网络基础设施在 1% 的水平上都不显著，这也充分说明了基础设施与服务贸易的国际研发协同效应对西部地区的技术创新能力不明显，这可能的原因：西部地区正处于传统服务业与现代服务业的交替时期，但是传统服务业仍然占有很大的比重，由于地理位置的缘故，外商直接投资的比重很小，人才匮乏是一重要的方面；另一方面，西部地区的基础设施总体上相对于东部地区是比较落后的，落后的基础设施阻碍了服务贸易的开展，更进一步导致了对服务贸易的研发存量的吸收，因此导致了服务贸易的国际研发对西部的技术创新能力不显著。

表 4—16 东部地区的基础设施与服务贸易研发对技术创新能力的实证结果

	通信				网络
	长途交换机	本地交换机	移动交换机	长途光缆	网络
infra * strd	0.0383＊＊＊ (5.29)	0.0231＊＊＊ (7.56)	0.00912＊＊＊ (6.65)	0.0346＊＊＊ (6.02)	0.0421＊＊＊ (5.63)
lnhuman	3.574＊＊ (2.29)	2.569＊ (1.88)	3.692＊＊＊ (2.66)	3.819＊＊ (2.63)	4.934＊＊＊ (3.49)
lngov	0.678＊ (1.72)	0.618＊ (1.83)	0.432 (1.23)	0.707＊ (1.88)	0.109 (0.30)

续表

	通信				网络
	长途交换机	本地交换机	移动交换机	长途光缆	网络
lninsti	1.876 *** (4.36)	1.587 *** (4.24)	1.789 *** (4.51)	1.230 *** (2.99)	1.913 *** (4.52)
C	3.373 (0.82)	5.301 (1.50)	2.536 (0.70)	2.526 (0.67)	-0.822 (-0.22)
R2（组内）	0.752	0.808	0.786	0.771	0.761
F（Chi方）	55.29 (0.00)	76.58 (0.00)	67.15 (0.00)	61.33 (0.00)	58.01 (0.00)
F（ui=0）	52.41 *** (0.00)	63.33 *** (0.00)	61.89 *** (0.00)	43.21 *** (0.00)	77.39 *** (0.00)
Hausman	96.69 (0.00)	119.37 (0.00)	113.31 (0.00)	81.37 (0.00)	171.89 (0.00)
观测值	88	88	88	88	33

表4—17　西部地区的基础设施与服务贸易研发对技术创新能力的实证结果

	交通		邮政		能源
	公路	铁路	营业网点	邮路长度	电力消耗
infra * strd	0.112 (1.19)	-1.228 (-0.27)	6.651 (1.25)	0.119 (0.97)	0.143 (1.19)
lnhuman	6.932 *** (6.53)	7.326 *** (6.98)	6.957 *** (6.62)	6.997 *** (6.57)	6.919 *** (6.50)
lngov	1.040 *** (5.09)	1.190 *** (6.62)	1.044 *** (5.23)	1.087 *** (5.61)	1.148 *** (6.70)
lninsti	0.590 ** (2.62)	0.656 *** (2.87)	0.609 *** (2.75)	0.614 *** (2.75)	0.607 *** (2.73)
C	-5.535 ** (-2.25)	-6.074 ** (-2.46)	-5.577 ** (-2.28)	-5.588 ** (-2.26)	-5.327 ** (-2.14)
R2（组内）	0.882	0.879	0.882	0.881	0.882

续表

	交通		邮政		能源
	公路	铁路	营业网点	邮路长度	电力消耗
F（Chi方）	122.77 (0.00)	119.98 (0.00)	123.04 (0.00)	121.76 (0.00)	122.75 (0.00)
F（ui＝0）	103.58*** (0.00)	169.68*** (0.00)	114.44*** (0.00)	99.30*** (0.00)	208.90*** (0.00)
Hausman	51.82 (0.00)	83.77 (0.00)	82.31 (0.00)	48.56 (0.00)	72.37 (0.00)
观测值	240	240	240	240	240

表4—18　　　　西部地区的基础设施与服务贸易研发
对技术创新能力的实证结果

	通信				网络
	长途交换机	本地交换机	移动交换机	长途光缆	网络
infra＊strd	−0.174 (−0.67)	0.0213 (0.17)	0.0292 (0.69)	−0.000880 (−0.03)	0.255 (0.45)
lnhuman	7.509*** (6.92)	7.176*** (6.02)	7.057*** (6.56)	7.287*** (6.44)	7.154*** (6.73)
lngov	1.214*** (6.73)	1.163*** (6.21)	1.117*** (5.84)	1.177*** (6.58)	1.130*** (5.67)
lninsti	0.651*** (2.93)	0.642*** (2.88)	0.631*** (2.83)	0.642*** (2.88)	0.629*** (2.80)
C	−6.426** (−2.54)	−5.813** (−2.15)	−5.642** (−2.26)	−6.024** (−2.31)	−5.827** (−2.35)
R2（组内）	0.879	0.879	0.879	0.879	0.879
F（Chi方）	120.77 (0.00)	119.89 (0.00)	120.82 (0.00)	119.83 (0.00)	120.26 (0.00)
F（ui＝0）	197.01*** (0.00)	152.61*** (0.00)	159.20*** (0.00)	202.00*** (0.00)	160.78*** (0.00)

续表

	通信				网络
	长途交换机	本地交换机	移动交换机	长途光缆	网络
Hausman	82.18 (0.00)	86.18 (0.00)	65.60 (0.00)	82.97 (0.00)	71.53 (0.00)
观测值	80	80	80	80	30

三 结论

本章利用 2001—2008 年省级面板数据验证了基础设施与贸易结构的国际研发交叉项对技术创新能力的影响，结果表明：交通、邮政、能源、通信和网络基础设施在 1% 的水平上显著为正，这也充分说明了基础设施与中间产品、服务贸易的国际研发协同效应促进了中国的技术创新能力，稳健性检验也验证了此结果的稳健性；从分区域的结果显示东部地区的服务贸易的国际研发显著促进了技术创新能力的提高，西部地区的服务贸易的国际研发显著抑制了技术创新能力的提高，基础设施形成了对技术创新能力的比较优势，基础设施好的地区更能促进技术创新能力的提高。只有加大基础设施投资，才能促进基础设施的改善，进而能提高该地区的技术创新能力。

第五章

基础设施对中国技术创新
能力的影响效应
——基于出口贸易视角的研究

关于基础设施与技术创新的关系，很少有学者从出口贸易的角度进行验证，基础设施作为一种公共投入，对于出口贸易的影响，不仅表现在交通基础设施方面，而且能源、邮电邮政、网络等通信基础设施也影响出口的运输成本、融资成本、信息成本和协调成本，从而间接影响企业技术创新的提高。为此，本章在已有文献的基础上，从出口贸易结构和出口技术复杂度的角度，探讨基础设施对中国技术创新能力的影响，本章的研究将进一步完善基础设施对技术创新能力的影响机制。

本章第一节从出口贸易结构的角度探讨基础设施与技术创新能力的关系，主要从货物贸易、服务贸易和技术贸易的角度讨论基础设施对技术创新能力的影响。第二节从出口技术复杂度的角度讨论基础设施对技术创新能力的影响。

第一节　基础设施外部性对中国技术
创新能力的影响效应
——基于出口贸易结构视角

我们把一国的出口贸易结构定义为：一国的货物贸易、服务贸易和技术贸易的出口额占整个贸易总额中所占的比重，一般来说，我们讨论对外贸易时，主要是分析货物（商品）贸易的情况，在国际贸易中，技术贸易与服务贸易在国际贸易中扮演着越来越重要的角色。一方面，技术水平的提高与技术传播的加快促进了国际贸易的快速发展，随着出口贸易规模的不断扩大，知识和信息形态下的技术转让占据了越来越重要的地位。服务贸易在国际贸易中的比重逐步提高，而服务贸易结构逐渐向技术密集型转化，通信、建筑、保险、金融、计算机和通信服务，以及技术转让许可、专业服务等现代服务贸易已占全球服务贸易总量的近一半；另一方面，技术贸易和服务贸易是国际技术扩散的重要形式，其产生的技术扩散对中国的技术创新具有十分重要的意义，特别对于技术落后的发展中国家而言，非货物国际贸易对技术创新能力的提升和创新诱导反应机制的改善都具有重要作用，并会最终影响到这些国家的技术创新能力和水平（李平，2005），下面从贸易结构的角度考察基础设施对中国技术创新能力的影响效应。

一　中国的贸易结构状况

改革开放之初，中国出口贸易总额仅为97.5亿美元，经过三十多年的快速发展，2010年增加到15779.3亿美元；出口占中国 GDP 的比重也从1978年的4.6%上升到2010年的26.83%，与此同时，中国在世界出口大国中的排名也相应地从1978年的第32位上升到了第2位。伴随着中国出口贸易的迅速发展，中国出口商品结构和贸易发展方式发生了很大的变化，出口商品结构和贸易发展方式的演变和转换态势在一定程度上反映了中国出口商品的潜在竞争力和未来竞争力的发展趋势，主要表现在：

（1）初级产品与制成品在世界贸易出口总额的比重出现显著变化，初级产品占世界出口额的比重上升，而制成品的占比则相应下降。

（2）制成品出口贸易中，高附加值与高科技含量、高技术复杂度的产品出口迅猛增长，其中化学产品、机械和运输设备的比重增加最快。

（3）随着商品贸易的快速增长，国际服务贸易在20世纪70年代后迅速发展起来，并且由传统的服务贸易向技术密集型服务贸易转变。此外，国际技术贸易结构逐渐向高附加值与高科技含量的技术贸易转变，技术贸易中高、精、尖的电子、航空等工业技术在国际技术贸易的占比逐步提高。

可见，中国出口贸易结构初期以初级产品为主，到出口轻纺等劳动密集型产品，再到出口机电、高新技术产品等资本密集型产品。随着经济全球化的加深和科学技术的快速发展，新技术和新工艺的广泛利用，中国的贸易结构逐步由劳动密集型、资源密集型向技术密集型和知识密集型转变，这也将必然提升中国的产业结构的升级。

二　数据说明

本节分别利用货物、服务、技术贸易的数据考察基础设施对中国技术创新的影响，考虑数据的可得性与连续性，我们采用 2001—2008 年的数据，其中，货物贸易与服务贸易的数据源于国家外汇管理局提供的各年度的《中国国际收支平衡表》，服务贸易主要包括经常项目下的非贸易往来，包括货物、港口供应与旅游收支、投资收支及其他非贸易往来。技术贸易是指高新技术产品贸易，摘自各年的《中国高技术产业统计年鉴》。

三　基础设施、分类贸易与技术创新能力的影响

（一）实证模型

一般认为研发活动是技术创新的主要源泉，国内很多学者以专利申请量或者年均研发经费投入等变量代表技术创新的水平，本节的实证模型可表示为：

$$ln\, pz_{it} = \alpha + \beta infra_{it} \times exstru_{it} + \gamma lncontrol_{it} + \varepsilon_{it} \qquad (5.1)$$

其中 pz_{it} 表示技术创新，本节用专利申请量（发明、实用新型和外观设计三项专利申请受理数之和）作为技术创新产出的代理变量，$exstru_{it}$ 表示分类贸易并分别用 TC、TS、TT 表示每年的货物贸易额（Commodity Trade）、服务贸易额（Service Trade）和技术贸易额（Technology Trade）。$control_{it}$ 代表控制变量，其中包括：

（1）人力资本（human）。人力资本是技术创新的关键，也是科技知识活动的重要载体，人力资本禀赋决定了企业创新的能力，我们以平均受教育年限来衡量各地区的人力资本。

（2）政府支出（gov）。中国正处于关键的转型时期，经济制度和政府干预因素对各地区的创新能力的提升具有特殊意义和重要解释力，我们用政府财政支出除以 GDP 来衡量。

（3）外商直接投资（fdi）。外商直接投资（FDI）会通过示范效应、竞争效应、联系效应和人才效应对中国技术创新能力产生影响，可能会促进东道国的技术创新能力，我们用 FDI 占 GDP 的比重来衡量。

（4）出口竞争力（ex）。由于地区出口贸易额和地区出口竞争力之间的内在联系非常紧密，如果地区的出口竞争力较强，那么对该地区的技术创新能力有激励作用。

（二）实证结果

我们主要分析基础设施与货物贸易、服务贸易和技术贸易的交互项对技术创新能力的影响。

表 5—1　基础设施与货物贸易的协同效应对技术创新能力的实证结果

	交通		邮政		能源
	公路	铁路	营业网点	邮路长度	电力消耗
infra * TC	0.000581*** (7.91)	0.0300*** (6.83)	0.000658** (2.10)	0.0000165** (2.31)	0.00156*** (7.16)
lnhuman	5.532*** (10.24)	5.726*** (10.30)	6.081*** (9.97)	6.056*** (9.96)	5.534*** (10.00)
lngov	0.802*** (5.02)	0.783*** (4.75)	0.745*** (4.10)	0.756*** (4.18)	0.833*** (5.10)
lnex	0.376*** (5.41)	0.368*** (5.07)	0.494*** (6.41)	0.483*** (6.23)	0.382*** (5.36)
lnfdi	−0.0601 (−1.26)	−0.0725 (−1.48)	−0.148*** (−2.83)	−0.143*** (−2.72)	−0.0682 (−1.40)
C	0.251 (0.16)	−0.334 (−0.20)	−0.481 (−0.26)	−0.472 (−0.26)	0.319 (0.19)
R2（组内）	0.816	0.804	0.764	0.765	0.808
F（Chi方）	176.10 (0.00)	162.81 (0.00)	127.91 (0.00)	128.67 (0.00)	166.63 (0.00)

续表

	交通		邮政		能源
	公路	铁路	营业网点	邮路长度	电力消耗
F（ui=0）	57.61*** (0.00)	53.90*** (0.00)	44.08 (0.00)	44.33 (0.00)	55.26 (0.00)
Hausman	395.41 (0.00)	367.05 (0.00)	358.64 (0.00)	355.46 (0.00)	382.97 (0.00)
观测值	232	232	232	232	232

注：***、**、* 分别表示在1%、5%、10%的水平上显著，括号内为 t 值。

我们采用2001—2008年各省市的面板数据，对方程（5·1）进行估计，进一步考察基础设施与货物贸易的协同效应对技术创新的影响效应。由于考虑到区域存在的个体异质型，在实证方法上，我们利用固定效应和随机效应模型进行分析，我们用 Hausman 检验作为模型选用的依据，从表5—1和表5—2的回归结果看，F（ui=0）值在1%的水平上都是显著的。从表5—1和表5—2的回归结果表明：交通、能源、通信和网络都在1%的统计水平上通过显著性检验，邮政基础设施在5%的水平上通过显著性检验，这也充分表明了基础设施的改善使得出口货物形成比较优势，并通过货物贸易的产品与国外相类似产品的竞争，模仿和吸收的反向技术溢出效应提高了中国的技术创新能力；同时结果还显示，人力资本禀赋、政府支出和出口竞争力通过了1%统计水平上的显著性检验，他们都促进了中国创新能力的提高，外商直接投资对中国技术创新能力的提高或不显著，这可能的原因：一方面，外商企业以高薪为诱饵使大量优秀人才从国内企业流失，导致了国内企业的研发能力下降和市场竞争力的减弱；另一方面，外资企业对国内企业的技术溢出效应非常有限，即使有溢出效应，我们的企业模仿、吸收后开发出的新产品在市场上的竞争力也不如外资企业继续研发新产品的竞争力，从而导致了企业创新热情的下降。

表 5—2 **基础设施与货物贸易的协同效应对技术创新能力的实证结果**

	通信				网络
	长途交换机	本地交换机	移动交换机	长途光缆	网络
infra * TC	0.00177 *** (5.26)	0.00108 *** (7.38)	0.000437 *** (6.39)	0.00154 *** (6.55)	0.00225 *** (5.30)
lnhuman	5.592 *** (9.60)	5.429 *** (9.85)	5.634 *** (9.99)	5.440 *** (9.62)	5.864 *** (10.16)
lngov	0.880 *** (5.09)	0.873 *** (5.36)	0.828 *** (4.95)	0.889 *** (5.32)	0.765 *** (4.46)
lnex	0.432 *** (5.84)	0.373 *** (5.25)	0.410 *** (5.67)	0.366 *** (4.98)	0.438 *** (5.95)
lnfdi	−0.0943 * (−1.85)	−0.0645 (−1.33)	−0.0791 (−1.60)	−0.0850 * (−1.73)	−0.104 ** (−2.06)
C	0.570 (0.33)	0.563 (0.34)	0.266 (0.16)	0.438 (0.26)	−0.220 (−0.13)
R2（组内）	0.788	0.811	0.799	0.801	0.788
F（Chi 方）	147.16 (0.00)	169.40 (0.00)	158.03 (0.00)	159.73 (0.00)	147.79 (0.00)
F（ui = 0）	49.76 (0.00)	56.07 (0.00)	52.51 (0.00)	53.72 (0.00)	49.07 (0.00)
Hausman	370.23 (0.00)	384.91 (0.00)	380.89 (0.00)	377.79 (0.00)	374.77 (0.00)
观测值	232	232	232	232	87

注：本节使用 Stata10.0 计算，F 检验括弧中均为 P 值；F（ui = 0）为固定效应模型中个体异质性检验，***、**、* 分别表示在 1%、5%、10% 的水平上显著，括号内为 t 值。

表 5—3 **基础设施与服务贸易的协同效应对技术创新能力的实证结果**

	交通		邮政		能源
	公路	铁路	营业网点	邮路长度	电力消耗
infra * TS	0.00542 *** (7.85)	0.288 *** (6.59)	0.00566 ** (2.03)	0.000159 ** (2.31)	0.0147 *** (7.13)

续表

	交通		邮政		能源
	公路	铁路	营业网点	邮路长度	电力消耗
lnhuman	5.568 *** (10.29)	5.799 *** (10.38)	6.081 *** (9.97)	6.055 *** (9.96)	5.548 *** (10.02)
lngov	0.788 *** (4.92)	0.764 *** (4.60)	0.745 *** (4.10)	0.758 *** (4.19)	0.828 *** (5.06)
lnex	0.378 *** (5.42)	0.374 *** (5.11)	0.495 *** (6.43)	0.483 *** (6.24)	0.382 *** (5.35)
lnfdi	-0.0617 (-1.29)	-0.0769 (-1.56)	-0.149 *** (-2.85)	-0.143 *** (-2.72)	-0.0683 (-1.40)
C	0.137 (0.09)	-0.526 (-0.31)	-0.477 (-0.26)	-0.466 (-0.25)	0.265 (0.16)
R2（组内）	0.816	0.802	0.763	0.765	0.808
F（Chi方）	175.27 (0.00)	160.21 (0.00)	127.66 (0.00)	128.69 (0.00)	166.36 (0.00)
F（ui=0）	57.69 *** (0.00)	53.54 *** (0.00)	44.02 (0.00)	44.37 (0.00)	55.43 (0.00)
Hausman	390.57 (0.00)	362.30 (0.00)	358.58 (0.00)	356.05 (0.00)	378.26 (0.00)
观测值	232	232	232	232	232

注：回归系数下括号内为 t 统计值，F（ui=0）为固定效应模型中个体异质性检验，*** 、 ** 、 * 分别表示在1%、5%、10%的水平上显著。

　　表5—3 和表5—4 的回归结果显示：基础设施与服务贸易的交互项中交通、能源、通信和网络都在1%的统计水平上通过显著性检验，邮政基础设施在5%的水平上通过显著性检验，这也充分表明了基础设施的提高使得出口服务贸易形成比较优势，近年来，中国服务贸易出口的增长对经济快速发展的促进作用日益明显，特别是经济一体化的加深和中国调整产业结构的深入，将对保险、金融、咨询、邮电、通信等技术密集和知识密集的服务行业产生更深远的影响，特别是扩大服务行业的市场需求，服务行业出口竞争力的提高和水平溢出、垂直溢

出效应的加深，可以促使服务行业加大技术创新能力的提高以适应快速多变的市场需求。结果同时还显示，显示人力资本禀赋、政府支出和出口竞争力通过了1%统计水平上的显著性检验，他们都促进了中国创新能力的提高，外商直接投资对邮政、长途交换机、长途光缆和网络基础设施都显著为负，这与外商直接投资不能进入中国的国家安全部门有关，虽然外资企业的进入可以提高行业的生产效率和市场竞争力，但是随着市场经济的深入和发展，外资可能逐步进入上述行业。

表5—4　基础设施与服务贸易的协同效应对技术创新能力的实证结果

	通信				网络
	长途交换机	本地交换机	移动交换机	长途光缆	网络
infra * TS	0.0164 *** (5.20)	0.0102 *** (7.32)	0.00406 *** (6.40)	0.0150 *** (6.51)	0.0199 *** (5.31)
lnhuman	5.599 *** (9.60)	5.441 *** (9.85)	5.637 *** (10.00)	5.480 *** (9.69)	5.862 *** (10.16)
lngov	0.881 *** (5.09)	0.872 *** (5.35)	0.826 *** (4.95)	0.879 *** (5.26)	0.767 *** (4.47)
lnex	0.432 *** (5.83)	0.372 *** (5.23)	0.409 *** (5.66)	0.360 *** (4.87)	0.438 *** (5.94)
lnfdi	− 0.0943 * (− 1.85)	− 0.0646 (− 1.33)	− 0.0785 (− 1.58)	− 0.0847 * (− 1.72)	− 0.104 ** (− 2.06)
C	0.551 (0.32)	0.521 (0.32)	0.247 (0.15)	0.272 (0.16)	− 0.217 (− 0.13)
R2（组内）	0.787	0.809	0.799	0.801	0.788
F（Chi 方）	146.65 (0.00)	168.62 (0.00)	158.15 (0.00)	159.34 (0.00)	147.59 (0.00)
F（ui = 0）	49.71 (0.00)	56.11 (0.00)	52.71 (0.00)	53.75 (0.00)	49.11 (0.00)
Hausman	367.68 (0.00)	379.76 (0.00)	378.71 (0.00)	368.32 (0.00)	374.75 (0.00)
观测值	232	232	232	232	87

注：回归系数下括号内为 t 统计值，F（ui = 0）为固定效应模型中个体异质性检验，***、**、* 分别表示在1%、5%、10%的水平上显著。

　　表5—5和表5—6的回归结果显示：基础设施与技术贸易的交互项中交通、能源、通信和网络都在1%的统计水平上通过显著性检验，邮政基础设施在5%的水平上通过显著性检验，这也充分表明了基础设施的提高通过出口技术贸易可以提高中国的技术创新能力，这可能与中国的出口技术复杂度有关，中国出口技术复杂度与发达国家相比，特别是在高技术密集型出口产品领域，差距较大，中国出口的产品主要表现在中等技术密集型产品领域（戴翔、张二震，2011）；另一方面，中国的高新技术出口产品结构逐步优化，技术含量不断提高，其中一些产品拥有自己的核心技术和自主知识产权，可见，充分重视技术贸易，实现贸易增长方式的转变和适应产业结构调整的方向是中国未来贸易的发展方向。结果同时还显示，人力资本禀赋、政府支出和出口竞争力通过了1%统计水平上的显著性检验，他们都促进了中国创新能力的提高，外商直接投资对邮政、长途交换机、长途光缆和网络基础设施都显著为负，外资企业抑制了上述基础设施对中国技术创新能力的提高。

表5—5　基础设施与技术贸易的协同效应对技术创新能力的实证结果

	交通		邮政		能源
	公路	铁路	营业网点	邮路长度	电力消耗
infra * TT	0.000935 *** (7.87)	0.0480 *** (6.89)	0.00110 ** (2.13)	0.0000266 ** (2.33)	0.00250 *** (7.11)
lnhuman	5.532 *** (10.22)	5.722 *** (10.31)	6.081 *** (9.98)	6.059 *** (9.97)	5.542 *** (10.01)
lngov	0.802 *** (5.01)	0.783 *** (4.76)	0.745 *** (4.10)	0.755 *** (4.17)	0.830 *** (5.07)
lnex	0.379 *** (5.44)	0.369 *** (5.09)	0.494 *** (6.41)	0.483 *** (6.23)	0.385 *** (5.41)
lnfdi	− 0.0606 (− 1.27)	− 0.0718 (− 1.47)	− 0.148 *** (− 2.83)	− 0.143 *** (− 2.71)	− 0.0691 (− 1.42)
C	0.271 (0.17)	− 0.311 (− 0.19)	− 0.484 (− 0.26)	− 0.480 (− 0.26)	0.319 (0.19)
R2（组内）	0.816	0.805	0.764	0.765	0.808
F（Chi方）	175.56 (0.00)	163.49 (0.00)	128.02 (0.00)	128.74 (0.00)	166.10 (0.00)

续表

	交通		邮政		能源
	公路	铁路	营业网点	邮路长度	电力消耗
F (ui=0)	57.30*** (0.00)	53.89*** (0.00)	11.10 (0.00)	44.33 (0.00)	54.97 (0.00)
Hausman	397.15 (0.00)	3629.33 (0.00)	358.68 (0.00)	355.37 (0.00)	384.91 (0.00)
观测值	232	232	232	232	232

注：回归系数下括号内为 t 统计值，F (ui=0) 为固定效应模型中个体异质性检验，***、**、* 分别表示在 1%、5%、10% 的水平上显著。

表5—6　基础设施与技术贸易的协同效应对技术创新能力的实证结果

	通信				网络
	长途交换机	本地交换机	移动交换机	长途光缆	网络
infra*TT	0.00287*** (5.24)	0.00174*** (7.37)	0.000704*** (6.32)	0.00244*** (6.49)	0.00373*** (5.28)
lnhuman	5.599*** (9.61)	5.440*** (9.87)	5.642*** (9.99)	5.440*** (9.60)	5.867*** (10.16)
lngov	0.875*** (5.06)	0.867*** (5.32)	0.824*** (4.92)	0.884*** (5.28)	0.763*** (4.45)
lnex	0.434*** (5.87)	0.376*** (5.30)	0.412*** (5.71)	0.372*** (5.06)	0.439*** (5.96)
lnfdi	-0.0951* (-1.87)	-0.0651 (-1.35)	-0.0805 (-1.62)	-0.0857* (-1.74)	-0.104** (-2.07)
C	0.559 (0.32)	0.554 (0.34)	0.258 (0.15)	0.475 (0.28)	-0.225 (-0.13)
R2 (组内)	0.788	0.810	0.799	0.801	0.788
F (Chi方)	147.00 (0.00)	169.18 (0.00)	157.34 (0.00)	159.16 (0.00)	147.35 (0.00)
F (ui=0)	49.64 (0.00)	55.86 (0.00)	52.23 (0.00)	53.45 (0.00)	49.03 (0.00)
Hausman	371.36 (0.00)	387.16 (0.00)	381.70 (0.00)	382.06 (0.00)	374.77 (0.00)
观测值	232	232	232	232	87

注：回归系数下括号内为 t 统计值，F (ui=0) 为固定效应模型中个体异质性检验，***、**、* 分别表示在 1%、5%、10% 的水平上显著。

（三）稳健性检验

在表5—7中，我们采用公路基础设施来代表基础设施变量，并使用最小二乘法给出初步的估计结果，而被解释变量为发明专利。为了考察结果的稳健性，我们在回归方程中采用减少控制变量的方法。另外，考虑截面异方差的缘故，我们采用怀特（White）稳健标准差得到估计系数的 t 统计值（Wooldridge，2002）。

表5—7　　　　　公路基础设施与对技术创新能力的实证结果

	(1)	(2)	(3)	(4)	(5)	(6)
infra * TC	0.00164 *** (12.55)	0.000760 *** (7.51)				
infra * TS			0.0153 *** (12.50)	0.00696 *** (7.32)		
infra * TT					0.00264 *** (12.13)	0.00123 *** (7.38)
lnhuman		7.173 *** (10.03)		7.236 *** (9.98)		7.161 *** (10.01)
lngov		0.609 *** (3.82)		0.603 *** (3.74)		0.609 *** (3.81)
lnex		0.543 *** (6.78)		0.541 *** (6.67)		0.548 *** (6.83)
lnfdi		− 0.0754 (− 1.19)		− 0.0818 (− 1.28)		− 0.0752 (− 1.19)
C	6.898 *** (37.07)	− 4.017 * (− 1.83)	6.873 *** (36.93)	− 4.222 * (− 1.89)	6.912 *** (37.12)	− 3.953 * (− 1.80)
R^2	0.429	0.835	0.322	0.832	0.327	0.835
观测值	232	232	232	232	232	232

注：回归系数下括号内为 White 估计系数的 t 统计值，＊＊＊、＊＊、＊ 分别表示在1%、5%、10%的水平上显著。

由表5—7 回归结果可知：

　　基础设施与出口贸易结构的回归系数为正，且在1%的统计水平上通过显著性检验。随着我们加入控制变量，基础设施与出口贸易结构的系数仍然在1%的统计水平上保持显著。这表明，一个地区的基础设施水平对该地区的技术创新能力具有显著和稳健的影响，而且基础设施水平较高的地区在出口更多产品的行业更能促进技术创新能力的提高，同时，我们还发现，人力资本禀赋对地区的技术创新能力具有很强的解释力，且人力资本禀赋丰裕的地区更能促进技术创新能力的提升。政府支出规模大的地区和出口竞争力强的地区对创新能力的提高有促进作用。外商直接投资对中国创新能力的提高不显著，这与上面的分析结果相吻合。

　　（四）内生性及其两阶段工具变量 TSLS 估计结果

　　经济发展过程中，影响出口贸易结构的因素对基础设施建设有一定的影响，比如说财政支出，同时，在出口贸易过程中，各地区从出口产品中不断吸收、学习先进的技术和丰富的管理经验，从而能够促进该地区的经济发展并为基础设施建设提供资金支持。也就是说，不仅出口贸易影响基础设施的改善，而且基础设施反过来还会影响地区的出口贸易增长，因此，基础设施变量是内生的，我们将通过工具变量法来解决内生性问题。

　　选取工具变量必须满足两个条件：好的工具变量不仅需要与内生变量之间存在较强的相关性，而且工具变量还必须与残差项不相关，即满足外生性条件。参考已有文献，我们采用各个地区所处的经度（jd）和所处的纬度（wd）作为基础设施的工具变量。选用这两个工具变量的依据在于，一方面，从直观上看，经度和纬度变量都与出口贸易结构之间没有直接关系，因而具有较强的外生性；另一方面，大量经验研究表明，地理和地形变量对基础设施建设具有重要影响（Lai, 2006）。

　　工具变量的有效性还有待于检验，好的工具变量不仅与内生变量之间存在相关性，而且工具变量本身还必须满足外生性条件，我们运用工具变量两阶段最小二乘法，对实证模型进行了重新回归，回归结果如表5—3和表5—4所示。为了考察工具变量的有效性，我们对工具变量进行了弱识别和过度识别检验。并相应给出了 Sargan 统计量、Kleibergen-Paap 秩 Wald F 统计量和 Kleibergeb-Paap Rk LM 统计量，从表5—8的检验结果可以看出：

　　从回归结果来看，我们均在1%的水平上拒绝工具变量的弱识别的原假设，并接受了工具变量被过度识别的原假设，这意味着，经度和纬度不仅与基础设施有较强的相关性，而且本身也是外生的，满足工具变量的两个要求。另外，第一阶段的 F 值均在 90 以上，根据斯托克、怀特和尤格（Stock，Wright and Yogo，2002），使用两阶段最小二乘法进行回归时，第一阶段的 F 值在 10 以上就说明了工具变量和内生变量有较强的相关性，而且第一阶段的 $PartialR^2$ 都达到了 0.5 以上，这些统计量表明了地区的经度纬度与内生变量（基础设施）之间具有很强的相关性。

回归结果表明：在表 5—8 的回归组合中，我们不难发现，在采用工具变量控制基础设施变量的内生性问题时，基础设施与出口贸易结构的交互项的系数有了明显的提高，这表明，基础设施变量是内生变量，因此。我们利用工具变量法来解决内生性是非常必要的。此外，在处理好基础设施的内生性问题后，基础设施与出口结构的交互项的回归系数的 t 统计值略有下降，但是所有的变量均在 5% 的统计水平上通过显著性检验。因此，可以表明，表 5—8 的回归结果是稳健的。

表 5—8　　　　交通基础设施与技术创新能力：TSLS 估计结果

	(1)	(2)	(3)	(4)	(5)	(6)
infra * TC	0.00319*** (12.82)	0.00312** (2.81)				
infra * TS			0.0287*** (13.38)	0.0174** (2.10)		
infra * TT					0.00524*** (12.45)	0.00589** (2.09)
lnhuman		0.884** (2.03)		0.855** (2.95)		0.887** (2.05)
lngov		-0.411*** (-2.70)		-0.379** (-2.46)		-0.420*** (-2.78)
lnex		0.696*** (14.24)		0.714*** (13.97)		0.691*** (14.46)
lnfdi		-0.145*** (-3.34)		-0.145*** (-3.35)		-0.144*** (-3.33)
C	8.145*** (101.81)	10.34*** (7.72)	8.110*** (101.94)	10.61*** (7.72)	8.165*** (101.64)	10.28*** (7.76)

续表

	（1）	（2）	（3）	（4）	（5）	（6）
Sargan statistic	1.7037 （0.2156）	1.2477 （0.3720）	1.9273 （0.2038）	1.2376 （0.2347）	1.5637 （0.1632）	1.6659 （0.1458）
Kleibergeb-Paap Wald F statistic	62.00 （0.00）	2120.54 （0.00）	67.28 （0.00）	1973.96 （0.00）	58.78 （0.00）	2101.37 （0.00）
Kleibergeb-Paap rk LM statistic	47.09 （0.00）	1809.08 （0.00）	46.90 （0.00）	1633.01 （0.00）	39.08 （0.00）	1901.26 （0.00）
第一阶段偏 R^2	0.9242	0.8928	0.9112	0.8743	0.9300	0.9020
第一阶段 F 值	139.53	937.227	118.963	782.469	152.215	1034.98
第二阶段 R^2	0.3428	0.9410	0.3610	0.9381	0.9294	0.9450
观测值	232	232	232	232	232	232

注：回归系数下括号内为 t 统计值，＊＊＊、＊＊、＊分别表示在1%、5%、10%的水平上显著。

结果同时还显示，在加入人力资本禀赋、政府支出、出口竞争力和外商直接投资变量后，与以前的估计结果类似，人力资本禀赋的显著性在减弱，但是结果是稳健的和可信的，人力资本禀赋仍然能促进技术创新能力的提高。政府支出的系数不仅显著性减弱，而且估计系数变为负值，我们的解释为，虽然政府投资明显促进了经济增长，但是过度的投资导致资本过度深化和资本边际报酬递减，因而表现为负值。出口竞争力依然在1%统计水平上通过显著性检验，且系数明显有了提高，其变量是稳健的和可信的，出口竞争力是促进技术创新的关键变量，出口竞争力体现了出口产品的竞争力和出口的比较优势，只有这样才能从水平溢出渠道和垂直溢出渠道提升中国创新能力的提高。

表5—9　　　　TSLS 估计结果的稳健性检验：采用能源基础设施

	（1）	（2）	（3）	（4）	（5）	（6）
infra＊TC	0.00909＊＊＊ （11.35）	0.00803＊＊ （3.47）				

续表

	（1）	（2）	（3）	（4）	（5）	（6）
infra * TS			0.0805 *** (11.72)	0.0555 ** (2.84)		
infra * TT					0.0151 *** (11.09)	0.0130 ** (3.75)
lnhuman		1.092 ** (2.23)		1.001 ** (1.93)		1.108 ** (2.32)
lngov		−0.417 *** (−2.60)		−0.383 *** (−2.32)		−0.427 *** (−2.70)
lnex		0.678 *** (10.68)		0.702 *** (9.90)		0.671 *** (11.13)
lnfdi		−0.143 *** (−3.26)		−0.145 *** (−3.30)		−0.142 *** (−3.23)
C	8.053 *** (91.32)	9.728 *** (5.98)	8.013 *** (90.20)	10.18 *** (5.72)	8.076 *** (91.84)	9.624 *** (6.15)
Sargan statistic	0.8569 (0.3546)	0.3668 (0.5447)	1.9273 (0.2038)	0.5472 (0.4595)	1.5637 (0.1632)	0.3193 (0.5720)
Kleibergeb-Paap Wald F statistic	41.90 (0.00)	1706.22 (0.00)	67.28 (0.00)	1719.17 (0.00)	58.78 (0.00)	1674.30 (0.00)
Kleibergeb-Paap rk LM statistic	32.18 (0.00)	1435.09 (0.00)	39.45 (0.00)	1438.92 (0.00)	43.14 (0.00)	1365.19 (0.00)
第一阶段偏 R^2	0.7464	0.6053	0.9112	0.6444	0.9300	0.6374
第一阶段 F 值	205.695	937.227	118.963	259.064	152.215	286.522
第二阶段 R^2	0.2791	0.8320	0.3610	0.8324	0.9294	0.8319
观测值	232	232	232	232	232	232

注：回归系数下括号内为 t 统计值，*** 、** 、* 分别表示在1% 、5% 、10%的水平上显著。

外商直接投资由以前的不显著变为通过 1% 统计水平的显著性检验，在克服基础设施的内生性后，外商直接投资系数的绝对值明显变大，这意味着外商企业在一定程度上抑制了中国创新能力的提高，这与外资企业垄断核心技术和高科技人才有紧密的关系。

（五）TSLS 估计结果的稳健性检验：采用基础设施的不同指标

在表5—8 中我们运用工具变量进行估计时，仅以公路基础设施为例来考察基础设施对中国技术创新能力的影响，为了表明估计结果的稳健性，我们参照表5—8 采用能源基础设施指标，并采用工具变量两阶段最小二乘法对表5—8 的出口贸易结构进行了重新估计，回归结果见表5—9，对比表5—8 和表5—9 可知，无论从回归系数的符号还是统计量的显著性来看，各变量的回归结果都是稳健的。

对比表5—8 和表5—9 的回归结果可以看出，从总体上来看，基础设施对技术创新能力的促进作用是很显著的。从统计结果的显著性来看，交通基础设施和能源基础设施对技术创新的显著性基本一致，其中能源基础设施对商品贸易、服务贸易出口效应的促进作用比交通基础设施更为明显，在加入控制变量后公路基础设施与商品贸易、服务贸易和技术贸易的t 值分别为3.74、2.84 和3.75，虽然各项的统计系数略有变化，但是统计的显著性有所提高。

第二节　基础设施对中国技术创新能力的影响效应
——基于出口技术复杂度视角

改革开放三十年来，中国经济取得了举世瞩目的成绩，作为经济增长"三驾马车"的对外贸易发展也异常迅猛，1978—2008 年，对外贸易的年均增长达到了16.32%，远高于同期世界贸易6%的增长速度。在对外贸易迅速增长的同时，中国的出口贸易结构也从资源密集型产品逐渐向资本密集型产品转变，机电产品和高新技术产品出口份额一直保持高速增长；出口商品结构不断优化，贸易发展方式不断转型。出口产品的复杂度不断上升。从国家层面来看，中国出口产品的技术复杂度已远远超过同等收入国家的水平（Rodrik，2006；Schott，2008）。

无论从李嘉图比较优势理论还是从 H－O 要素禀赋理论看，中国应该生产技术复杂度低的产品。显然，出口技术复杂度的提高在相当部分归功于外商直接投资和加工贸易，出口技术复杂度的提升对中国的经济增长具有重要的战略意义，根据豪斯曼和罗迪克（Hausmann and Ro-drik，2003）的成本理论，出口企业在开发和生产高技术水平商品过程中所产生的示范效应能够吸引生产要素向相关产业转移，从而促进生产率的提高。很多文献表明，出口了更多高复杂度产品的国家能够实现更快速的经济增长（Hausmann et al.，2007；杨汝岱、姚洋，2008）。但是一个更为重要的问题是，在过去的三十多年中，中国出口技术复杂度的攀升是否提升了中国的技术创新能力？这对进一步提高中国出口技术复杂度以及未来的经济发展有重要的借鉴意义。有一些文献对出口技术复杂度进行了研究，戴翔、张二震（2011）认为中国出口技术复杂度与发达国家相比存在较大差距，特别表现在高技术密集型出口产品领域，而中国的技术复杂度主要体现在中等技术密集型产品领域；王永进等（2010）认为基础设施水平的提高能够提高企业的出口参与，尤其能提高技术复杂度较高的产品的出口，以及随着基础设施水平的提高，出口企业所在行业的技术复杂度会越高。但很少有文献对出口技术复杂度对中国技术创新能力的影响之间的关系进行探讨。那么，出口技术复杂度的提高是否提升了中国的技术创新能力？

对上述问题的研究具有非常强的现实意义：一方面，出口复杂度的提升能增强出口产品的竞争力，这对于发展中国家实现经济的赶超是非常重要的，而出口技术复杂度的提高促进经济显著增长已经被大量经验研究所证实；另一方面，为我们研究中国出口贸易扩张和出口结构优化提供了新的思路，这对于进一步推动出口结构提升乃至产业结构升级具有重要的政策含义。

一　模型的建立与数据说明

本节借鉴拉詹和津加莱斯（Rajan and Zingales，1998）方法有助于理解基础设施、出口复杂度和技术创新之间的关系，我们采用以下计量模型：

$$pz_{it} = \alpha_i + \beta infra_{it} * lnexpy_{it} + \gamma control_{it} + \varepsilon_{it} \qquad (5.2)$$

其中，i 和 t 表示地区和时间，pz 表示技术创新，本节用专利申请量（发明、实用新型和外观设计三项专利申请受理数之和）作为技术创新产出的代理变量，$infra$ 为基础设施变量，其中包括交通、邮政、能源、通信和网络基础设施，*expy* 为各地区的技术复杂度，*control* 表示控制变量，包括人力资本禀赋、政府支出、外商直接投资和出口竞争力，ε_{it} 为误差项。

（一）为考察估计结果的稳健性，我们加入了如下控制变量：

（1）人力资本禀赋（human）。人力资本是体现在劳动者身上，并凝聚在劳动者身上的知识、技能及其表现出来的能力，人力资本禀赋决定了企业创新的能力。同时，较高的人力资本水平能够吸收通过出口贸易获得的水平溢出和垂直技术溢出的技术，提高技术吸收的速度，并促进技术创新能力的提高，我们以平均受教育年限来衡量各地区的人力资本。

（2）政府支出（gov）。中国正处于关键的转型时期，经济制度和政府干预因素对各地区的创新能力的提升具有特殊意义和重要解释力，我们用政府财政支出除以 GDP 来衡量。

（3）外商直接投资（fdi）。外商直接投资（FDI）会通过示范效应、竞争效应、联系效应和人才效应对中国技术创新能力产生影响，可能会促进东道国的技术创新能力，我们用 FDI 占 GDP 的比重来衡量。

（4）出口竞争力（ex）。由于地区出口贸易额和地区出口竞争力之间的内在联系非常紧密，如果地区的出口竞争力较强，那么对该地区的技术创新能力有激励作用。

（二）技术复杂度的测度

我们首先参照豪斯曼（Hausmann et al.，2007）的方法计算了各行业的技术复杂度，其具体公式为：

$$prody_i = \sum_c \left(\frac{s_{ic} pcgdp_c}{\sum_{c'} s_{ic'}} \right) \tag{5.3}$$

其中，行业 i 的出口产品复杂度为各地区人均 GDP（$pcgdp_c$）的加权和，其权重为 $s_{ic} / \sum_{c'} s_{ic'}$，其中 s_{ic} 为地区 c 行业 i 的出口比重；其次，计算各地区的出口技术复杂度。其具体公式为：

$$expy_c = \sum_i \left(\frac{s_{ic} prody_i}{\sum_{c'} s_{ic'}} \right) \tag{5.4}$$

该指标可以较好地反映中国各地区在世界出口中的地位，更能具体衡量各地区出口产品的技术复杂度。

（三）数据说明

本节使用的 2004—2008 年除西藏、重庆以外全国 29 个省区 17 个行业的出口交货值，均来自于《中国统计年鉴》、《中国科技统计年鉴》、《中国工业经济统计年鉴》、《中国经济贸易统计年鉴》和 COMTRADE 数据库。

考虑到数据的可获得性，良好的基础设施能够促进信息的交流，使企业能够更直接和迅速地获得最新的技术信息，加快技术创新和知识水平的提高，本节用邮政营业网点密度和邮政线路密度度量邮政基础设施；本节采用狄莫格（Demurger，2001）的方法，用地区铁路网和公路网的密度来测度交通基础设施；用人均电力、煤炭消耗来度量能源基础设施；用人均互联网宽带接入端口测度网络基础设施；用人均长途自动交换机容量、本地电话交换机容量、移动电话交换机容量，以及用长途光缆线路密度测度通信基础设施。

二　基础设施、出口复杂度对中国技术创新能力影响的实证分析

我们采用 2004—2008 年各省市的面板数据，对方程（5.2）进行估计，进一步考察基础设施、出口复杂度对中国技术创新能力的影响效应。由于考虑到区域存在的个体异质型，在实证方法上，我们采用普遍使用的固定效应和随机效应模型进行分析，我们用 Hausman 检验作为模型选用的依据，从表 5—10 和表 5—11 的回归结果看，F（ui＝0）值在 1% 的水平上都是显著的，说明了使用固定效应和随机效应模型的合理性。对方程分别进行 Hausman 检验，结果表明固定效应模型更加适用。从回归结果可知，交通基础设施、能源基础设施、本地交换机和移动交换机、网络基础设施与出口技术复杂度的系数显著为正，且在 1% 的水平上通过显著性检验，这表明，一个地区的基础设施水平对地区的技术创新能力的提升有重要的影响，而且基础设施水平高的地区在技术复杂度高的行业更能促进技术能力的提高；另外邮政基础设施、长途交换机和长途光缆基础设施对技术创新能力的影响不显著。结果同时还显示，人力资本禀赋在 1% 的水平上通过显著性检验，人力资本禀赋促进了技术创新能力的提高。政府支出显著促进了技术创新能力的提高，政府支出在一定程度上重点支持具有自

主知识产权、核心技术的重大的科技基础设施，而高科技基础设施能充分体现了公共性、通用性具有开放共享功能，而且高科技基础设施对新能源、新材料、节能环保和高端制造业等战略型新兴产业可提供强有力的技术支撑，因此政府支出促进了技术创新能力的提高。外商直接投资对技术创新能力的提高不显著，这可能的原因是：

表5—10 基础设施、出口复杂度对中国技术创新能力的实证分析结果

	交通		邮政		能源
	公路	铁路	营业网点	邮路长度	电力消耗
infra * lnexpy	0.0499*** (5.83)	2.443*** (2.74)	0.0182 (0.84)	0.000811 (0.60)	0.250*** (5.79)
human	0.449*** (3.80)	0.578*** (4.50)	0.593*** (4.43)	0.579*** (4.37)	0.370*** (3.04)
gov	7.458*** (7.36)	8.202*** (7.38)	8.656*** (7.65)	8.737*** (7.75)	7.253*** (7.09)
fdi	−2.289 (−0.84)	−2.826 (−0.94)	−2.564 (−0.82)	−2.621 (−0.84)	−1.215 (−0.44)
exe	101.7*** (3.63)	165.8*** (6.02)	183.9*** (6.60)	186.2*** (6.73)	104.8*** (3.76)
C	2.790*** (2.83)	1.165 (1.09)	1.309 (1.19)	1.399 (1.28)	3.241*** (3.22)
R2（组内）	0.825	0.785	0.772	0.772	0.824
F（Chi方）	104.39 (0.00)	81.27 (0.00)	75.31 (0.00)	75.01 (0.00)	103.98 (0.00)
F（ui=0）	82.92*** (0.00)	82.34*** (0.00)	88.71*** (0.00)	86.49*** (0.00)	115.62*** (0.00)
Hausman	141.18 (0.00)	99.36 (0.00)	117.31 (0.00)	102.25 (0.00)	127.76 (0.00)
观测值	145	145	145	145	145

注：***、**、*分别表示在1%、5%、10%的水平上显著，括号内为t统计值。

虽然外商直接投资对中国的经济发展作出了很大的贡献，但是对中国经济的发展不可避免地带来了消极的影响。外商企业利用中国的劳动力成本优势投资劳动密集型产业，与中国的产业政策不符，可能加剧了基础产业、技术密集型产业的供需失衡；外商利用其种种垄断优势，加之在中国实行本土化生产的劳动力低成本优势，与中国内资企业进行激烈竞争，迫使中国大量企业倒闭、破产，甚至一些民族品牌退出市场；外商企业控制核心技术，吸收高科技人才，国内企业的人才流失严重，导致技术力量大量流失；外商直接投资凭借其资金、技术、管理、品牌、规模等垄断优势控制了中国的某些行业和市场，通过合法或不正当手段吞食中国内资企业，已经对中国民族经济发展产生了显著的负面影响，从而间接导致了外商直接投资对中国的技术创新能力的不显著。

表 5—11　基础设施、出口复杂度对中国技术创新能力的实证分析结果

	通信				网络
	长途交换机	本地交换机	移动交换机	长途光缆	网络
infra * lnexpy	0.0179 (0.24)	0.161*** (2.94)	0.0407*** (4.37)	0.0317 (1.18)	0.103*** (2.90)
human	0.576*** (4.34)	0.477*** (3.61)	0.472*** (3.78)	0.554*** (4.16)	0.579*** (4.52)
gov	8.819*** (7.59)	8.133*** (7.34)	6.730*** (5.90)	7.971*** (6.12)	7.962*** (7.09)
fdi	−2.971 (−0.94)	−2.517 (−0.84)	−0.491 (−0.17)	−2.579 (−0.83)	−2.095 (−0.70)
exe	193.6*** (6.21)	137.1*** (4.33)	128.9*** (4.51)	190.9*** (7.12)	137.9*** (4.36)
C	1.448 (1.32)	2.037* (1.90)	2.636** (2.52)	1.598 (1.46)	1.627 (1.54)
R2（组内）	0.771	0.787	0.805	0.774	0.787
F（Chi 方）	74.74 (0.00)	82.23 (0.00)	91.38 (0.00)	75.91 (0.00)	82.02 (0.00)

续表

	通信				网络
	长途交换机	本地交换机	移动交换机	长途光缆	网络
F（ui＝0）	85.97*** (0.00)	75.50*** (0.00)	80.42*** (0.00)	83.57*** (0.00)	84.64*** (0.00)
Hausman	105.65 (0.00)	80.23 (0.00)	128.77 (0.00)	123.01 (0.00)	110.99 (0.00)
观测值	145	145	145	145	87

注：***、**、* 分别表示在1%、5%、10%的水平上显著，括号内为 t 统计值。

同时结果还显示：出口竞争力在1%的统计水平上通过显著性检验，出口竞争力促进了中国技术创新能力的提升，出口竞争力的提升能激励企业进行技术创新，以此来提高企业的核心竞争力，并能促进企业市场份额的提升，从而表现为出口竞争力提升了中国的技术创新能力。

（四）内生性处理

我们采用黄玖立和李坤望（2006）的方法，取各省市省会城市到海岸线距离的倒数（乘100）为国外市场接近度，其中沿海省份到海岸线距离为其内部距离（D_{mm}），非沿海省份到海岸线的距离为其到最近的沿海省区的距离（D_{mj}）加上该沿海省区的内部距离（D_{mm}）。因此，可以表述如下：假设 C 为沿海省份集合，则地区 m 的海外市场接近度可表示为：

$$fma_m = \begin{cases} 100/D_{mm}, m \in C \\ 100/(\min D_{mj} + D_{mm}), m \notin C, j \in C \end{cases} \quad (5.5)$$

其中，D_{mm} 的计算公式为 $D_{mm} = (2/3)(S_m/\pi)^{1/2}$，（Redding and Venables，2004），

S_m 为地区 m 的面积。

我们运用工具变量两阶段最小二乘法，对实证模型进行了重新回归，回归结果如表5—12和表5—13所示。为了考察工具变量的有效性，为此，我们对工具变量进行了弱识别和过度识别检验。并相应给出了 Sargan 统计量和 Kleibergen - Paap 秩 Wald F 统计量，从表5—12和表5—13的检验结果可以看出：

（1）从回归结果来看，第一阶段的 F 值均在 10 以上，根据斯托克、怀特和尤格（Stock，Wright and Yogo，2002），使用两阶段最小二乘法进行回归时，第一阶段的 F 值在 10 以上就说明了工具变量和内生变量有较强的相关性，而且第一阶段的 PartialR^2 都达到了 0.5 以上，这些统计量表明了地形平坦程度和海外市场接近度与基础设施之间具有很强的相关性。

（2）从工具变量的检验结果来看：我们可以在 1% 的显著水平上拒绝工具变量的弱识别和过度检验的原假设，并且过度识别的 Sargan 统计量的伴随概率都在 0.1 以上，即我们无法在 10% 的显著水平上拒绝工具变量是过度识别的原假设。因此，我们不仅认为工具变量与内生变量相关，而且工具变量也是外生的，满足工具变量的要求。

（3）把表 5—10、表 5—11 与表 5—12 和表 5—13 对比可知，基础设施与进口贸易的交叉项的回归系数比以前都有不同程度的提高，这说明基础设施的内生性使得最小二乘的估计产生了有偏性，也就是低估了基础设施与出口技术复杂度的协同作用对技术创新能力的影响。同时回归结果表明，邮政基础设施由之前的不显著变为在 1% 的水平上显著，这表明之前的回归结果不是很准确，忽略了基础设施内生性的问题导致低估了以前的回归结果，这也充分说明地形的平坦程度和海外市场接近度能够有效地解决模型的内生性问题，使得该回归结果更具有较强的可信度。其他变量的回归结果也有不同程度的变化，其中外商直接投资的回归系数由之前的不显著，变成了在 1% 的统计水平上通过显著性检验，外商直接投资显著抑制了中国的技术创新能力的提高，外商投资企业对中国的核心技术垄断，导致了对中国的技术溢出效应的促进作用有限。

表 5—12　　　　　　　　　　工具变量的 2SLS 回归结果（1）

	交通		邮政		能源
	公路	铁路	营业网点	邮路长度	电力消耗
infra * lnexpy	0.0507 *** (2.59)	1.502 *** (3 58)	0.161 *** (4.40)	0.00188 *** (2.32)	0.149 *** (3.46)

续表

	交通		邮政		能源
	公路	铁路	营业网点	邮路长度	电力消耗
human	0.370 *** (4.20)	0.290 ** (2.29)	0.383 *** (4.13)	0.350 *** (3.22)	0.315 *** (2.58)
gov	-9.862 *** (-8.92)	-10.34 *** (-9.36)	-10.99 *** (-8.87)	-11.24 *** (-8.51)	-11.78 *** (-7.85)
fdi	-10.27 *** (-3.24)	-11.52 *** (-3.31)	-9.706 *** (-2.79)	-9.764 *** (-2.84)	-10.97 *** (-3.08)
exe	117.3 *** (6.74)	134.7 *** (10.18)	126.9 *** (8.22)	126.8 *** (8.17)	110.5 *** (4.91)
C	6.640 *** (8.59)	7.503 *** (6.71)	6.914 *** (7.33)	7.258 *** (6.47)	7.472 *** (6.35)
Sargan statistic	0.186 (0.666)	0.0005 (0.998)	0.286 (0.593)	0.553 (0.457)	0.123 (0.725)
Kleibergeb-Paap Wald F statistic	587.42 (0.00)	447.64 (0.00)	432.13 (0.00)	475.24 (0.00)	103.98 (0.00)
Kleibergeb-Paap rk LM statistic	423.09 (0.00)	306.42 (0.00)	326.19 (0.00)	376.83 (0.00)	85.79 (0.00)
第一阶段 R2	0.625	0.689	0.557	0.701	0.743
第一阶段 F 值	38.30	51.04	19.32	53.87	66.62
第二阶段 R2	0.781	0.759	0.734	0.739	0.735
观测值	145	145	145	145	145

注：***、**、* 分别表示在1%、5%、10%的水平上显著，括号内为 t 统计值。

其次，由于外商企业高薪的诱惑，造成大量的高科技人才流失，严重制约了中国技术创新能力的提高；另外，外资企业的制度和体制的灵活性，也有利于科技人才的发挥。

表 5—13　　　　　　　　　工具变量的 2SLS 回归结果 (2)

	通信				网络
	长途交换机	本地交换机	移动交换机	长途光缆	网络
infra * lnexpy	0. 216 *** (3. 08)	0. 126 *** (2. 24)	0. 0518 *** (2. 19)	0. 0909 *** (2. 53)	0. 390 *** (3. 47)
human	0. 337 *** (2. 59)	0. 284 * (1. 85)	0. 310 ** (2. 22)	0. 468 *** (6. 02)	0. 299 ** (1. 97)
gov	− 11. 41 *** (− 7. 66)	− 10. 85 *** (− 9. 36)	− 11. 26 *** (− 8. 58)	− 7. 272 *** (− 3. 12)	− 11. 59 *** (− 8. 48)
fdi	− 10. 80 *** (− 3. 03)	− 11. 95 *** (− 3. 22)	− 10. 11 *** (− 3. 10)	− 11. 74 *** (− 3. 26)	− 9. 504 *** (− 2. 58)
exe	111. 8 *** (4. 20)	107. 3 *** (4. 00)	111. 2 *** (4. 48)	147. 0 *** (9. 73)	112. 8 *** (5. 80)
C	7. 283 *** (5. 72)	7. 537 *** (5. 76)	7. 471 *** (5. 75)	6. 030 *** (7. 75)	7. 713 *** (5. 24)
Sargan statistic	1. 130 (0. 288)	0. 985 (0. 321)	1. 157 (0. 282)	0. 066 (0. 798)	1. 047 (0. 306)
Kleibergeb-Paap Wald F statistic	411. 17 (0. 00)	575. 23 (0. 00)	512. 88 (0. 00)	509. 31 (0. 00)	456. 56 (0. 00)
Kleibergeb-Paap rk LM statistic	356. 12 (0. 00)	387. 56 (0. 00)	423. 18 (0. 00)	84. 14 (0. 00)	373. 18 (0. 00)
第一阶段 R2	0. 839	0. 863	0. 726	0. 567	0. 557
第一阶段 F 值	120. 30	145. 12	60. 80	40. 16	39. 38
第二阶段 R2	0. 739	0. 763	0. 768	0. 751	0. 762
观测值	145	145	145	145	87

注：*** 、** 、* 分别表示在 1% 、5% 、10% 的水平上显著，括号内为 t 统计值。

（五）分区域的基础设施、出口技术复杂度与地区的技术创新水平的实证结果

由于中国的"西高东低"的地形特征，导致各区域的基础设施存在显著的区域差异，根据王永进等（2010）的研究，基础设施提高了各地

区的出口技术复杂度，但是各地区基础设施的不同也就造成了其出口技术复杂度的不同，不同的出口技术复杂度是否也提升了中国的技术创新能力呢？我们将重点考察各区域的基础设施、出口技术复杂度和地区的技术创新水平之间的关系。

表5—14和表5—15给出了东部地区基础设施、出口技术复杂度对中国技术创新能力的回归结果，由于考虑到区域存在的个体异质型，在实证方法上，我们采用普遍使用的固定效应和随机效应模型进行分析，我们用Hausman检验作为模型选用的依据，从表5—14和表5—15的回归结果看，F（ui＝0）值在1%的水平上都是显著的，并对方程分别进行Hausman检验，结果表明固定效应模型更加适用结果表明：地区基础设施与地区出口技术复杂度交叉项（infra * lnexpy）的系数除邮政基础设施和长途交换机外，都在5%的统计水平上通过显著性检验，这表明基础设施水平越高的地区，出口技术复杂度越高的地区，对技术创新能力的提升影响越大，由于技术复杂度高的产品的特性，产品生产环节流程较长，生产工序也很复杂，这就为不同生产环节的产品生产的一致性提出了较高的要求。同时，良好的基础设施能够降低中间产品提供商的搜寻成本和竞争成本，提高了市场开拓能力和竞争能力，从而能够促进中间产品市场的快速发展，并能逐步降低中间产品不同生产环节的协调成本，进一步提高中间产品市场的竞争程度，激励企业提高技术创新能力，以保证在市场中保持足够的市场竞争力，因此，具有良好的基础设施和出口技术复杂度的地区，技术创新能力的提高也越快。

表5—14　　　东部地区基础设施、出口复杂度对中国技术
创新能力的实证分析结果

	交通		邮政		能源
	公路	铁路	营业网点	邮路长度	电力消耗
infra * lnexpy	0.0438 *** (3.80)	2.292 ** (2.41)	−0.000615 (−0.03)	0.000150 (0.13)	0.283 *** (5.25)
human	0.0834 (0.59)	0.0929 (0.60)	0.0728 (0.42)	0.0756 (0.45)	−0.0717 (−0.55)

续表

	交通		邮政		能源
	公路	铁路	营业网点	邮路长度	电力消耗
gov	10.73 *** (5.46)	10.45 *** (4.63)	12.59 *** (5.57)	12.56 *** (5.63)	8.600 *** (4.61)
fdi	-2.669 (-0.78)	-5.961 * (-1.69)	-6.936 * (-1.82)	-6.840 * (-1.79)	-3.757 (-1.28)
exe	135.9 *** (4.50)	195.9 *** (7.69)	213.0 *** (7.84)	212.1 *** (7.92)	118.2 *** (4.38)
C	6.453 *** (5.10)	5.913 *** (4.23)	6.438 *** (4.23)	6.404 *** (4.29)	7.863 *** (6.74)
R2（组内）	0.889	0.868	0.848	0.848	0.911
F（Chi 方）	62.59 (0.00)	51.27 (0.00)	43.59 (0.00)	43.61 (0.00)	79.90 (0.00)
F（ui = 0）	86.26 *** (0.00)	76.81 *** (0.00)	66.85 *** (0.00)	66.46 *** (0.00)	106.92 *** (0.00)
Hausman	57.46 (0.00)	47.46 (0.00)	49.35 (0.00)	51.89 (0.00)	55.98 (0.00)
观测值	55	55	55	55	55

注：*** 、** 、* 分别表示在 1%、5%、10% 的水平上显著，括号内为回归系数的 t 值。

此外，控制变量的回归结果显示，人力资本禀赋不显著，人力资本禀赋对技术创新能力不显著，这可能的原因：一方面，虽然东部地区是中国开放水平比较高，人才水平层次较高的地区，但是高层次人才主要在东部地区的跨国公司从事科研工作，这与跨国公司较好的制度、体制和个人的发展有密切的联系；另一方面，中国的高校扩招为经济快速发展提供了强有力的人才储备，但是，创新型人才的匮乏是导致自主创新能力难以提高的根本原因。政府支出在 1% 的统计水平上通过显著性检验，政府支出显著地促进了中国技术创新能力的提高，虽然政府财政支出在实施过程存在大量的"调整成本"，包括大规模的财政支出调整成本（公共支出过程中的"寻租"和"非生产性寻利"行为），但是财政支出优先发展高科技行业和关系国家重点发展的创新型项目，并以此带动整个国家的创新活动。出口竞争力在 1% 的统计水平上通过显著性检验，出口竞争力提升了中国的技术创新能力，出口贸易通过与国外相类似产品的竞争和水平溢出及垂直溢出，溢出效应促进创新能力的提高。外商直接投资不显著或者阻碍了技术创新能力的提高，外资企业虽然能促进市场竞争并提高生产效率，但是其垄断市场，以高薪吸引人才，导致了国内企业人才的流失，削弱了国内创新能力的提高。

表 5—16 和表 5—17 给出了西部地区基础设施、出口技术复杂度对中国技术创新能力的回归结果，由于考虑到区域存在的个体异质型，在实证方法上，我们采用普遍使用的固定效应和随机效应模型进行分析，用 Hausman 检验作为模型选用的依据，从表 5—16 和表 5—17 的回归结果看，F（ui = 0）值在 1% 的水平上都是显著的，并对方程分别进行 Hausman 检验，结果表明，固定效应模型更加适用。地区公路、铁路、营业网点和本地交换机基础设施与地区出口技术复杂度交叉项（infra * lnexpy）的系数为负且都在 10% 的统计水平上通过显著性检验，这表明基础设施水平越低的地区，出口技术复杂度越低的地区，显著抑制了技术创新能力的提高。

邮路长度、能源、长途交换机、移动交换机、长途光缆和网络基础设施与出口技术复杂度的交互项都不显著，表明了基础设施对该地区技术创新能力的提升不显著，这可能的原因：一方面，基础设施落后致使企业提高了获得最新技术信息的成本，并阻碍了技术进步和知识水平的提高，基础设施落后导致提高了运输成本和风险，增加了企业对中间产品的存货，降低了企业的产出效率；另一方面基础设施落后增加了货物运输中的不确定性，增加了货物运输时间，从而增加了企业的协调成本。

表 5—15　东部地区基础设施、出口复杂度对中国技术创新能力的实证分析结果

	通信				网络
	长途交换机	本地交换机	移动交换机	长途光缆	网络
infra * lnexpy	− 0. 125 （− 1. 60）	0. 127 ** （2. 29）	0. 0308 *** （3. 11）	0. 102 ** （2. 06）	0. 0522 ** （2. 53）

续表

	通信				网络
	长途交换机	本地交换机	移动交换机	长途光缆	网络
human	0.0435 (0.27)	0.0440 (0.28)	0.0538 (0.36)	0.0303 (0.19)	0.115 (0.70)
gov	12.90*** (5.96)	11.16*** (5.12)	8.983*** (3.90)	10.94*** (4.84)	11.16*** (4.74)
fdi	-9.110** (-2.34)	-5.894 (-1.65)	-3.285 (-0.92)	-8.979** (-2.42)	-6.020 (-1.62)
exe	237.6*** (7.98)	171.3*** (5.60)	172.9*** (6.45)	206.8*** (8.24)	187.1*** (6.12)
C	6.867*** (4.70)	6.397*** (4.60)	6.895*** (5.16)	6.846*** (4.81)	6.276*** (4.35)
R2（组内）	0.858	0.866	0.878	0.863	0.857
F（Chi方）	46.98 (0.00)	50.49 (0.00)	56.30 (0.00)	49.16 (0.00)	46.66 (0.00)
F（ui=0）	70.79*** (0.00)	62.56*** (0.00)	73.73*** (0.00)	47.28*** (0.00)	65.23*** (0.00)
Hausman	51.23 (0.00)	41.07 (0.00)	60.39 (0.00)	52.95 (0.00)	55.11 (0.00)
观测值	55	55	55	55	33

注：***、**、* 分别表示在 1%、5%、10% 的水平上显著，括号内为回归系数的 t 值。

由此，加大了企业的融资困难，阻碍了企业技术创新能力的提高。落后的基础设施增加了信息不对称所导致的逆向选择问题，还增加了企业相应的出口成本，从而不利于企业的出口；落后的基础设施还影响企业出口的技术复杂度，如果假定产品的技术水平不变，基础设施水平高的地区能够生产技术复杂度较高的产品（盛丹，2011）。换言之，基础设施水平低的地区只能生产技术复杂度低的产品，在基础设施落后、出口技术复杂度的地区对技术创新能力的影响不昂著。

表 5—16　　　　西部地区基础设施、出口技术复杂度对中国技术
创新能力的实证结果

	交通		邮政		能源
	公路	铁路	营业网点	邮路长度	电力消耗
infra * lnexpy	- 0.0602 ** (-2.01)	- 3.054 * (-1.88)	- 14.04 ** (-2.20)	0.148 (0.91)	0.166 (1.53)
human	1.905 *** (4.82)	1.364 *** (4.83)	1.710 *** (5.32)	1.161 *** (3.29)	1.123 *** (3.53)
gov	2.074 (0.99)	3.309 (1.62)	2.235 (1.09)	3.701 (1.61)	3.053 (1.48)
fdi	- 16.19 ** (-2.71)	- 16.79 *** (-2.78)	- 15.46 ** (-2.59)	- 19.86 *** (-3.18)	- 15.46 ** (-2.44)
exe	- 12.47 (-0.05)	33.22 (0.13)	- 50.81 (-0.20)	46.43 (0.18)	- 25.55 (-0.10)
C	- 8.719 *** (-2.93)	- 4.318 ** (-2.12)	- 6.307 *** (-2.90)	- 3.254 (-1.36)	- 2.658 (-1.15)
R2 (组内)	0.834	0.828	0.873	0.819	0.826
F (Chi 方)	35.04 (0.00)	33.76 (0.00)	35.95 (0.00)	31.62 (0.00)	33.26 (0.00)
F (ui =0)	57.80 *** (0.00)	87.97 *** (0.00)	46.95 *** (0.00)	50.73 *** (0.00)	111.96 *** (0.00)
Hausman	27.21 (0.00)	23.93 (0.00)	45.65 (0.00)	48.94 (0.00)	18.49 (0.00)
观测值	50	50	50	50	50

注：*** 、** 、* 分别表示在 1%、5%、10% 的水平上显著，括号内为回归系数的 t 值。

此外，人力资本禀赋在 1% 的统计水平上通过显著性检验，人力资本促进了西部地区的技术创新能力的提高，这可能的原因是：虽然该地区的人才层次不高，但是西部地区生产产品的技术复杂度比较低，科技人才能促进西部地区的技术创新能力的提高；政府支出对技术创新能力不显著，随着经济的快速发展和西部大开发的实施，国家逐步加大对西

部地区的支援力度，但是大规模的财政支出主要用于关乎民生和重要的基础设施建设，对高投入、高风险的技术创新活动的投入不足，从而导致了政府支出对技术创新能力的提高不显著；外商直接投资在 5% 的统计水平上通过显著性检验，但是外商投资的系数显著为负，外商直接投资显著抑制了该地区技术创新能力的提高，这可能的原因是：虽然外商直接投资在西部地区的投资数额较小，但是外商直接投资企业垄断核心技术和吸引科技人才的加入导致了西部地区企业的研发能力退步，从而使得外商直接投资对西部地区的技术创新能力产生抑制作用；出口竞争力对技术创新能力不显著，这可能的原因是：一方面，西部地区地处偏远地区，交通基础设施比较落后，这使出口贸易增加了机会成本，是导致西部地区竞争力比较弱的原因；另一方面，西部地区出口产品的技术复杂度比较低，导致了出口产品的竞争力比较弱，也直接反映了西部地区技术创新能力差的现实。

表 5—17　　　　西部地区基础设施、出口复杂度对中国技术创新
能力的实证分析结果

	通信				网络
	长途交换机	本地交换机	移动交换机	长途光缆	网络
infra * lnexpy	-0.151 (-0.62)	-0.420** (-2.12)	0.0291 (0.69)	0.00148 (0.04)	0.355 (0.94)
human	1.403*** (4.56)	0.915*** (2.40)	1.208*** (3.44)	1.341*** (4.47)	1.019** (2.26)
gov	3.112 (1.47)	2.964 (1.40)	2.587 (1.12)	3.207 (1.44)	3.442 (1.63)
fdi	-19.23*** (-3.10)	-17.30*** (-2.96)	-19.10*** (-3.10)	-18.54** (-2.67)	-18.53*** (-3.04)
exe	188.7 (0.54)	-252.3 (-0.89)	-36.37 (-0.13)	39.16 (0.14)	-124.3 (-0.40)
C	-4.727** (-2.14)	0.696 (0.23)	-3.066 (-1.11)	-4.295* (-2.00)	-1.589 (-0.45)
R2（组内）	0.816	0.836	0.817	0.815	0.819

续表

	通信				网络
	长途交换机	本地交换机	移动交换机	长途光缆	网络
F（Chi方）	31.14 (0.00)	35.59 (0.00)	31.24 (0.00)	30.73 (0.00)	31.68 (0.00)
F（ui=0）	86.88*** (0.00)	109.85*** (0.00)	62.64*** (0.00)	54.28*** (0.00)	72.83*** (0.00)
Hausman	18.56 (0.00)	36.63 (0.00)	47.70 (0.00)	10.39 (0.00)	40.81 (0.00)
观测值	50	50	50	50	30

注：***、**、*分别表示在1%、5%、10%的水平上显著，括号内为回归系数的t值。

（六）内生性问题

内生性问题是我们在实证分析过程中经常遇到的问题，因变量和解释变量的内生性可能会导致 OLS 回归结果的有偏性和非一致性。一般情况下内生性问题的出现可以归结为以下两点：一方面，变量之间可能会存在着相互影响、制约的关系。以本节所研究的问题为例：一个地区的基础设施水平会通过提高出口技术复杂度影响该地区的技术创新能力，但是基础设施与技术创新之间可能存在反向的因果关系。在出口贸易的过程中，出口厂商会在出口过程中获得国外先进技术溢出和吸收其管理经验，并通过产业关联效应提高自身和相关产业的技术水平和生产效率，进而促进该地区技术创新能力的提高，促进该地区的经济增长和经济水平的提高，也为基础设施的投资和建设提供强有力的资金支持，并进一步改善该地区的基础设施水平；另一方面，随着技术水平和生产率的提高，国家加大对自主技术创新力度的投入，以及当地民众和企业对高水平基础设施的需求使得政府加大财政支出力度，在一定程度上促进了基础设施的快速发展。因此，不仅基础设施水平的提高促进了技术创新，而且技术创新还可能对基础设施的发展产生作用，也就造成了二者之间有一定的内生性。另一产生内生性的问题是遗漏了重要的变量。

克服内生性问题，通常的解决办法是采用工具变量两阶段最小两乘法对模型回归，工具变量应同时满足两个必要条件：一个是工具变量要与内生变量之间存在较强的相关性；另一个是工具变量还必须满足外生性条件，这两个条件必须同时满足，缺一不可。那么，我们所考察问题变量的不显著性是不是由于变量之间的内生性造成的？我们在克服基础设施与技术创新之间的内生性后，其回归结果是不是发生改变？我们采用地形的平坦程度（flat）和海外市场接近度（fma）作为基础设施的工具变量，利用工具变量两阶段最小二乘法，对实证模型进行了重新回归，回归结果如表 5—18 和表 5—19 所示。为了考察工具变量的有效性，我们对工具变量进行了弱识别和过度识别检验，并相应给出了 Sargan 统计量和 Kleibergen-Paap 秩 Wald F 统计量，同时，为了检验工具变量与内生变量之间的相关性，我们在实证结果中给出了第一阶段的 F 统计值，从表 5—18 和表 5—19 的检验结果可以看出：

（1）从回归结果来看，第一阶段的 F 值均在 10 以上，根据斯托克、怀特和尤格（Stock，Wright and Yogo，2002）的研究，使用两阶段最小二乘法进行回归时，第一阶段的 F 值在 10 以上就说明工具变量和内生变量有较强的相关性，而且第一阶段的 $PartialR^2$ 都达到了 0.5 以上，这些统计量表明了地形平坦程度和海外市场接近度与基础设施之间具有很强的相关性。

（2）从工具变量的检验结果来看：我们可以在 1% 的显著水平上拒绝工具变量的弱识别和过度检验的原假设，并且过度识别的 Sargan 统计量的伴随概率都在 0.1 以上，即我们无法在 10% 的显著水平上拒绝工具变量是过度识别的原假设。因此，我们不仅认为工具变量与内生变量相关，而且工具变量也是外生的，满足工具变量的要求；对工具变量的弱识别检验结果（Kleibergeb-Paap Wald F statistic）表明，我们在 1% 的水平上拒绝了工具变量弱识别的假设，这也充分表明了工具变量是可靠的和可信的。

（3）把表 5—14、表 5—15 与表 5—18、表 5—19 对比可知，基础设施与出口技术复杂度交叉项的回归系数和显著性比以前都有了不同程度的提高，这也充分说明了本节的结论是比较稳健的，回归结果的显著性也表明了基础设施的内生性使得最小二乘的估计产生了有偏性，也就是低估了基础设施与出口技术复杂度的协同作用对技术创新能力的影响。

表 5—18　　　　　东部地区工具变量两阶段最小二乘法回归结果（1）

	交通		邮政		能源
	公路	铁路	营业网点	邮路长度	电力消耗
infra * lnexpy	0.0300 *** (2.63)	2.531 *** (3.73)	0.152 * (1.93)	0.00267 * (1.85)	0.146 *** (3.37)
human	0.997 *** (5.34)	1.417 ** (1.97)	1.008 *** (7.78)	1.137 *** (6.20)	1.118 *** (5.88)
gov	-13.05 *** (-6.14)	-12.18 *** (-4.98)	-11.22 *** (-4.31)	-9.574 *** (-3.08)	-12.69 *** (-5.69)
fdi	-11.89 ** (-2.51)	-12.42 ** (-2.57)	-12.33 *** (-2.60)	-13.60 *** (-2.89)	-11.19 ** (-2.37)
exe	143.5 *** (6.41)	133.0 *** (10.82)	143.4 *** (9.30)	149.2 *** (8.99)	153.6 *** (7.50)
C	1.482 (0.95)	-2.264 (-0.36)	0.990 (0.72)	-0.410 (-0.21)	0.359 (0.21)
Sargan statistic	0.6179 (0.432)	0.0548 (0.815)	0.186 (0.666)	0.548 (0.459)	0.161 (0.689)
Kleibergeb-Paap Wald F statistic	337.18 (0.00)	332.02 (0.00)	389.12 (0.00)	226.84 (0.00)	296.15 (0.00)
Kleibergeb-Paap rk LM statistic	276.45 (0.00)	267.60 (0.00)	341.09 (0.00)	180.46 (0.00)	216.31 (0.00)
第一阶段 R2	0.643	0.655	0.553	0.686	0.898
第一阶段 F 值	23.18	34.04	35.96	69.85	45.81
第二阶段 R2	0.741	0.724	0.657	0.676	0.799
观测值	55	55	55	55	55

注：***、**、* 分别表示在1%、5%、10%的水平上显著，括号内为回归系数的 t 值。

同时回归结果表明：邮政基础设施由之前的不显著变为在10%的水平上显著，这表明了之前的回归结果不是很准确，忽略了基础设施内生性的问题导致低估了以前的回归结果，这也充分说明了地形的平坦程度和海外市场接近度能够有效地解决模型的内生性问题，使得该回归结果具有较强的可信度。

表 5—19 　　　东部地区工具变量两阶段最小二乘法回归结果（2）

	通信				网络
	长途交换机	本地交换机	移动交换机	长途光缆	网络
infra * lnexpy	0.290 *** (3.41)	0.187 *** (2.08)	0.0629 *** (3.23)	0.416 *** (0334)	0.597 *** (4.04)
human	1.142 *** (5.80)	1.293 *** (3.39)	1.134 *** (5.14)	0.891 *** (8.99)	1.234 *** (3.52)
gov	-10.40 *** (-3.71)	-12.24 *** (-4.93)	-11.06 *** (-3.81)	-13.91 *** (-4.46)	-8.485 (-3.58)
fdi	-10.90 ** (-2.52)	-9.291 * (-1.77)	-13.38 ** (-2.47)	-10.27 ** (-2.04)	-15.76 ** (-2.00)
exe	167.7 *** (5.97)	171.4 *** (4.39)	161.0 *** (5.88)	135.4 *** (8.35)	169.9 *** (4.19)
C	-0.252 (-0.13)	-1.088 (-0.33)	0.0957 (0.05)	2.495 ** (2.05)	-1.229 (-0.34)
Sargan statistic	0.453 (0.501)	0.648 (0.321)	0.246 (0.619)	1.896 (0.268)	0.096 (0.922)
Kleibergeb-Paap Wald F statistic	386.52 (0.00)	304.59 (0.00)	309.33 (0.00)	292.23 (0.00)	294.96 (0.00)
Kleibergeb-Paap rk LM statistic	299.43 (0.00)	285.29 (0.00)	276.12 (0.00)	241.20 (0.00)	203.27 (0.00)
第一阶段 R2	0.893	0.885	0.728	0.554	0.529
第一阶段 F 值	25.31	30.06	19.43	19.21	11.38
第二阶段 R2	0.832	0.775	0.769	0.815	0.627
观测值	55	55	55	55	33

注：*** 、** 、* 分别表示在 1%、5%、10% 的水平上显著，括号内为回归系数的 t 值。

　　其他变量的回归结果也有不同程度的变化，其中外商直接投资的回归系数由之前的不显著变成了在 1% 的统计水平上通过显著性检验，外商直接投资显著抑制了中国的技术创新能力的提高，外商投资企业对中国的核心技术垄断以及中国知识产权保护力度的加强，使得外商企业对中国技术溢出效应非常有限，因此我们必须提高自己的自主创新能力。政府支出由以前的正显著性变为负显著性，这可能是政府支出导致了资本过度深化使得资本报酬递减，再有政府支出投资使得资本过度扭曲和降低资本的投资效率。

从表 5—20 和表 5—21 可以看出：

（1）从回归结果来看，第一阶段的 F 值均在 10 以上，根据斯托克、怀特和尤格（Stock，Wright and Yogo，2002）的研究，使用两阶段最小二乘法进行回归时，第一阶段的 F 值在 10 以上就说明了工具变量和内生变量有较强的相关性，而且第一阶段的 PartialR^2 都达到了 0.3 以上，这些统计量表明了地形平坦程度和海外市场接近度与基础设施之间具有很强的相关性。

表 5—20 西部地区工具变量两阶段最小二乘法回归结果（1）

	交通		邮政		能源
	公路	铁路	营业网点	邮路长度	电力消耗
infra * lnexpy	-0.582*** (-3.56)	-22.15* (-1.92)	-0.316*** (-3.34)	-0.714*** (-3.97)	-1.094*** (-3.10)
human	0.459* (1.85)	-0.0336 (-0.21)	1.235*** (2.72)	0.673** (2.56)	0.224 (0.96)
gov	-0.443 (-0.13)	0.172 (0.03)	12.79 (1.63)	9.663 (1.54)	-0.794 (-0.20)
fdi	-52.21*** (-2.82)	-23.69* (-1.73)	-93.52*** (-3.33)	-69.81*** (-3.58)	2.716 (0.17)
exe	1089.5 (1.57)	1029.5 (1.35)	780.6 (1.19)	1049.8 (1.23)	816.8 (0.99)
C	2.515 (0.87)	5.984** (2.00)	-6.990 (-1.25)	-1.844 (-0.52)	7.535*** (3.61)

续表

	交通		邮政		能源
	公路	铁路	营业网点	邮路长度	电力消耗
Sargan statistic	0.7983 (0.372)	0.6842 (0.315)	0.879 (0.304)	0.455 (0.312)	0.700 (0.403)
Kleibergeb-Paap Wald F statistic	90.01 (0.00)	80.34 (0.00)	83.17 (0.00)	71.20 (0.00)	30.20 (0.00)
Kleibergeb-Paap rk LM statistic	70.92 (0.00)	64.17 (0.00)	60.95 (0.00)	65.83 (0.00)	20.98 (0.00)
第一阶段 R2	0.352	0.423	0.688	0.619	0.549
第一阶段 F 值	13.22	11.94	12.26	13.88	16.41
第二阶段 R2	0.359	0.581	0.521	0.526	0.163
观测值	50	50	50	50	50

注：＊＊＊、＊＊、＊ 分别表示在1%、5%、10%的水平上显著，括号内为回归系数的 t 值。

（2）从工具变量的检验结果表明：我们可以在1%的显著水平上拒绝工具变量的弱识别和过度检验的原假设，并且过度识别的 Sargan 统计量的伴随概率都在0.1以上，即我们无法在10%的显著水平上拒绝工具变量是过度识别的原假设。因此，我们不仅认为工具变量与内生变量相关，而且工具变量也是外生的，满足工具变量的要求；对工具变量的弱识别检验结果（Kleibergeb-Paap Wald F statistic）表明，我们在1%的水平上拒绝了工具变量弱识别的假设，这也充分表明了工具变量是可靠的和可信的。

表 5—21　　西部地区工具变量两阶段最小二乘法回归结果（2）

	通信				网络
	长途交换机	本地交换机	移动交换机	长途光缆	网络
infra * lnexpy	−4.949＊＊＊ (−3.65)	−1.572＊ (−1.95)	1.550 (1.15)	−0.709＊＊＊ (−2.88)	0.750 (0.32)

续表

	通信				网络
	长途交换机	本地交换机	移动交换机	长途光缆	网络
human	0.297 (1.46)	0.00509 (0.02)	-0.656 (-1.28)	1.288** (2.31)	-0.219* (-1.66)
gov	1.050 (0.29)	-14.67*** (-3.47)	-20.58* (-1.89)	-28.91** (-2.12)	-10.07*** (-3.73)
fdi	17.55 (1.21)	11.87 (0.56)	-52.39 (-1.11)	41.24 (1.58)	-10.90 (-0.86)
exe	5760.8 (1.45)	3660.3 (1.22)	-4556.0 (-0.79)	1775.5 (1.60)	1565.3 (1.32)
C	6.607*** (3.53)	13.41*** (5.81)	15.01*** (3.36)	-6.139 (-0.97)	11.48*** (8.36)
Sargan statistic	0.691 (0.410)	0.672 (0.455)	0.795 (0.357)	0.919 (0.762)	0.616 (0.437)
Kleibergeb-Paap Wald F statistic	89.80 (0.00)	28.98 (0.00)	16.57 (0.00)	36.85 (0.00)	119.40 (0.00)
Kleibergeb-Paap rk LM statistic	53.12 (0.00)	24.65 (0.00)	14.57 (0.00)	28.42 (0.00)	87.49 (0.00)
第一阶段 R2	0.732	0.536	0.546	0.759	0.351
第一阶段 F 值	18.31	15.03	11.28	22.52	11.58
第二阶段 R2	0.461	0.625	0.493	0.689	0.521
观测值	50	50	50	50	30

注：***、**、*分别表示在1%、5%、10%的水平上显著，括号内为回归系数的 t 值。

（3）把表5—16、表5—17与表5—20、表5—21对比可知，基础设施与出口技术复杂度的交叉项的回归系数的显著性比以前都有了不同程度的提高，这也充分说明了本节的结论是比较稳健的，回归结果的显著性也表明了基础设施的内生性使得最小二乘的估计产生了有偏性，也就是低估了基础设施与出口技术复杂度的协同作用对技术创新能力的影响。

同时回归结果表明：邮路长度、电力、长途交换机和长途光缆基础设施由之前的不显著变为在 1% 的水平上显著，这表明之前的回归结果不是很准确，忽略基础设施内生性的问题导致低估了以前的回归结果，这也充分说明了地形的平坦程度和海外市场接近度能够有效地解决模型的内生性问题，使得该回归结果更具有较强的稳健性。其他变量的回归结果也有不同程度的变化，其中外商直接投资的回归系数由之前的不显著变成了在 1% 的统计水平上通过显著性检验，外商直接投资显著抑制了中国的技术创新能力的提高，外商投资企业对中国的核心技术垄断以及中国知识产权保护力度的加强，使得外商企业对中国技术溢出效应非常有限。政府支出有以前的正显著性变为负显著性，这可能是政府支出导致了资本过度深化使得资本报酬递减，再有政府支出投资使得资本过度扭曲并降低资本的投资效率。

三　结论

自从 1992 年以来，中国的出口贸易额和出口贸易结构发生了显著的变化，机电、高新技术产品等资本密集型产品出口迅速增长，所占份额迅速上升，到 2003 年资本密集型产品的出口首次超过劳动密集型产品的出口（魏峰，沈坤荣，2009），但已有研究主要侧重于对中国出口贸易反向溢出效应对中国技术创新能力的影响，很少有文献从基础设施影响出口贸易结构的角度深入探讨对技术创新能力的影响，我们利用 2001—2008 年 29 各省区的数据，采用多个指标度量基础设施，发现基础设施水平的提高对各地区技术创新能力有着显著的促进作用。这不仅体现在基础设施对各地区贸易总量的促进作用上，更为重要的是，基础设施水平的改善能够促进出口结构的改善和提升地区创新能力。同时我们还发现，在利用两阶段工具变量法克服基础设施的内生性后，人力资本禀赋和出口竞争力对地区的技术创新能力有很强的解释力。另外，政府支出和外商直接投资对地区技术创新能力有显著的负影响。

本节采用 2004—2008 年中国 17 个行业的数据，按豪斯曼（Hausmann et al, 2007）的方法估算了分地区的出口技术复杂度，考察了地区基础设施对技术创新能力的促进作用，并着重分析了基础设施对出口技术复杂度高的地区技术创新能力的影响效应。本节回归结果表明，基础设施水平高，出口技术复杂度高的地区更能促进技术创新能力的提高，从而地区基础设施水平的提高有助于促进出口技术复杂度高的地区技术创新能力的提升。在解决了基础设施的内生性问题后，上述结论仍然成立，这也充分说明了地区基础设施对地区技术创新能力的影响是显著和稳健的。结论同时表明：人力资本禀赋、出口竞争力对技术创新能力的提高起到了显著的促进作用，但是政府支出、外商直接投资抑制了中国技术创新能力的提高。

第六章

基础设施对中国技术创新
能力的影响效应

——基于行业层面的研究

　　基础设施对技术创新的影响，不仅表现在基础设施水平的改善能集聚科技人才和能促进政府加大财政投入，还包括能减少企业的运输成本、融资成本和信息成本。本章首先从行业融资依赖的层面考察基础设施与技术创新的关系，再从行业出口贸易和出口技术复杂度的角度，进一步考察二者之间的关系。

　　本章的结构安排如下：在第一节主要考察基础设施、行业融资依赖与技术创新之间的关系，并验证基础设施与技术创新之间的相关性；在第二节，考察基础设施、行业出口贸易与地区技术创新之间的关系；第三节，考察基础设施、行业出口技术复杂度与地区技术创新的关系。

第一节　基础设施对中国技术创新
能力的影响效应
——基于融资依赖的角度

　　从中国的企业资金供给情况看，信贷资源一般都集中于国有四大银行，导致了中国金融资源的供给的有偏性。一部分学者（Huang，2003；Bai，2006；胡立法，2008）认为，中国金融体系特殊的制度安排，并不是以预期的获利能力为标准，而是以金融资源配置的政治性主从次序和利率管制为主，导致了中国金融资源存在人为因素的扭曲。特别是在金融危机时，银行收缩信贷规模，中小型企业首先受到冲击，面对这样的融资背景下，基础设施的作用尤其重要，虽然中国的基础设施水平有了显著的提高，但是区域基础设施的发展仍然不平衡，沿海地区的基础设施水平显著高于内陆地区。同时，由于政策导向和行业发展水平的差异，各个行业的融资依赖程度存在明显的差异，那么，基础设施的差异能否在企业融资环节影响企业的技术创新能力的提高，特别是对融资依赖性较强的高新技术产业，与其他行业相比，外部依赖性较强的行业在基础设施水平较高的地区对技术创新能力的影响是否较高，本节主要对该问题进行解答。

本节使用 2008 年分省份分行业的相关数据，对基础设施与地区技术创新能力的关系进行了经验分析，本节还细分各基础设施的变量并考察其影响。本节的结构如下：（1）节对基础设施与技术创新能力进行初步的经验观察；（2）建立实证模型及其对变量的度量和数据的来源给予说明；（3）给出实证结果，并分析结果及其给出主要结论；（4）对本部分的结果进行总结。

一　经验观察

我们用 2008 年中国各省区的基础设施数据和高融资依赖行业技术创新的数据，得到了图 6—1，该图表明了地区基础设施与高融资依赖行业技术创新之间的散点图，从图 6—1 可以看出，除内蒙古、青海外，其余的各省份都分布在趋势线的两侧，同时，趋势线较为陡峭并与水平线存在明显差异。这表明，在没有考虑其他因素的前提下，二者之间存在明显的正向关系，从拟合曲线的趋势来看，省区基础设施水平越高，高融资依赖行业的技术创新能力越高，此外，从具体每个省份而言，天津和山东这两个省市基础设施水平比较高，他们的高融资依赖行业技术创新的能力也较强。对于融资依赖性较强的高新技术产业，我们用《高新技术产业年鉴》中五个行业中企业资金以外的资金筹集额占本年度科技经费筹集额的比重进行度量。

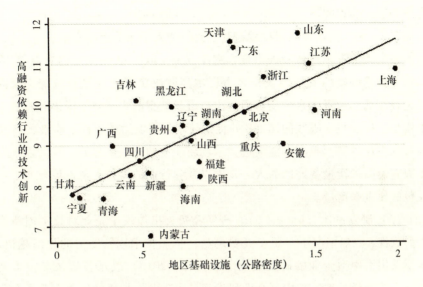

图 6—1　2008 年地区基础设施与高融资依赖行业的技术创新能力

二　计量模型与数据说明

一个行业的技术创新能力不仅取决于该地区的基础设施水平，而且与该行业的融资依赖程度密切联系，也就是说具有地区和行业两个维度，我们在模型中引入基础设施与外部融资依赖的交叉项，如果对技术创新的估计系数为正，则表明了基础设施水平高的地区外部融资依赖高的行业能促进技术创新水平的提高，该方法最早源于拉詹和津加莱斯（Rajan and Zingales，1998）的研究论文，该文在计量模型中引入了行业特征和国家特征的交叉项，研究了跨国金融发展差异对产业增长的影响，认为一国金融发展程度越高，则依靠外部融资的产业越能够在该国获得相对较快的发展，本节采用该方法有助于理解基础设施、外部融资依赖和技术创新之间的关系，我们采用以下计量模型：

$$lnpz_{ik} = \alpha_i + \alpha_k + \beta infra_i \times fd_k + \gamma control_{ik} + \varepsilon_{ik} \tag{6.1}$$

其中，i 和 k 表示地区和行业，其中 pz 表示技术创新，本节用专利申请量（发明、实用新型和外观设计三项专利申请受理数之和）作为技术创新产出的代理变量；$infra$ 为基础设施变量，其中包括交通、邮政、能源、通信和网络基础设施；fd 为各行业的融资依赖度；$control$ 表示控制变量，包括人力资本禀赋和人力资本密度、政府支出、外商直接投资和出口竞争力；ε_{it} 为误差项。

（一）为考察估计结果的稳健性，我们加入了如下控制变量：

（1）人力资本禀赋和人力资本密度（he * hi）。人是知识的有效载体，知识是技术创新的关键因素，人力资本禀赋决定了企业创新的能力。同时，较高的人力资本水平能够通过出口贸易获得的水平技术溢出和垂直技术溢出，提高技术吸收的速度，并促进技术创新能力的提高。企业的科技人员的占比越高，越有可能促进技术创新能力的进一步提升，我们以平均受教育年限来衡量各地区的人力资本以及各行业的科技人员占该行业平均人数的比重来衡量。

（2）研发占比（hrd * drd）。研发经费支出体现了企业对技术创新能力的重视，一般情况下，研发经费越高，企业技术创新能力的提高越快；本节采用大中型企业的研发强度（张海洋，2010）表示各地区对技术创新能力的衡量，地区大中型企业研发经费占工业增加值的比重表明了企业技术创新对企业增加值的贡献，企业技术创新能力越强，越能提高企业的增加值，我们用行业研发占行业科技经费内部支出的比重和地区大中型企业研发经费占工业增加值的比重来衡量。

（3）科技经费占比（hkeji * dkeji）。科技经费支出是技术创新能力提升的关键，只有加大科技经费支出的力度才能促进技术创新；中国正处于关键的转型时期，经济制度和政府干预因素对各地区创新能力的提升具有特殊意义和重要解释力，我们用政府科技经费支出除以 GDP 来衡量地区的科技经费占比，行业的技术引进费与技术消化吸收费之和除以行业的科技经费支出来衡量行业科技经费占比。

（4）出口竞争力（hex * dex）。由于地区出口贸易额和地区出口竞争力之间的内在联系非常紧密，如果地区的出口竞争力较强，那么对该地区的技术创新能力有激励作用，我们用地区出口额和世界出口额的比重衡量地区的出口竞争力，以及行业的出口额除以国内的总出口的比重衡量行业的出口竞争力。

（二）数据说明

表 6—1　基础设施与融资依赖的协同效应对技术创新能力的实证结果

	交通		邮政		能源
	公路	铁路	营业网点	邮路长度	电力消耗
infra * fd	1.670 ** (2.23)	38.88 * (1.70)	0.0496 (0.01)	0.0295 (0.50)	1.686 *** (2.74)
hi * he	0.558 *** (2.54)	0.650 *** (3.05)	0.715 *** (3.37)	0.713 *** (3.37)	0.672 *** (3.07)
hrd * drd	10.83 *** (4.11)	10.40 *** (3.86)	11.29 *** (4.15)	10.98 *** (4.02)	11.00 *** (4.08)
dex * hex	702.7 *** (6.65)	710.0 *** (6.65)	696.2 *** (6.48)	696.1 *** (6.48)	697.5 *** (6.50)
hkeji * dkeji	7.398 (1.03)	7.494 (1.03)	8.294 (1.13)	8.284 (1.13)	7.628 (1.03)
C	1.766 *** (7.92)	1.812 *** (8.15)	1.897 *** (8.65)	1.887 *** (8.59)	1.857 *** (8.25)
R2（组内）	0.3999	0.3912	0.3785	0.3796	0.3809
F（Chi 方）	18.66 (0.00)	17.99 (0.00)	17.05 (0.00)	17.14 (0.00)	17.23 (0.00)
F（ui = 0）	12.25 *** (0.00)	11.74 *** (0.00)	10.84 (0.00)	10.96 (0.00)	11.06 (0.00)
Hausman	87.78 (0.00)	82.43 (0.00)	75.35 (0.00)	76.80 (0.00)	76.24 (0.00)
观测值	150	150	150	150	150

注：***、**、* 分别表示在1%、5%、10%的水平上显著，括号内为 t 值。

　　本节使用的 2008 年除西藏以外全国 30 个省区 5 个行业的出口交货值，包括医药制造业、航空航天制造业、电子通信制造业、电子办公用品制造业和医疗仪器制造业，均来自于《中国统计年鉴》、《中国科技统计年鉴》、《中国高新技术产业统计年鉴》、《中国经济贸易统计年鉴》、

COMTRADE 数据库。

（三）初步回归结果

我们运用 2008 年中国 30 个省市 5 个高科技行业的专利申请数据和行业融资度数据，对本节的理论假说进行了实证检验，具体结果如表 6—1 和表 6—2 所示，表 6—1 和表 6—2 验证了不同的基础设施（交通、邮政、能源、网络、通信）对地区技术创新能力的估计结果。考虑到各地区和各行业的异质性，我们采用固定效应方法进行估计。

从表 6—1 和表 6—2 的回归结果可以看出：地区基础设施与行业融资依赖的交互项的系数都为正，除了邮政营业网点密度和邮政线路密度不显著外，其余各项 10% 的统计水平上显著，其中电力基础设施在 1% 的水平上显著，公路、长途交换机、长途光缆和网络在 5% 的统计水平上通过显著性检验，这表明了基础设施水平高的地区在融资依赖性较强的行业，更能促进技术创新能力的提高。基础设施水平的提高可以为融资依赖性强的行业节约生产成本和流通环节成本，减少企业对外部资金的依赖并适当降低贷款的规模；此外，企业在贷款过程中，基础设施水平高的地区的抵押资产能及时、方便地变现，从而可以很容易地获得银行的贷款。因此，在基础设施水平高的地区以及融资依赖性强的行业能便捷地获得技术创新所需的资金，从而能促进技术创新能力的提升。

结果同时表明，人力资本禀赋和人力资本密度的交互项的回归系数为正，并且通过 1% 水平的显著性检验，尤其是高科技行业的技术创新对人才的需求显得尤为迫切，这与传统的比较优势理论是基本一致的，黄玖立、冼国明（2009）的研究也表明，人力资本密集型行业在人力资本禀赋发达的地区的发展较快，从而能促进技术创新能力的发展。

研发占比的回归系数都为正，并且在 1% 统计水平上显著，行业的研发投入和地区研发投入的交叉项促进了中国技术创新能力的提高，这表明了研发投入是提高技术创新能力的动力和源泉，这一结论与经济增长理论的结论是基本一致的，何艳伟（2011）的研究也证实了研发资本对技术创新绩效的贡献率要高于研发人员。行业出口竞争力和地区出口竞争力交叉项的回归系数为正，并且在 1% 的统计水平上显著，出口贸易作为技术创新的关键因素之一，它可以使企业进入竞争更为激烈的国际舞台，还能鼓励各国企业追求新的、与众不同的管理经验和先进技术；此外，出口贸易不仅具有技术传递效应、示范效应，而且相对于进口贸易，出口贸易还具有比较显著的干中学效应、竞争效应与产业关联效应，出口部门通过与国内企业的产业关联作用、国际市场竞争压力的传递效应，对国内技术创新的影响要更为深远（许和连、栾永玉，2005）。

表6—2　基础设施与融资依赖的协同效应对技术创新能力的实证结果

	通信				网络
	长途交换机	本地交换机	移动交换机	长途光缆	网络
infra * fd	5.112** (3.19)	2.750* (1.78)	1.185* (1.67)	0.244** (3.23)	6.155** (4.22)
hi * he	0.656*** (3.04)	0.615*** (2.84)	0.617*** (2.84)	0.697*** (3.08)	0.672*** (3.15)
hrd * drd	10.77*** (4.00)	10.60*** (3.97)	10.57*** (3.95)	11.33*** (4.23)	10.61*** (3.91)
dex * hex	694.7*** (6.49)	697.2*** (6.56)	702.0*** (6.59)	698.4*** (6.47)	695.8*** (6.51)
hkeji * dkeji	8.055 (1.10)	7.184 (0.99)	7.408 (1.02)	8.157 (1.11)	7.878 (1.08)
C	1.832*** (8.16)	1.796*** (8.02)	1.800*** (8.02)	1.884*** (8.36)	1.842*** (8.29)
R2（组内）	0.3847	0.3923	0.3906	0.3788	0.3850
F（Chi方）	17.51 (0.00)	18.08 (0.00)	17.95 (0.00)	17.07 (0.00)	17.53 (0.00)
F（ui=0）	11.27 (0.00)	11.75 (0.00)	11.64 (0.00)	10.90 (0.00)	11.32 (0.00)
Hausman	79.75 (0.00)	83.72 (0.00)	82.78 (0.00)	76.34 (0.00)	79.46 (0.00)
观测值	150	150	150	150	150

注：本节使用Stata10.0计算，F检验括弧中均为P值；F（ui=0）为固定效应模型中个体异质性检验，***、**、*分别表示在1%、5%、10%的水平上显著，括号内为t值。

行业经费支出占比和政府科技经费支出占比交叉项（hkeji *
dkeji）的回归系数为正，但从总体上并不显著。这表明了技术引进费
和技术吸收费对中国技术创新能力的提高作用有限，这可能与中国偏
向于引进高技术和先进的管理经验有关，其实与中国的技术有相当的
差距，对于技术的吸收能力相对偏弱，从而制约了中国技术创新能力
的提高。

（四）内生性处理及工具变量的两阶段最小二乘法估计结果

很多学者关注基础设施内生性问题（Kamps，2005；Canning and Pe-
droni，2008），基础设施水平的改善能够影响高新技术行业的技术创新，
但是也可能存在反向促进作用，也就是随着技术创新能力的提高，各行业
的生产效率和竞争能力得到了提升，从而能加快经济的发展。经济的快速
发展为基础设施的改善提供了强有力的资金支持，也提高了民众和企业对
高水平基础设施的需求，从而使得政府加大财政支出力度，在一定程度上
是技术创新促进了基础设施的快速发展。因此，不仅基础设施水平的改善
能促进技术创新能力的提升，而且技术创新还可能对基础设施的发展产生
作用，也就造成了二者有一定的内生性。

我们采用黄玖立和李坤望（2006）的方法，取各省市省会城市到
海岸线距离的倒数（乘 100）为国外市场接近度，其中沿海省份到海岸
线距离为其内部距离（D_{mm}），非沿海省份到海岸线的距离为其到最近
的沿海省区的距离（D_{mj}）加上该沿海省区的内部距离（D_{mm}）。因
此，可以表述如下：假设 C 为沿海省份集合，则地区 m 的海外市场接近
度可表示为：

$$fma_m = \begin{cases} 100/D_{mm}, m \in C \\ 100/(\min D_{mj} + D_{mm}), m \notin C, j \in C \end{cases} \tag{6.2}$$

其中，D_{mm} 的计算公式为 $D_{mm} = (2/3)(S_m/\pi)^{1/2}$，（Redding and Ven-
ables，2004），

S_m 为地区 m 的面积。

选用这两个与基础设施相关的变量作为工具变量的原因主要体现在
以下两点：（1）一个地区的地形状况对基础设施的建设和使用起着重要
的作用，在地形状况很恶劣的地区，进行基础设施建设的成本很高，并

且对基础设施维护的成本也比较高，何况该地区的人口稀少，更加重了基础设施的使用成本。另外，相对于建设的成本来说，基础设施的维护和管理成本更高，而且加大了长期维护的难度，因此我们认为，地形的平坦程度与地区的基础设施有较强的相关性。（2）从中国的地形特征来看，西部地区多是高山、丘陵和沙漠，东部地区地势较为平坦，这就形成了"西高东低"的地势，这样的现实条件造成了西部地区的基础设施落后，同时也为东部地区的基础设施水平较高提供了良好的自然条件。另外，沿海地区可以凭借独特的地理优势加大同外界的交流力度，为基础设施的建设和发展创造便利的条件，这就形成了沿海地区在基础设施建设方面的先天条件，不仅基础设施的水平高而且其建设和维护的成本都比较低。因此，距离海岸线的远近与该地区的基础设施建设存在着密切的联系。

工具变量的有效性还有待于检验，好的工具变量不仅与内生变量之间存在相关性，而且工具变量本身还必须满足外生性条件，我们运用工具变量两阶段最小二乘法，对实证模型进行了重新回归，回归结果如表 6—3 和表 6—4 所示。为了考察工具变量的有效性，我们对工具变量进行了弱识别、过度识别检验和识别不足检验，并相应给出了 Sargan 统计量、Kleibergen-Paap 秩 Wald F 统计量和 Kleibergen-Paap 秩 rk LM 统计量，从表 6—3 和表 6—4 的检验结果可以看出：

表 6—3　　　　　　　　　工具变量的 2SLS 的回归结果（1）

	交通		邮政		能源
	公路	铁路	营业网点	邮路长度	电力消耗
infra * fd	0.127 ** (3.13)	29.76 *** (2.87)	11.10 * (1.75)	0.191 * (2.87)	2.697 *** (4.86)
hi * he	0.657 *** (2.73)	0.575 ** (2.47)	0.576 ** (2.36)	0.585 ** (2.48)	0.560 ** (2.33)
hrd * drd	7.853 *** (2.76)	7.147 ** (2.44)	6.322 * (1.79)	6.040 * (1.70)	7.368 ** (2.55)
dex * hex	695.4 *** (5.86)	708.1 *** (5.93)	694.4 *** (5.67)	699.2 *** (5.74)	699.5 *** (5.87)

续表

	交通		邮政		能源
	公路	铁路	营业网点	邮路长度	电力消耗
hkeji * dkeji	19.62** (2.52)	19.35** (2.49)	19.82** (2.47)	20.04** (2.50)	18.85** (2.40)
C	1.924*** (7.74)	1.860*** (7.53)	1.889*** (7.59)	1.872*** (7.49)	1.858*** (7.47)
Sargan statistic	0.0553 (0.8141)	0.0374 (0.8466)	0.1758 (0.6750)	0.0198 (0.9645)	0.0536 (0.8170)
Kleibergeb-Paap Wald F statistic	122.82 (0.00)	122.71 (0.00)	126.59 (0.00)	126.44 (0.00)	126.22 (0.00)
Kleibergeb-Paap rk LM statistic	62.45 (0.00)	62.08 (0.00)	58.02 (0.00)	58.81 (0.00)	61.59 (0.00)
第一阶段偏 R^2	0.7978	0.5227	0.7460	0.8831	0.6275
第一阶段 F 值	282.111	78.307	76.421	69.280	120.431
第二阶段 R^2	0.3027	0.2984	0.3511	0.2591	0.2930
地区固定效应	是	是	是	是	是
行业固定效应	是	是	是	是	是
观测值	150	150	150	150	150

注：***、**、* 分别表示在1%、5%、10%的水平上显著，括号内为 t 值。

（1）从回归结果来看，第一阶段的 F 值均在 10 以上，根据斯托克，怀特和尤格（Stock，Wright and Yogo，2002）的研究，使用两阶段最小二乘法进行回归时，第一阶段的 F 值在 10 以上就说明了工具变量和内生变量有较强的相关性，而且第一阶段的 $PartialR^2$ 都达到了 0.5 以上，这些统计量表明了地形平坦程度和海外市场接近度与基础设施之间具有很强的相关性。

表6—4　　　　　　　　　　工具变量的 2SLS 的回归结果（2）

	通信				网络
	长途交换机	本地交换机	移动交换机	长途光缆	网络
infra * fd	5.584 *** (3.89)	1.767 *** (2.89)	0.809 ** (1.88)	1.132 *** (2.82)	7.328 *** (4.88)
hi * he	0.560 ** (2.34)	0.562 ** (2.37)	0.560 ** (2.35)	0.553 ** (2.25)	0.570 ** (2.42)
hrd * drd	7.322 ** (2.54)	7.401 *** (2.59)	7.349 ** (2.56)	8.037 *** (2.82)	7.066 ** (2.39)
dex * hex	696.0 *** (5.87)	698.1 *** (5.90)	701.4 *** (5.92)	706.6 *** (5.91)	697.5 *** (5.87)
hkeji * dkeji	19.59 ** (2.52)	19.20 ** (2.47)	19.29 ** (2.48)	19.08 ** (2.44)	19.46 ** (2.50)
C	1.854 *** (7.47)	1.858 *** (7.54)	1.857 *** (7.51)	1.859 *** (7.47)	1.861 *** (7.54)
Sargan statistic	0.0104 (0.9187)	0.0131 (0.9089)	0.0155 (0.9008)	0.1239 (0.7248)	00.0133 (0.9082)
Kleibergeb-Paap Wald F statistic	124.80 (0.00)	126.24 (0.00)	123.31 (0.00)	121.42 (0.00)	126.33 (0.00)
Kleibergeb-Paap rk LM statistic	62.05 (0.00)	62.34 (0.00)	62.29 (0.00)	61.61 (0.00)	61.83 (0.00)
第一阶段偏 R^2	0.5459	0.7051	0.7107	0.7094	0.5337
第一阶段 F 值	85.965	170.976	175.678	174.575	84.756
第二阶段 R^2	0.2978	0.3011	0.3005	0.2940	0.2953
地区固定效应	是	是	是	是	是
行业固定效应	是	是	是	是	是
观测值	150	150	150	150	150

注：*** 、** 、* 分别表示在1%、5%、10%的水平上显著，括号内为 t 值。

（2）从工具变量的检验结果来看，我们可以在 1% 的显著水平上拒绝工具变量的弱识别、过度检验和识别不足的原假设，并且过度识别的 Sargan 统计量的伴随概率都在 0.1 以上，即我们无法在 10% 的显著水平上拒绝工具变量是过度识别的原假设。因此，我们不仅认为工具变量与内生变量相关，而且工具变量也是外生的，满足工具变量的要求。

（3）把表 6—1、表 6—2 与表 6—3 和表 6—4 对比可知，基础设施与行业融资依赖交叉项的回归系数的显著性差别不大，除了邮政营业网点密度和邮政线路密度基础设施外，这说明了基础设施的内生性使得最小二乘的估计产生了有偏性，也就是低估了基础设施与行业融资依赖的协同作用对技术创新能力的影响。

同时回归结果表明，邮政基础设施由之前的不显著变为在 10% 的水平上显著，这表明了之前的回归结果不是很准确，忽略基础设施内生性问题导致低估了以前的回归结果，这也充分说明了地形的平坦程度和海外市场接近度能够有效地解决模型的内生性问题，使得该回归结果更具有较强的可信度。其他变量的系数和显著性发生了变化，其中人力资本禀赋和人力资本密度的显著性降低，而行业科技经费支出和地区科技经费支出由先前的不显著变为在 5% 的水平上显著。

第二节　基础设施对中国技术创新
能力的影响效应
——基于行业出口贸易的角度

一　基础设施、行业出口贸易与中国技术创新能力

改革开放以来，中国的经济发展取得了举世瞩目的成就，中国的出口贸易也迅猛增长，与此同时，中国高技术产品出口贸易额不断攀升。高新技术产品在中国对外贸易中的份额不断提高，极大地改善了中国贸易产品的出口结构，高技术产业已成为中国经济快速增长的重要引擎之一，高技术产品出口能力的提高，在一定程度上反映着中国高技术行业出口能力在不断提高（周淑莲、王伟光，2003）。

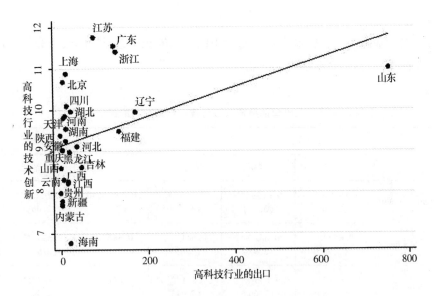

图 6—2　2008 年高科技行业出口与高科技行业

技术创新之间的关系

我们利用 2008 年的高科技行业出口数据和高科技行业技术创新的数据，得到了图 6—2，该图表明了行业出口与行业技术创新之间的散点图。从图 6—2 可以看出，除个别省份如内蒙古、新疆外，其余省份都分布在趋势线的两侧，与此同时，趋势线也较为陡峭并与水平线存在明显的差异，这说明，在没有考虑其他因素的情况下，行业出口与技术创新存在明显的正向关系。从趋势线来看，出口越多其对应的技术创新能力越高。

二　计量模型

我们借鉴拉詹和津加莱斯（Rajan and Zingales，1998）论文中的方法，该文在计量模型中引入了行业特征和国家特征交叉项，研究了基础设施、行业出口贸易和技术创新之间的关系，我们采用以下计量模型：

$$lnpz_{ik} = \alpha_i + \alpha_k + \beta infra_i \times export_k + \gamma control_{ik} + \varepsilon_{ik} \tag{6.3}$$

三 基础设施、行业出口贸易对中国技术创新能力影响的实证分析

（一）回归结果分析

表6—5   基础设施与行业出口的协同效应对技术创新能力的实证结果

	交通		邮政		能源
	公路	铁路	营业网点	邮路长度	电力消耗
infra * export	0. 000338 *** (2. 40)	0. 0153 *** (3. 47)	0. 000106 (1. 47)	0. 00000510 (0. 34)	0. 000715 *** (2. 06)
hi * he	0. 660 *** (2. 96)	0. 662 *** (2. 97)	0. 644 *** (2. 88)	0. 646 *** (2. 88)	0. 655 *** (2. 93)
hrd * drd	7. 675 *** (2. 68)	7. 635 *** (2. 66)	7. 811 *** (2. 71)	7. 811 *** (2. 71)	7. 727 *** (2. 69)
dex * hex	518. 8 *** (2. 98)	595. 6 *** (4. 32)	692. 7 *** (5. 60)	686. 5 *** (5. 53)	565. 1 *** (3. 27)
hkeji * dkeji	18. 99 ** (2. 41)	17. 19 ** (2. 14)	19. 58 ** (2. 47)	19. 53 ** (2. 46)	18. 91 ** (2. 38)
C	1. 893 *** (7. 81)	1. 886 *** (7. 78)	1. 912 *** (7. 83)	1. 908 *** (7. 82)	1. 900 *** (7. 82)
R^2	0. 5362	0. 5265	0. 5247	0. 5251	0. 5202
地区固定效应	是	是	是	是	是
行业固定效应	是	是	是	是	是
观测值	150	150	150	150	150

注：***、**、* 分别表示在1%、5%、10%的水平上显著，括号内为t值。

我们采用2008年各省市的面板数据，对方程（6.3）进行估计，进一步考察基础设施、出口贸易对中国技术创新能力的影响效应。从表6—5和表6—6的回归结果可以看出：地区基础设施与行业的出口贸易额交叉项（infra * export）的回归系数从总体上看均为正，除了邮政营业网点和邮路长度不显著外，其余的各项都在1%的水平上显著，这说明了基础

设施水平高的地区在出口额更多的行业更能促进技术创新能力的提高。一方面，基础设施水平的提高能够为出口企业节约生产和出口的成本；另一方面，基础设施水平的提高能有效降低企业的库存，促进企业出口参与（扩展边际）和出口数量（集约边际）的增加。

此外，回归结果还表明，人力资本禀赋对行业的出口具有很强的解释力，人力资本禀赋和人力资本密度（he * hi）的回归系数为正，并且在1%的统计水平上通过显著性检验，这也符合人力资本密集型行业在人力资本禀赋发达的地区发展较快。

表6—6　基础设施与行业出口的协同效应对技术创新能力的实证结果

	通信				网络
	长途交换机	本地交换机	移动交换机	长途光缆	网络
infra * export	0.000436 *** (2.39)	0.000626 *** (2.36)	0.000206 *** (2.92)	0.000860 *** (3.08)	0.00113 *** (2.80)
hi * he	0.646 *** (2.88)	0.657 *** (2.95)	0.651 *** (2.91)	0.651 *** (2.92)	0.650 *** (2.91)
hrd * drd	7.786 *** (2.70)	7.721 *** (2.69)	7.707 *** (2.68)	7.698 *** (2.68)	7.766 *** (2.70)
dex * hex	638.6 *** (3.37)	517.7 *** (2.91)	571.2 *** (3.16)	511.5 ** (2.44)	612.5 *** (3.83)
hkeji * dkeji	19.54 ** (2.46)	18.88 ** (2.39)	19.08 ** (2.41)	19.22 ** (2.43)	19.26 ** (2.43)
C	1.914 *** (7.86)	1.897 *** (7.83)	1.906 *** (7.85)	1.913 *** (7.89)	1.904 *** (7.82)
R^2	0.5354	0.5237	0.5389	0.5433	0.5477
地区固定效应	是	是	是	是	是
行业固定效应	是	是	是	是	是
观测值	150	150	150	150	150

注：***、**、* 分别表示在1%、5%、10%的水平上显著，括号内为 t 值。

研发占比（hrd * drd）的回归系数为正，并且在 1% 水平上显著，研发经费支出是创新主体为了实现特定的创新目标所投入的资源，只有加大研发经费支出，才能促进技术创新的提升。出口竞争力回归系数为正，通过了 5% 水平上显著性检验，随着经济全球化的日益加深，通过国际贸易的技术扩散途径提高一国的技术创新水平发挥着越来越重要的作用，克鲁格曼（Krugman，1979）在研究了经济一体化（主要包括创新者的出口行为）对技术创新的作用后指出，出口贸易竞争给创新者带来的技术创新报酬是进一步刺激创新的重要力量，但是随着技术垄断期的结束，技术被普遍传播，技术差距逐渐缩小，此时竞争带来的压力又会迫使创新先发国进行新的技术研发，出口贸易可以通过示范效应、模仿效应进一步提高企业的技术水平和管理经验，使企业提升自己的技术创新能力，扩大自己的竞争力。科技经费（hkeji * dkeji）的回归系数为正，并在 5% 的水平上通过显著性检验，技术引进费和技术吸收费支出的提高促进了技术扩散和技术吸收能力的提高，为我们自主技术创新能力的提升奠定了良好的基础。

（二）内生性处理

很多文献关注基础设施内生性问题（Kamps，2005；Canning and Pedroni，2008），基础设施水平的改善能够影响高新技术行业的出口贸易，但是也可能存在反向促进作用，也就是随着出口贸易数量的增加，各地区逐渐从出口贸易中获得国外先进的技术和管理经验，提高了各行业的生产效率。一方面，经济的快速发展为基础设施的改善提供了强有力的资金支持，另一方面，民众和企业对高水平基础设施的需求，也促使政府加大财政支出力度，在一定程度上出口贸易促进了基础设施的快速发展。因而，不仅基础设施水平促进出口贸易，而且出口贸易还可能对基础设施的发展产生作用，也就造成了二者有一定的内生性。

内生性的影响会导致最小二乘法的估计结果是有偏性和非一致性，通常的做法是选择一个与基础设施相关而且与独立于出口贸易的变量作为工具变量进行两阶段最小二乘估计（TSLS），选取工具变量需要满足两个条件：工具变量本身必须是外生的，而且与内生变量高度相关。我们采用地形的平坦程度（flat）和海外市场接近度（fma）作为基础设施的工具变量，选用这两个变量的原因在于：一方面，从表面上看，地形平坦程度和海外市场接近度都与进口贸易之间没有直接关系，因而具有较强的外生性；另一方面，大量的实证研究表明，地理和地形变量对基础设施建设具有重要影响（Lai，2006）。其中地形平坦程度用各省区平地面积占其总土地面积的比重来衡量，该数据来源于中国科学院中国自然资源数据库。对于工具变量海外市场接近度（fma），我们采用黄玖立和李坤望（2006）的方法，取各省市省会城市到海岸线距离的倒数（乘100）为国外市场接近度，其中沿海省份到海岸线距离为其内部距离（D_{mm}），非沿海省份到海岸线的距离为其到最近的沿海省区的距离（D_{mj}）加上该沿海省区的内部距离（D_{mm}）。因此，可以表述如下：假设 C 为沿海省份集合，则地区 m 的海外市场接近度可表示为：

$$fma_m = \begin{cases} 100/D_{mm}, m \in C \\ 100/(\min D_{mj} + D_{mm}), m \notin C, j \in C \end{cases} \tag{6.4}$$

其中，D_{mm} 的计算公式为 $D_{mm} = (2/3)(S_m/\pi)^{1/2}$，（Redding and Venables，2004），S_m 为地区 m 的面积。

工具变量的有效性还有待于检验，好的工具变量不仅与内生变量之间存在相关性，而且工具变量本身还必须满足外生性条件，我们运用工具变量两阶段最小二乘法，对实证模型进行了重新回归，回归结果如表6—7和表6—8所示。为了考察工具变量的有效性，我们对工具变量进行了弱识别、过度识别检验和识别不足检验，并相应给出了 Sargan 统计量、Kleibergen-Paap 秩 Wald F 统计量和 Kleibergen-Paap 秩 rk LM 统计量，从表6—7和表6—8的检验结果可以看出：

表6—7　　　　　　　　**工具变量的 2SLS 的回归结果（1）**

	交通		邮政		能源
	公路	铁路	营业网点	邮路长度	电力消耗
infra * export	0.000347*** (2.43)	0.00965*** (3.88)	0.000548* (2.07)	0.0000213** (2.30)	0.000782*** (3.14)
hi * he	0.661*** (3.03)	0.655*** (3.00)	0.644*** (2.93)	0.575** (2.38)	0.656*** (3.00)

续表

	交通		邮政		能源
	公路	铁路	营业网点	邮路长度	电力消耗
hrd * drd	7.671*** (2.73)	7.700*** (2.74)	7.811*** (2.76)	9.477*** (3.06)	7.719*** (2.74)
dex * hex	513.9*** (2.96)	632.8*** (4.59)	694.3*** (5.72)	621.6*** (4.72)	552.9*** (3.20)
hkeji * dkeji	18.97** (2.45)	18.08** (2.28)	19.59** (2.52)	21.06** (2.46)	18.84** (2.42)
C	1.892*** (7.97)	1.897*** (7.97)	1.914*** (8.00)	2.164*** (8.36)	1.899*** (7.98)
Sargan statistic	1.584 (0.2167)	1.855 (0.2035)	1.575 (0.2259)	0.9761 (0.4658)	1.3163 (0.3280)
Kleibergeb-Paap Wald F statistic	116.80 (0.00)	128.65 (0.00)	120.48 (0.00)	106.44 (0.00)	116.06 (0.00)
Kleibergeb-Paap rk LM statistic	64.20 (0.00)	62.93 (0.00)	61.41 (0.00)	61.43 (0.00)	63.11 (0.00)
第一阶段偏 R^2	0.9727	0.8951	0.9527	0.9389	0.9261
第一阶段 F 值	1201.71	439.7	1429.79	1080.55	895.85
第二阶段 R^2	0.3084	0.3079	0.2990	0.2505	0.3043
地区固定效应	是	是	是	是	是
行业固定效应	是	是	是	是	是
观测值	150	150	150	150	150

注：***、**、* 分别表示在 1%、5%、10% 的水平上显著，括号内为 t 值。

（1）从回归结果来看，第一阶段的 F 值均在 10 以上，根据斯托克、怀特和尤格（Stock，Wright and Yogo，2002）的研究，使用两阶段最小二乘法进行回归时，第一阶段的 F 值在 10 以上就说明了工具变量和内生变量有较强的相关性，而且第一阶段的 Partial R^2 都达到了 0.5 以上，这些统计量表明了地形平坦程度和海外市场接近度与基础设施之间具有很强的相关性。

表6—8　　　　　　　　　工具变量的 2SLS 的回归结果（2）

	通信				网络
	长途交换机	本地交换机	移动交换机	长途光缆	网络
infra * export	0.00107*** (3.82)	0.000677*** (3.42)	0.000216*** (2.86)	0.00177*** (3.70)	0.00106*** (2.73)
hi * he	0.649*** (2.96)	0.659*** (3.02)	0.652*** (2.98)	0.659*** (3.00)	0.650*** (2.97)
hrd * drd	7.750*** (2.74)	7.714*** (2.74)	7.702*** (2.73)	7.580*** (2.68)	7.769*** (2.75)
dex * hex	554.7*** (2.64)	503.0*** (2.80)	565.1*** (2.93)	315.7 (1.24)	617.7*** (3.86)
hkeji * dkeji	19.46** (2.50)	18.82** (2.43)	19.05** (2.45)	18.82** (2.42)	19.28** (2.48)
C	1.912*** (8.01)	1.895*** (7.98)	1.906*** (8.01)	1.911*** (8.01)	1.904*** (7.99)
Sargan statistic	1.6097 (0.2288)	1.6125 (0.2125)	1.8596 (0.2091)	0.6987 (0.4032)	1.0643 (0.3842)
Kleibergeb-Paap Wald F statistic	100.83 (0.00)	111.44 (0.00)	105.56 (0.00)	78.16 (0.00)	119.40 (0.00)
Kleibergeb-Paap rk LM statistic	61.96 (0.00)	64.11 (0.00)	62.47 (0.00)	64.10 (0.00)	62.17 (0.00)
第一阶段偏 R^2	0.8656	0.9520	0.8893	0.8536	0.9143
第一阶段 F 值	151.501	622.064	221.222	93.565	763.218
第二阶段 R^2	0.2981	0.3077	0.3030	0.2982	0.3020
地区固定效应	是	是	是	是	是
行业固定效应	是	是	是	是	是
观测值	150	150	150	150	150

注：回归系数下括号内为 t 统计值，***、**、* 分别表示在1%、5%、10%的水平上显著。

（2）从工具变量的检验结果来看：我们可以在 1% 的显著水平上拒绝工具变量的弱识别、过度检验和识别不足的原假设，并且过度识别的 Sargan 统计量的伴随概率都在 0.1 以上，即我们无法在 10% 的显著水平上拒绝工具变量是过度识别的原假设。因此，我们不仅认为工具变量与内生变量相关，而且工具变量也是外生的，满足工具变量的要求。

（3）把表 6—5、表 6—6 与表 6—7 和表 6—8 对比可知，基础设施与行业出口贸易交叉项的回归系数比以前都有了不同程度的提高，这说明基础设施的内生性使得最小二乘的估计产生了有偏性，也就是低估了基础设施与行业出口贸易的协同作用对技术创新能力的影响。同时回归结果表明，邮政基础设施由之前的不显著变为在 10% 的水平上显著，这表明之前的回归结果不是很准确，忽略基础设施内生性的问题导致低估了以前的回归结果，这也充分说明地形的平坦程度和海外市场接近度能够有效地解决模型的内生性问题，使得该回归结果更具有较强的可信度。其他变量的系数和显著性均没有发生显著的变化。

四　分地区的基础设施、行业出口贸易对中国技术创新能力的实证分析

（一）东部地区的实证结果分析

表 6—9　　东部地区基础设施、行业出口贸易对技术创新的实证结果

	交通		邮政		能源
	公路	铁路	营业网点	邮路长度	电力消耗
infra * export	0.000228 *** (3.93)	0.00544 *** (4.53)	0.000400 (0.57)	0.00000619 (0.47)	0.000325 *** (2.48)
hi * he	1.902 *** (2.81)	1.878 *** (2.76)	1.897 *** (2.79)	1.899 *** (2.79)	1.887 *** (2.77)
hrd * drd	5.449 * (1.79)	5.285 * (1.72)	4.760 (1.55)	4.804 (1.57)	5.272 * (1.72)

续表

	交通		邮政		能源
	公路	铁路	营业网点	邮路长度	电力消耗
dex * hex	375.1 ** (2.40)	454.7 *** (3.86)	488.6 *** (4.56)	488.1 *** (4.54)	428.5 *** (2.78)
hkeji * dkeji	0.885 (0.10)	− 0.729 (− 0.08)	− 0.539 (− 0.06)	− 0.564 (− 0.06)	0.0712 (0.01)
C	2.330 *** (4.66)	2.371 *** (4.73)	2.449 *** (4.92)	2.444 *** (4.90)	2.379 *** (4.75)
R^2	0.4533	0.4463	0.4468	0.4456	0.4457
地区固定效应	是	是	是	是	是
行业固定效应	是	是	是	是	是
观测值	55	55	55	55	55

注：回归系数下括号内为 t 统计值，***、**、* 分别表示在1%、5%、10%的水平上显著。

由于中国的"西高东低"的地形特征，导致了各区域的基础设施存在显著的区域差异，但是各地区的基础设施的不同也对行业的出口贸易造成了不同，不同的出口贸易是否也提升了中国的技术创新能力呢？我们将重点考察各区域的基础设施、行业出口贸易和地区的技术创新水平之间的关系，重点考虑东部和西部地区的基础设施水平对技术创新的影响。

我们运用2008年东部地区各省市的面板数据，对方程（6.3）进行估计，进一步考察了东部地区基础设施、行业出口贸易对中国技术创新能力的影响效应。从表6—9和表6—10的回归结果可以看出：地区基础设施与行业出口贸易额交叉项（infra * export）的回归系数从总体上看均为正，除了邮政营业网点和邮路长度不显著外，其余的各项都在5%的水平上显著，这说明了基础设施水平高的地区在出口额更多的行业更能促进技术创新能力的提高。

表6—10　东部地区基础设施、行业出口贸易对技术创新的实证结果

	通信				网络
	长途交换机	本地交换机	移动交换机	长途光缆	网络
infra * export	0.000135 ** (2.13)	0.000400 ** (3.84)	0.0000554 *** (3.25)	0.000696 ** (2.85)	0.0000636 ** (3.05)
hi * he	1.890 *** (2.77)	1.884 *** (2.78)	1.883 *** (2.76)	1.887 *** (2.79)	1.887 *** (2.76)
hrd * drd	4.986 (1.63)	5.458 * (1.79)	5.134 (1.67)	5.270 * (1.74)	5.054 (1.64)
dex * hex	498.4 *** (2.91)	379.0 ** (2.35)	450.8 *** (2.74)	338.8 * (1.70)	477.4 *** (3.43)
hkeji * dkeji	− 0.525 (− 0.06)	0.711 (0.08)	− 0.0546 (− 0.01)	0.967 (0.11)	− 0.284 (− 0.03)
C	2.420 *** (4.87)	2.349 *** (4.71)	2.402 *** (4.81)	2.385 *** (4.83)	2.413 *** (4.82)
R^2	0.4430	0.4515	0.5389	0.4516	0.4429
地区固定效应	是	是	是	是	是
行业固定效应	是	是	是	是	是
观测值	55	55	55	55	55

注：回归系数下括号内为 t 统计值，***、**、* 分别表示在1%、5%、10%的水平上显著。

　　此外，人力资本禀赋和人力资本密度促进了技术创新能力的提高，东部地区作为中国经济最开放、最发达的地区，其良好的基础设施吸引了大量的科技人才，从而促进了当地技术创新能力的提升和经济的快速发展；研发占比在交通基础设施、能源、本地交换机和长途光缆在10%的水平上显著，这可能是大量的资金投入造成了资本过度扭曲，使得资本的边际报酬递减，致使研发占比对技术创新能力的提高不显著。出口竞争力在5%的水平上显著，出口竞争力可以提升中国产业的竞争力和促进行业及行业关联的技术溢出，从而表现为出口竞争力促进了中国技术创新能力的提高。

科技经费占比对技术创新能力不显著，可能的原因：这是中国技术引进的通病，重技术引进轻技术吸收，导致大量的资金浪费，即对技术的吸收不彻底且无法在现有技术的前提下自主创新以此来提高中国的技术创新能力。

（二）稳健性检验

为了考察结果的稳健性，我们选取上文使用过的工具变量，为此，我们对工具变量进行了弱识别、过度识别检验和识别不足检验，并相应给出了 Sargan 统计量、Kleibergen-Paap 秩 Wald F 统计量和 Kleibergen-Paap 秩 rk LM 统计量，从表6—11 和表6—12 的检验结果可以看出：

（1）从各个回归组合来看，第一阶段的 F 值均在 10 以上，根据斯托克、怀特和尤格（Stock，Wright and Yogo，2002），使用两阶段最小二乘法进行回归时，第一阶段的 F 值在 10 以上说明了工具变量和内生变量有较强的相关性，而且第一阶段的 $PartialR^2$ 都达到了 0.5 以上，这些统计量表明了地形平坦程度和海外市场接近度与内生变量（基础设施）之间具有很强的相关性。

（2）从工具变量的检验结果表明，我们可以在 1% 的显著水平上拒绝工具变量的弱识别、过度检验和识别不足的原假设，并且过度识别的 Sargan 统计量的伴随概率都在 0.1 以上，即我们无法在 10% 的显著水平上拒绝工具变量是过度识别的原假设。因此，我们不仅认为工具变量与内生变量相关，而且工具变量也是外生的，满足工具变量的要求。

（3）把表6—9、表6—10 与表6—11 和表6—12 对比可知，基础设施与行业出口贸易交叉项的回归系数比以前都有了不同程度的提高，这说明了基础设施的内生性使得最小二乘的估计产生了有偏性，也就是低估了基础设施与行业出口贸易的协同作用对技术创新能力的影响，也表明了实证结果的稳健性。同时回归结果表明，邮政基础设施由之前的不显著变为在 10% 的水平上显著，这表明了之前的回归结果不是很准确，忽略了基础设施内生性的问题导致低估了以前的回归结果，这也充分说明了地形的平坦程度和海外市场接近度能够有效地解决模型的内生性问题，使得该回归结果更具有较强的可信度。其他变量的系数和显著性发生了变化。其中人力本禀赋和人力资本密度、研发占比和科技经费支出占比都不显著。

表6—11 东部基础设施、行业出口贸易对技术创新的稳健性检验

	交通		邮政		能源
	公路	铁路	营业网点	邮路长度	电力消耗
infra * export	0.000250 *** (3.04)	0.00497 *** (4.45)	0.000265 * (2.31)	0.00000561 * (1.97)	0.000490 *** (3.72)
hi * he	0.768 (1.11)	0.700 (1.01)	0.646 (0.88)	0.366 (0.46)	0.728 (1.04)
hrd * drd	4.646 (1.54)	4.767 (1.57)	4.782 (1.48)	5.105 (1.46)	4.715 (1.55)
dex * hex	398.0 ** (2.30)	495.2 *** (3.54)	529.7 *** (3.95)	502.6 *** (2.42)	437.6 ** (2.53)
hkeji * dkeji	10.22 (1.06)	9.725 (0.97)	10.84 (1.05)	10.23 (0.91)	10.16 (1.04)
C	2.951 *** (5.35)	3.000 *** (5.39)	3.074 *** (5.22)	3.780 *** (6.22)	2.987 *** (5.40)
Sargan statistic	1.014 (0.3559)	1.0604 (0.3335)	1.121 (0.2452)	1.261 (0.3791)	1.086 (0.3147)
Kleibergeb-Paap Wald F statistic	65.97 (0.00)	64.66 (0.00)	66.24 (0.00)	114.26 (0.00)	66.46 (0.00)
Kleibergeb-Paap rk LM statistic	21.23 (0.00)	20.31 (0.00)	22.08 (0.00)	19.97 (0.00)	20.57 (0.00)
第一阶段偏 R^2	0.9466	0.8584	0.9302	0.9415	0.9276
第一阶段 F 值	425.638	145.456	162.45	385.915	307.401
第二阶段 R^2	0.3051	0.2976	0.3026	0.2662	0.2970
地区固定效应	是	是	是	是	是
行业固定效应	是	是	是	是	是
观测值	55	55	55	55	55

注：回归系数下括号内为 t 统计值，***、**、* 分别表示在1%、5%、10%的水平上显著。

表6—12　　　东部基础设施、行业出口贸易对技术创新的稳健性检验

	通信				网络
	长途交换机	本地交换机	移动交换机	长途光缆	网络
infra * export	0.000505 *** (3.39)	0.000485 *** (3.03)	0.000107 *** (2.43)	0.00138 *** (2.36)	0.000437 *** (3.30)
hi * he	0.689 (0.99)	0.753 (1.09)	0.696 (1.00)	0.783 (1.13)	0.685 (0.98)
hrd * drd	4.740 (1.55)	4.690 (1.55)	4.728 (1.55)	4.417 (1.45)	4.782 (1.57)
dex * hex	457.3 ** (2.18)	390.4 ** (2.18)	459.9 ** (2.39)	225.8 (0.90)	492.9 *** (3.06)
hkeji * dkeji	10.71 (1.10)	10.05 (1.04)	10.43 (1.07)	9.727 (1.00)	10.66 (1.09)
C	3.032 *** (5.51)	2.965 *** (5.40)	3.019 *** (5.48)	3.000 *** (5.49)	3.023 *** (5.46)
Sargan statistic	1.4209 (0.2637)	1.8451 (0.2074)	1.8597 (0.2106)	1.2178 (0.2698)	1.4238 (0.2264)
Kleibergeb-Paap Wald F statistic	63.08 (0.00)	64.33 (0.00)	105.56 (0.00)	40.34 (0.00)	63.38 (0.00)
Kleibergeb-Paap rk LM statistic	20.08 (0.00)	21.28 (0.00)	20.23 (0.00)	21.87 (0.00)	20.04 (0.00)
第一阶段偏 R^2	0.6948	0.8989	0.7580	0.5783	0.9169
第一阶段 F 值	54.461	213.391	75.160	32.91	264.869
第二阶段 R^2	0.2909	0.3049	0.2952	0.3007	0.2914
地区固定效应	是	是	是	是	是
行业固定效应	是	是	是	是	是
观测值	55	55	55	55	55

注：回归系数下括号内为 t 统计值，***、**、* 分别表示在1%、5%、10%的水平上显著。

（三）西部地区的实证结果分析

我们运用 2008 年西部地区各省市的面板数据，对方程（6.2）进行估计，进一步考察了西部地区基础设施、出口贸易对中国技术创新能力的影响效应。从表6—13 和表6—14 的回归结果可以看出：地区基础设施与行业的出口贸易额交叉项（infra * export）的回归系数从总体上看均为正，这说明了基础设施水平高的地区出口额多的行业更能促进技术创新能力的提高，近年来，国家加大了西部大开发的力度，大量基础设施的建设改善了当地的基础设施水平，从而促进当地经济的快速发展，基础设施的提高也明显促进了该地区出口贸易的迅猛增长。此外，人力资本禀赋和人力资本密度不显著，西部地区作为中国经济欠发达的地区，对高科技人才的吸引力不足，从而表现为其对该地区技术创新能力的提升有限；研发占比对技术创新能力的提高不显著，这可能的原因：由于研发创新是高投入、高风险的活动，加之西部地区经济落后，也就导致了研发经费投入不足的局面，从而表现为研发占比对技术创新能力的提高不显著。出口竞争力在 5% 的水平上显著，出口竞争力可以提升中国产业的竞争力和促进行业及行业关联的技术溢出，从而表现为出口竞争力促进了中国技术创新能力的提高。

表6—13　西部地区基础设施、行业出口贸易对技术创新的实证结果

	交通		邮政		能源
	公路	铁路	营业网点	邮路长度	电力消耗
infra * export	0.0782 *** (3.49)	5.788 *** (3.37)	2.825 *** (3.02)	0.0965 *** (3.41)	0.206 *** (2.73)
hi * he	0.383 (1.54)	0.432 * (1.66)	0.414 (1.62)	0.387 (1.55)	0.407 (1.56)
hrd * drd	−16.90 (−0.75)	−24.98 (−1.03)	−17.01 (−0.73)	−17.07 (−0.76)	−16.04 (−0.68)
dex * hex	44535.9 ** (2.62)	39852.7 ** (2.32)	47902.6 *** (2.76)	44649.6 ** (2.61)	48994.1 *** (2.77)
hkeji * dkeji	14.12 (1.21)	23.68 ** (2.04)	12.93 (1.08)	14.25 (1.21)	8.457 (0.70)

续表

	交通		邮政		能源
	公路	铁路	营业网点	邮路长度	电力消耗
C	0.995 *** (3.46)	0.931 *** (2.92)	1.050 *** (3.57)	0.999 *** (3.45)	1.072 *** (3.58)
R^2	0.4538	0.4253	0.4195	0.4478	0.3991
地区固定效应	是	是	是	是	是
行业固定效应	是	是	是	是	是
观测值	50	50	50	50	50

注：回归系数下括号内为 t 统计值，***、**、* 分别表示在1%、5%、10%的水平上显著。

科技经费占比对技术创新能力不显著，这可能的原因：西部地区由于财政收入有限和技术水平较低的缘故，其技术水平与国外的技术水平不太适宜，导致了科技经费投入不足，从而说明了西部地区的科技经费占比对该地区的技术创新能力的提高不显著。

（四）稳健性检验

为了考察结果的稳健性，我们选取上文使用过的工具变量，为此，我们对工具变量进行了弱识别、过度识别检验和识别不足检验，并相应给出了 Sargan 统计量、Kleibergen-Paap 秩 Wald F 统计量 Kleibergen-Paap 秩 rk LM 统计量，从表6—15 和表6—16 的检验结果可以看出：

（1）从回归结果来看，第一阶段的 F 值均在 10 以上，根据斯托克、怀特和尤格（Stock，Wright and Yogo，2002），使用两阶段最小二乘法进行回归时，第一阶段的 F 值在 10 以上就说明了工具变量和内生变量有较强的相关性，而且第一阶段的 $PartialR^2$ 都达到了 0.5 以上，这些统计量表明了地形平坦程度和海外市场接近度与基础设施之间具有很强的相关性。

表6—14   西部地区基础设施、行业出口贸易对技术创新的实证结果

	通信				网络
	长途交换机	本地交换机	移动交换机	长途光缆	网络
infra * export	0.371 ** (2.61)	0.109 *** (2.92)	0.0387 *** (2.79)	0.0416 ** (2.59)	0.696 *** (2.99)
hi * he	0.426 (1.63)	0.409 (1.59)	0.419 (1.62)	0.426 (1.63)	0.406 (1.59)
hrd * drd	−16.22 (−0.68)	−16.47 (−0.71)	−16.76 (−0.71)	−16.38 (−0.69)	−16.47 (−0.71)
dex * hex	49134.8 *** (2.76)	47364.5 ** (2.70)	48504.5 *** (2.75)	49711.6 *** (2.79)	46720.0 ** (2.67)
hkeji * dkeji	11.24 (0.92)	11.71 (0.97)	11.13 (0.92)	9.983 (0.81)	12.36 (1.03)
C	1.057 *** (3.49)	1.054 *** (3.56)	1.080 *** (3.63)	1.083 *** (3.60)	1.035 *** (3.50)
R^2	0.3914	0.4128	0.4035	0.3896	0.4176
地区固定效应	是	是	是	是	是
行业固定效应	是	是	是	是	是
观测值	50	50	50	50	50

注：回归系数下括号内为t统计值，***、**、* 分别表示在1%、5%、10%的水平上显著。

（2）从工具变量的检验结果来看：我们可以在1%的显著水平上拒绝工具变量的弱识别、过度检验和识别不足的原假设，并且过度识别的 Sargan 统计量的伴随概率都在0.1以上，即我们无法在10%的显著水平上拒绝工具变量是过度识别的原假设。因此，我们不仅认为工具变量与内生变量相关，而且工具变量也是外生的，满足工具变量的要求。

表 6—15　　西部基础设施、行业出口贸易对技术创新的稳健性检验

	交通		邮政		能源
	公路	铁路	营业网点	邮路长度	电力消耗
infra * export	0.0795 *** (3.70)	5.985 *** (3.70)	3.318 *** (3.57)	0.0999 *** (3.70)	0.234 *** (3.25)
hi * he	0.413 * (1.74)	0.429 * (1.75)	0.428 * (1.76)	0.416 * (1.75)	0.417 * (1.67)
hrd * drd	− 26.37 (− 1.20)	− 24.87 (− 1.09)	− 25.73 (− 1.14)	− 26.50 (− 1.20)	− 24.84 (− 1.07)
dex * hex	37722.1 ** (2.41)	39428.9 ** (2.45)	38972.9 ** (2.43)	37734.0 ** (2.40)	39974.8 ** (2.44)
hkeji * dkeji	25.07 ** (2.38)	23.72 ** (2.18)	24.81 ** (2.29)	25.19 ** (2.38)	20.40 * (1.84)
C	0.940 *** (3.27)	0.923 *** (3.08)	0.968 *** (3.28)	0.940 *** (3.25)	1.000 *** (3.33)
Sargan statistic	1.458 (0.2272)	1.093 (0.2957)	1.544 (0.2141)	1.386 (0.2392)	1.115 (0.2475)
Kleibergeb-Paap Wald F statistic	94.70 (0.00)	128.65 (0.00)	69.03 (0.00)	95.49 (0.00)	69.16 (0.00)
Kleibergeb-Paap rk LM statistic	33.12 (0.00)	31.11 (0.00)	31.08 (0.00)	32.99 (0.00)	32.33 (0.00)
第一阶段偏 R^2	0.9480	0.9478	0.9034	0.9509	0.9774
第一阶段 F 值	392.331	390.471	201.045	416.385	929.862
第二阶段 R^2	0.4527	0.4129	0.4196	0.4495	0.3939
地区固定效应	是	是	是	是	是
行业固定效应	是	是	是	是	是
观测值	50	50	50	50	50

注：回归系数下括号内为 t 统计值，*** 、** 、* 分别表示在 1% 、5% 、10% 的水平上显著。

表 6—16　　西部基础设施、行业出口贸易对技术创新的稳健性检验

	通信				网络
	长途交换机	本地交换机	移动交换机	长途光缆	网络
infra * export	0.446 *** (3.29)	0.120 *** (3.35)	0.0440 *** (3.24)	0.0483 *** (3.10)	0.760 *** (3.44)
hi * he	0.435 * (1.74)	0.427 * (1.73)	0.431 * (1.74)	0.434 * (1.72)	0.426 * (1.74)
hrd * drd	−25.35 (−1.09)	−25.90 (−1.13)	−25.91 (−1.12)	−25.45 (−1.09)	−25.99 (−1.14)
dex * hex	39781.1 ** (2.41)	39127.1 ** (2.40)	39707.9 ** (2.42)	40456.2 ** (2.44)	38750.9 ** (2.40)
hkeji * dkeji	23.76 ** (2.13)	23.85 ** (2.18)	23.59 ** (2.14)	22.71 ** (2.03)	24.23 ** (2.23)
C	0.971 *** (3.20)	0.985 *** (3.31)	1.008 *** (3.36)	1.008 *** (3.32)	0.966 *** (3.26)
Sargan statistic	1.7460 (0.2165)	1.6289 (0.2179)	1.287 (0.3022)	0.8001 (0.6244)	1.357 (0.2247)
Kleibergeb-Paap Wald F statistic	71.11 (0.00)	75.80 (0.00)	68.54 (0.00)	67.45 (0.00)	80.98 (0.00)
Kleibergeb-Paap rk LM statistic	28.29 (0.00)	29.30 (0.00)	28.28 (0.00)	27.01 (0.00)	30.16 (0.00)
第一阶段偏 R^2	0.9414	0.9521	0.9336	0.9440	0.9586
第一阶段 F 值	345.504	427.752	302.332	362.585	498.261
第二阶段 R^2	0.3869	0.4076	0.3960	0.3798	0.4158
地区固定效应	是	是	是	是	是
行业固定效应	是	是	是	是	是
观测值	50	50	50	50	50

注：回归系数下括号内为 t 统计值，***、**、* 分别表示在1%、5%、10%的水平上显著。

（3）把表 6—13、表 6—14 与表 6—15 和表 6—16 对比可知，基础设施与行业出口贸易交叉项的回归系数比以前都有了不同程度的提高，并且其系数的显著性并没有发生变化，这说明基础设施的内生性使得最小二乘的估计产生了有偏性，也就是低估了基础设施与行业出口贸易的协同作用对技术创新能力的影响，表明了实证结果的稳健性。其他变量的系数和显著性发生了显著的变化。其中人力本禀赋和人力资本密度和科技经费支出占比都由原来的不显著变为在 10% 和 5% 的统计水平上显著，这表明之前的回归结果不是很准确，忽略了基础设施内生性的问题导致低估了以前的回归结果，这也充分说明地形的平坦程度和海外市场接近度能够有效地解决模型的内生性问题，使得该回归结果更具有较强的可信度。

第三节　基础设施对中国技术创新
能力的影响效应
——基于行业出口技术复杂度的角度

一　基础设施、出口技术复杂度与中国地区的技术创新能力

改革开放三十年来，中国经济取得了举世瞩目的成就，作为经济增长"三驾马车"的对外贸易发展也异常迅猛，1978—2008 年，对外贸易的年均增长达到了 16.32%，远高于同期世界贸易 6% 的增长速度。在出口贸易迅速增长的同时，中国的出口贸易结构也从资源密集型产品逐渐向资本密集型产品转变，高科技技术产品出口份额一直保持高速增长；出口商品结构不断优化，贸易发展方式不断转型，出口产品的复杂度不断上升。最近的研究指出，无论从人均收入水平和出口相似度指数来看，中国出口产品的技术复杂度已远远超过同等收入国家的水平（Rodrik，2006；Schott，2008），这与标准的贸易理论是相矛盾的，因为按现在的经济发展水平和技术水平，中国都应该生产技术复杂度低的产品，然而中国出口商品的复杂度在不断攀升，那么在出口技术复杂度上升的背后又有着怎样的事实呢？

无论从李嘉图比较优势理论还是 H - O 要素禀赋理论，中国都应该生产技术复杂度低的产品。显然，出口技术复杂度提高在相当程度上归功于

外商直接投资和加工贸易，但是，发达国家已超出了以上两因素所解释的范围（Wang and Wei，2008）。事实上，由于劳动者素质比较低和劳动成本低，外商企业一般进入技术密集度较低的行业，外资企业的进入反而恶化了中国出口商品结构，如果将出口技术复杂度归因于外商投资和加工贸易，就会歪曲事实真相。但是我们忽视了一个基本事实是，在出口贸易结构改善的同时，中国的基础设施建设也取得了举世瞩目的成绩（张军等，2007）。在财政分权和政治垂直集权的管理体制下，地方政府都积极投资基础设施建设，通过垂直管理使得地方政府为改善该地区基础设施水平创造了必要的政治条件；此外，财政分权为地方政府追求政绩和投资基础设施建设提供了必要的经济条件（张军，2007；周黎安，2007）。国外的学者也研究了中国基础设施水平的改善对经济发展的影响（Demurger，2000；Banerjee et al.，2009）。此外，少数学者认识到基础设施改善对国际贸易有显著的促进作用（Bougheas et al.，；Wilson et al.，2004；Francois and Manchin，2006）。但是他们侧重分析基础设施对贸易流量的影响，并将基础设施水平的改善与贸易成本的降低等同。迄今为止，很少有文献研究基础设施、出口技术复杂度和地区技术创新能力之间的关系。

对上述问题的研究具有非常强的现实意义：一方面，出口复杂度的提升能增强出口产品的竞争力，这对于发展中国家实现经济的赶超是非常重要的，而出口技术复杂度的提高显著促进经济增长已经被大量经验研究所证实；另一方面，可以为我们研究中国出口贸易扩张和出口结构优化提供新的思路，这对于进一步推动出口结构提升乃至产业结构升级具有重要的政策含义。

鉴于此，我们尝试对基础设施、出口技术复杂度和地区技术创新能力的关系进行实证研究，并发展了关于出口技术复杂度对技术创新能力的经验研究；另外，本节通过构造工具变量克服了基础设施变量的内生性，由于基础设施与经济发展的理论不成熟，本部分从经验上为二者的关系提供了可靠的结论，除此之外，本节采用工具变量方法，为基础设施与技术创新能力之间提供了可信的经验证据。

出口技术复杂度的提升对中国的经济增长具有重要的战略意义，根据豪斯曼和罗迪克（Hausmann and Rodrik，2003）的成本理论，出口企业在开发和生产高技术水平商品过程中所产生的示范效应能够吸引生产要素向相关产业转移，从而促进生产率的提高。很多文献表明，出口更多高技术复杂度产品的国家能够实现更快速的经济增长（Hausmann et al.，2007；杨汝岱、姚洋，2008）。但是一个更为重要的问题是，在过去的三十多年中，中国出口技术复杂度的攀升是否提升了技术创新能力？这对进一步提高中国出口技术复杂度以及未来的经济发展有重要的借鉴意义。有一些文献对出口技术复杂度进行了研究，戴翔、张二震（2011）认为中国出口技术复杂度与发达国家相比存在较大差距，特别表现在发达国家的技术复杂度主要体现在高技术密集型出口产品领域，而中国的技术复杂度主要体现在中等技术密集型产品领域；王永进等（2010）认为基础设施水平的提高能够提高企业的出口参与，尤其能提高技术复杂度较高的产品的出口，以及随着基础设施水平的提高，出口企业所在行业的技术复杂度会越高。但很少有文献对出口技术复杂度与中国技术创新能力的影响之间的关系进行探讨。那么，出口技术复杂度的提高是否提升了中国的技术创新能力？

本节剩下的内容结构安排如下：第一，我们将对本章的主要理论假说进行经验验证；第二，建立计量模型并对数据来源和主要变量进行详细说明；第三，利用中国分地区、分行业的数据对基础设施与技术创新能力之间的关系进行实证分析；第四，总结并给出政策建议。

二　经验观察

从图 6—3 我们可以看出：除内蒙古、青海外，其余省市都均匀分布在趋势线的两侧，与此同时，趋势线也比较陡峭且与水平线存在明显差异。这表明在没有考虑其他影响因素的情况下，二者存在明显的正向关系，从趋势线的趋势看，省市基础设施的水平越高，其对应的高技术复杂度行业的技术创新越大。此外，就单个省份而言，天津和山东两个省市基础设施较为发达，其创新能力也比较高。

我们首先参照豪斯曼（Hausmann et al.，2007）的方法计算各行业的技术复杂度，其具体公式为：

$$prody_i = \sum_c \left(\frac{s_{ic} pcgdp_c}{\sum_{c'} s_{ic'}} \right) \tag{6.5}$$

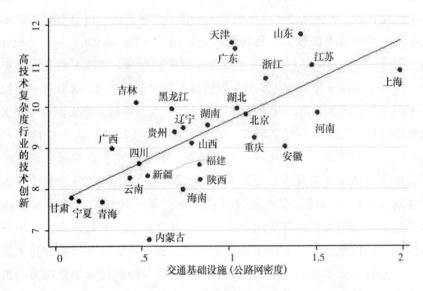

图6—3 基础设施水平与高技术复杂度行业的技术创新能力

其中，行业 i 的出口产品复杂度为各地区人均 GDP（ $pcgdp_c$ ）的加权和，其权重为 $s_{ic}/\sum_{c'}s_{ic'}$ ，其中 s_{ic} 为地区 c 行业 i 的出口比重，并根据此公式计算各行业技术复杂度。

三　计量模型和数据说明

我们在前文分析中指出，一个行业的技术创新不仅取决于地区的基础设施水平，而且与该行业的技术复杂度密切联系，即基础设施水平高的地区的技术复杂度高的行业对行业的技术创新能力有重要的影响。我们在模型中引入基础设施与行业复杂度的交叉项，如果对技术创新的估计系数为正，则表明基础设施水平高的地区出口技术复杂度高的产品能促进技术创新水平的提高，我们研究基础设施、出口复杂度和技术创新之间的关系，采用以下计量模型：

$$lninnov_{ik} = \alpha_i + \alpha_k + \beta infra_{ik} \times lnprody_{ik} + \gamma control_{ik} + \varepsilon_{ik} \qquad (6.6)$$

其中，i 和 k 表示地区和行业，其中 $innov$ 表示技术创新，本书用专利申请量（发明、实用新型和外观设计三项专利申请受理数之和）作为技术创新产出的代理变量，$infra$ 为基础设施变量，其中包括交通、邮政、能源、通信和网络基础设施，*prody* 为各行业的出口技术复杂度，*control* 表示控制变量，包括人力资本禀赋和人力资本密度、行业研发支出占比和地区大中型企业研发支出占比、外商直接投资和出口技术复杂度，以及行业和地区出口竞争力，ε_{it} 为误差项。

（一）为考察估计结果的稳健性，我们加入了如下控制变量：

（1）人力资本禀赋和人力资本密度（he * hi）。人才是企业的第一资源要素同时也是企业核心竞争力的基础，人力资本禀赋决定了企业创新的能力。同时，较高的人力资本水平能够通过对外贸易而获得水平技术溢出和垂直技术溢出，提高技术吸收的速度，并促进技术创新能力的提高。企业科技人员的占比越高，越有可能促进技术创新能力的进一步提升，我们以平均受教育年限来衡量各地区的人力资本，以及各行业的科技人员占该行业平均人数的比重来衡量。

（2）研发占比（hrd * drd）。研发经费支出体现了企业对技术创新能力的重视，一般情况下，研发经费越高，企业技术创新能力的提高越快；本节采用大中型企业的研发强度（张海洋，2010）衡量各地区的技术创新能力，地区大中型企业研发经费占工业增加值的比重表明技术创新对企业增加值的贡献，企业技术创新能力越强，越能提高企业的增加值，我们用行业研发占行业科技经费内部支出的比重和地区大中型企业研发经费占工业增加值的比重来衡量。

表 6—17　　　　基础设施与出口技术复杂度的协同效应对技术
创新能力的实证结果

	交通		邮政		能源
	公路	铁路	营业网点	邮路长度	电力消耗
infra * lnprody	0.180 *** (5.66)	3.288 *** (3.11)	0.0488 (0.50)	0.00173 (1.00)	0.0887 ** (2.06)
hi * he	0.481 ** (2.53)	0.690 *** (3.46)	0.704 *** (3.42)	0.707 *** (3.44)	0.667 *** (3.20)
hrd * drd	7.909 *** (3.25)	6.421 ** (2.30)	9.624 *** (3.59)	9.226 *** (3.40)	10.24 *** (3.79)

续表

	交通		邮政		能源
	公路	铁路	营业网点	邮路长度	电力消耗
dex * hex	532.1 *** (5.40)	704.2 *** (6.67)	638.6 *** (5.96)	638.3 *** (5.98)	655.9 *** (6.10)
fdi * lnprody	0.745 (1.09)	0.684 (0.84)	1.926 *** (2.62)	1.830 ** (2.48)	2.152 *** (2.95)
C	0.494 (1.63)	1.186 *** (4.18)	1.415 *** (4.99)	1.419 *** (5.01)	1.665 *** (4.49)
R2（组内）	0.5166	0.4444	0.4070	0.4102	0.4107
F（Chi 方）	29.92 (0.00)	22.40 (0.00)	19.22 (0.00)	19.47 (0.00)	20.14 (0.00)
F（ui = 0）	14.34 *** (0.00)	12.32 *** (0.00)	12.50 *** (0.00)	12.44 *** (0.00)	12.71 *** (0.00)
Hausman	137.96 (0.00)	106.56 (0.00)	110.69 (0.00)	109.61 (0.00)	113.66 (0.00)
观测值	150	150	150	150	150

注：***、**、* 分别表示在1%、5%、10%的水平上显著，括号内为 t 值。

（3）外商投资和出口技术复杂度（fdi * prody）。首先，从对外贸易方面看，外商投资企业对中国的对外贸易贡献度已超过50%。以2008年出口贸易来看，全国出口贸易额为14306.9亿美元，其中外商投资企业的出口总额为7904.9270亿美元，约占全部出口额的55.25%。外向程度较高的省份，这一比重更高，广东和上海外资出口比重为63.02%和67.13%，因此，外商直接投资对中国出口贸易的影响不容忽视。此外，艾米特和弗罗因德（Amiti and Freund，2008）以及 Xu and Lu（2009）认为大陆的外商投资企业和加工贸易是中国出口产品技术复杂度上升的主要因素，而加工贸易的主体是 FDI。依据 Wang and Wei（2008）的数据可知，在出口贸易加工区加工贸易中外资企业的出口比重为100%，在高新技术区，比重也达到了95%，即使在其他地区，该比重也达到了60%以上，因此，有必要把外商投资和出口技术复杂度作为控制变量。

表6—18　基础设施与融资依赖的协同效应对技术创新能力的实证结果

	通信				网络
	长途交换机	本地交换机	移动交换机	长途光缆	网络
infra * lnprody	0.0485 ** (2.27)	0.205 ** (2.14)	0.0525 *** (3.32)	0.0794 *** (4.38)	0.340 *** (4.65)
hi * he	0.714 *** (3.48)	0.715 *** (3.52)	0.722 *** (3.51)	0.520 *** (2.63)	0.713 *** (3.49)
hrd * drd	9.485 *** (3.48)	8.137 *** (2.97)	8.652 *** (3.11)	9.318 *** (3.71)	8.578 *** (3.13)
dex * hex	643.2 *** (5.72)	578.1 *** (5.28)	619.1 *** (5.74)	613.2 *** (6.09)	610.5 *** (5.67)
fdi * lnprody	2.052 *** (2.77)	1.049 (1.25)	1.550 * (1.95)	1.038 (1.46)	1.461 * (1.86)
C	1.407 *** (4.05)	0.854 ** (2.24)	1.042 *** (2.62)	2.512 *** (6.86)	1.264 *** (4.29)
R2（组内）	0.4139	0.4247	0.4133	0.4775	0.4174
F（Chi方）	19.77 (0.00)	20.67 (0.00)	19.72 (0.00)	25.59 (0.00)	20.06 (0.00)
F（ui=0）	12.77 *** (0.00)	12.40 *** (0.00)	12.32 *** (0.00)	13.86 *** (0.00)	12.40 *** (0.00)
Hausman	114.00 (0.00)	108.58 (0.00)	107.33 (0.00)	131.10 (0.00)	108.62 (0.00)
观测值	150	150	150	150	150

注：本章使用Stata10.0计算，F检验括弧中均为P值；F（ui=0）为固定效应模型中个体异质性检验，***、**、* 分别表示在1%、5%、10%的水平上显著，括号内为t值。

（4）出口竞争力（hex * dex）。由于地区出口贸易额和地区出口竞争力之间的内在联系非常紧密，如果地区的出口竞争力较强，那么对该地区的技术创新能力有激励作用，我们用地区出口额与世界出口额的比重来衡量地区的出口竞争力，或以行业的出口额除以国内总出口的比重来衡量行业的出口竞争力。

（二）数据说明

本节所使用的 2008 年除西藏以外全国 30 个省区 5 个行业的出口交货值数据，包括医药制造业、航空航天制造业、电子通信制造业、电子办公用品制造业和医疗仪器制造业，均来自于《中国统计年鉴》、《中国科技统计年鉴》、《中国高新技术产业统计年鉴》、《中国经济贸易统计年鉴》和 COMTRADE 数据库。

从表 6—17 和表 6—18 的回归结果可以看出：地区基础设施与出口技术复杂度交互项的系数都为正，除了邮政营业网点密度和邮政线路密度不显著外，其余各项在 5% 的统计水平上显著，其中公路、铁路、移动交换机、长途光缆和网络基础设施在 1% 的水平上显著，电力、长途交换机和本地交换机基础设施在 5% 的统计水平上通过显著性检验，这表明基础设施水平高的地区，出口技术复杂度高的行业，更能促进技术创新能力的提高。此外，回归结果同时显示，人力资本禀赋和人力资本密度对技术创新能力的提高具有很强的解释力，且人力资本禀赋丰裕地区和人力资本密集型行业对技术创新的提升具有较强的解释力。地区研发投入和行业研发投入的交叉项，以及地区出口竞争力和行业出口竞争力的系数都非常显著，这表明，研发投入和出口贸易是促进中国技术创新能力的重要途径之一，这与内生经济增长理论比较符合。外商直接投资和出口技术复杂度的交叉项除了公路、铁路、本地交换机和长途光缆外，其余各项都很显著，这与中国的出口贸易的实际情况十分吻合。

（三）内生性检验及工具变量两阶段最小二乘法的估计结果

影响行业出口技术复杂度的因素同时也可能对基础设施水平的改善有一定的影响。各地区在进行出口贸易的过程中，可以从出口贸易的竞争和技术溢出中获得先进的技术、知识和管理经验，因而出口贸易能促进各地区的经济发展并为该地区基础设施水平的改善提供有力的资金支持。因此，不仅基础设施会影响出口贸易，反过来出口贸易也对各地区的基础设施水平有影响，这表明基础设施变量是内生的，我们可通过两阶段工具变量法来克服该问题。

为克服基础设施的内生性我们选择了两个工具变量，即为 flat 变量和 fma 变量，其中 flat 表示各地区地形的平坦程度，fma 表示各地区的海外市场接近度，下面说明这两个变量的数据来源和选择依据。

对于地形的平坦程度 flat，地形平坦程度用各省区平地面积占其总土地面积的比重来衡量，该数据来源于中国科学院中国自然资源数据库。对于工具变量海外市场接近度（fma），我们采用黄玖立和李坤望（2006）的方法，取各省市省会城市到海岸线距离的倒数（乘 100）为国外市场接近度，其中沿海省份到海岸线距离为其内部距离（D_{mm}），非沿海省份到海岸线的距离为其到最近的沿海省区的距离（D_{mj}）加上该沿海省区的内部距离（D_{mm}）。因此，可以表述如下：假设 C 为沿海省份集合，则地区 m 的海外市场接近度可表示为：

$$fma_m = \begin{cases} 100/D_{mm}, m \in C \\ 100/(\min D_{mj} + D_{mm}), m \notin C, j \in C \end{cases} \tag{6.7}$$

其中，D_{mm} 的计算公式为 $D_{mm} = (2/3)(S_m/\pi)^{1/2}$，（Redding and Venables，2004），S_m 为地区 m 的面积。

选用这两个与基础设施相关的变量作为工具变量的依据主要体现在以下两点：（1）一个地区的地形状况对交通运输和通信以及信息交流成本都有着重要的影响，而且还会影响交通基础设施和通信及网络基础设施的建设和使用。从现实情况看，公路、铁路和通信基础设施落后的地区也就是自然和地理条件比较恶劣的地区，这就造成了该地区公路、铁路和通信基础设施的建设成本非常高，即使在这些地区能够建立起比较完备的交通、邮政和通信基础设施，那么其运营和维护的成本往往也比较高，这就限制了对基础设施投资的回报。因此我们认为，地形的平坦程度对地区的基础设施建设产生重要的影响。

（2）从中国的地形特征来看，西部地区多是高山、丘陵和沙漠，东部地区地势较为平坦，这就形成了"西高东低"的地势，这样的现实条件造成了西部地区基础设施的落后，同时也为东部地区的基础设施建设提供了良好的自然条件。另外，从近代历史发展过程来看，自从工业革命以来，沿海地区凭借独特的地理优势最先接触和使用现代交通工具，这是沿海地区具有较好基础设施水平的先决条件，再加上基础设施的建设具有一定的历史延续性，这成为沿海地区在基础设施建设方面的先天条件，不仅基础设施的水平高而且其建设和维护的成本都比较低。因此，距离海岸线的远近与该地区的基础设施建设存在着密切的联系。

当然，工具变量的有效性还有待于检验，好的工具变量不仅与内生变量之间存在相关性，而且工具变量本身还必须满足外生性条件，我们运用工具变量两阶段最小二乘法，对实证模型进行了重新回归，回归结果如表6—19 和表6—20 所示。为了考察工具变量的有效性，我们对工具变量进行了弱识别、过度识别检验和识别不足检验，并相应给出了 Sargan 统计量、Kleibergen-Paap 秩 Wald F 统计量和 Kleibergen-Paap 秩 rk LM 统计量，从表6—19 和表6—20 的检验结果可以看出：

表6—19　　　　　　　工具变量的 2SLS 的回归结果（1）

	交通		邮政		能源
	公路	铁路	营业网点	邮路长度	电力消耗
infra * lnprody	0.205 *** (3.31)	5.991 ** (2.26)	0.0455 * (2.33)	0.000970 (0.35)	0.488 *** (4.25)
hi * he	0.621 *** (2.73)	0.641 *** (2.96)	0.645 *** (2.95)	0.644 *** (2.94)	0.627 *** (2.73)
hrd * drd	5.813 ** (1.99)	5.459 (1.52)	6.131 ** (2.11)	6.293 ** (2.10)	6.264 ** (2.06)
dex * hex	628.0 *** (5.02)	652.0 *** (5.14)	643.3 *** (5.33)	642.4 *** (5.32)	648.4 *** (5.22)
fdi * prody	2.133 ** (2.31)	2.035 * (1.65)	2.354 *** (2.80)	2.378 *** (2.77)	2.358 *** (2.71)
C	1.327 *** (2.86)	1.393 *** (3.99)	1.428 *** (4.50)	1.428 *** (4.49)	1.571 ** (2.44)
Sargan statistic	0.8169 (0.3661)	0.8335 (0.3612)	0.7711 (0.3799)	0.7501 (0.3864)	0.8255 (0.3635)
Kleibergeb-Paap Wald F statistic	151.74 (0.00)	142.01 (0.00)	144.83 (0.00)	144.70 (0.00)	142.53 (0.00)
Kleibergeb-Paap rk LM statistic	65.67 (0.00)	64.82 (0.00)	63.34 (0.00)	63.05 (0.00)	63.78 (0.00)

续表

	交通		邮政		能源
	公路	铁路	营业网点	邮路长度	电力消耗
第一阶段偏 R^2	0.5401	0.5543	0.6351	0.5576	0.5871
第一阶段 F 值	38.856	46.914	124.434	76.560	40.793
第二阶段 R^2	0.3280	0.3195	0.3031	0.2997	0.3085
观测值	150	150	150	150	150

注：＊＊＊、＊＊、＊分别表示在1%、5%、10%的水平上显著，括号内为 t 值。

（1）从回归结果来看，第一阶段的 F 值均在 10 以上，根据斯托克、怀特和尤格（Stock，Wright and Yogo，2002），使用两阶段最小二乘法进行回归时，第一阶段的 F 值在 10 以上就说明了工具变量和内生变量有较强的相关性，而且第一阶段的 PartialR^2 都达到了 0.5 以上，这些统计量表明了地形平坦程度和海外市场接近度与基础设施有很强的相关性。

（2）从工具变量的检验结果来看：我们可以在 1% 的显著水平上拒绝工具变量的弱识别、过度检验和识别不足的原假设，并且过度识别的 Sargan 统计量的伴随概率都在 0.1 以上，即我们无法在 10% 的显著水平上拒绝工具变量是过度识别的原假设。因此，我们不仅认为工具变量与内生变量相关，而且工具变量也是外生的，满足工具变量的要求。

表6—20　　　　工具变量的 2SLS 的回归结果（2）

	通信				网络
	长途交换机	本地交换机	移动交换机	长途光缆	网络
infra * lnprody	0.229 *** (2.56)	0.958 *** (3.43)	0.345 ** (3.47)	0.400 ** (2.32)	0.128 ** (3.38)
hi * he	0.623 *** (2.80)	0.642 *** (2.89)	0.635 *** (2.87)	0.557 (1.62)	0.643 *** (2.92)

续表

	通信				网络
	长途交换机	本地交换机	移动交换机	长途光缆	网络
hrd * drd	6.670 ** (2.14)	6.721 ** (2.01)	6.689 ** (2.07)	5.789 ** (2.01)	6.429 ** (2.08)
dex * hex	686.4 *** (4.70)	670.2 *** (4.77)	655.4 *** (5.23)	626.5 *** (5.05)	652.2 *** (5.22)
fdi * lnprody	2.515 *** (2.75)	2.729 ** (2.04)	2.581 ** (2.48)	1.789 (1.04)	2.485 ** (2.54)
C	1.688 *** (3.03)	1.692 ** (2.46)	1.674 *** (2.76)	1.984 (1.13)	1.487 *** (4.26)
Sargan statistic	0.5649 (0.4523)	0.6744 (0.4115)	0.6469 (0.4212)	0.8477 (0.3572)	0.7248 (0.3946)
Kleibergeb-Paap Wald F statistic	148.58 (0.00)	130.28 (0.00)	149.24 (0.00)	149.56 (0.00)	143.41 (0.00)
Kleibergeb-Paap rk LM statistic	63.22 (0.00)	61.74 (0.00)	62.47 (0.00)	68.40 (0.00)	62.69 (0.00)
第一阶段偏 R^2	0.5430	0.5622	0.5862	0.5604	0.6866
第一阶段 F 值	62.948	71.569	63.245	72.066	87.760
第二阶段 R^2	0.2996	0.2842	0.3030	0.3548	0.2955
观测值	150	150	150	150	150

注：回归系数下括号内为 t 统计值，***、**、* 分别表示在 1%、5%、10% 的水平上显著。

（3）对比表 6—17、表 6—18 与表 6—19 和表 6—20 可知，在利用工具变量控制基础设施变量的内生性后，基础设施与出口技术复杂度交叉项的回归系数有了不同程度的提高，这表明，我们采用工具变量克服基础设施的内生性是非常有必要的，邮政营业网点密度基础设施由之前的不显著变为 10% 的统计水平上显著，这说明基础设施的内生性使得最小二乘的估计产生了有偏性，也就是低估了基础设施与出口技术复杂度的协同作用对技术创新能力的影响，忽略基础设施内生性的问题导致低估了以前的回归结果，这也充分说明地形的平坦程度和海外市场接近度能够有效地解决模型的内生性问题，使得该回归结果更具有较强的可信度。其他变量的系数和显著性发生了变化，其中人力资本禀赋和人力资本密度以及行业研发和地区研发的显著性有所降低，但是外商直接投资和出口技术复杂度交叉项的显著性有所提高。

四　结论

进入 21 世纪以来，随着中国的经济高速增长，基础设施水平也逐渐改善。但是在改革开放期间，中国政府逐步进行着由中央到地方的财政体制改革和政府管理的转型，这就形成了行政集权和财政分权的管理体制。在这种体制的激励下，各地方政府展开竞争，纷纷加大了基础设施投资的力度，并使得各地区的基础设施水平得到明显的改善。这两者之间是否存在必然的联系？具体地说，基础设施水平的改善是否对中国的技术创新能力产生了影响，本章从实证上验证了这一问题。

我们利用拉詹和津加莱斯（Rajan and Zingales，1998）的方法，将行业特征与地区状况相结合，对该问题进行了实证检验，结果表明，基础设施水平高的地区融资依赖较高的行业具有较高的创新能力，这一结论通过克服变量的内生性证实结论是稳健的和可靠的。此外，人力资本禀赋和人力资本密度对中国技术创新能力具有较强的解释力，这可能与中国加大教育投入和提倡自主创新能力有关；行业和地区的研发投入对中国技术创新能力的提升有较大的贡献，这与企业和政府加大研发投入具有密切的关系；行业和地区的出口竞争力提升了中国的技术创新能力，出口贸易是促进中国技术创新的重要途径之一，出口贸易更能促进技术溢出，由此促进中国技术进步、技术创新的提高；最后，行业和地区的科技经费支出在克服了变量的内生性后显著促进了技术创新能力的提高。

改革开放以来，中国的出口贸易取得了举世瞩目的成就，尤其是高技术行业的出口快速增长。随着中国基础设施水平的改善和高技术行业出口的增长，基础设施水平高的地区和出口多的高技术行业越能促进技术创新能力的提高，并克服变量的内生性，这方面的实证结果表明结论是稳健的，分地区的实证结果也有相同的结论。

自从 2003 年以来，中国出口贸易量和出口结构方面都发生了巨大的变化，资本密集型产品出口的比重首次超过劳动密集型产品，成为促进工业制成品出口持续稳定增长的最主要因素，其中，机电产品和高新技术产品的出口已成为中国工业制成品出口贸易的重要组成部分（魏峰，沈坤荣，2009），已有很多文献研究了中国出口贸易与技术创新问题，但鲜有文献从基础设施以及出口技术复杂度的角度对技术创新的绩效进行深入探讨，本章利用中国省市高技术产业行业数据并采用多个基础设施指标进行衡量，借鉴拉詹和津加莱斯（Rajan and Zingales，1998）的方法对该问题进行了验证。我们发现，基础设施水平的改善对各地区的技术创新能力有显著的促进作用，这不仅表现在基础设施对地区技术创新的提升作用上，更重要的是地区基础设施水平的提高能够显著地促进高技术产业的技术创新能力，从而有利于出口贸易结构的改善和出口技术复杂度的提升，在利用工具变量克服基础设施的内生性后，上述结论仍然是稳健的。此外，人力资本禀赋、研发投入、出口竞争力和外商资本对地区技术创新能力的提高有显著的影响。东部地区的结论相同，其控制变量中研发投入和外商直接投资不再具有显著性；在西部地区，电力、长途交换机、本地交换机、移动交换机、长途光缆和网络都阻碍了西部地区技术创新能力的提升，控制变量中只有出口竞争力具有显著性，虽然外商直接投资有一定的解释力，但显著性不高。

第七章

结 论 与 建 议

第一节　主要结论

改革开放以来，随着中国经济的快速发展，中国的基础设施水平也取得了长足的进步，本书通过构建理论模型，探讨了基础设施对中国技术创新能力的影响效应，主要结论如下：

本书通过构建协整关系和脉冲响应函数，表明交通、能源和信息基础设施与中国地区的技术创新能力具有显著的协整关系，它们对技术创新能力的累积脉冲效应都为正值，基础设施水平的改善促进了中国技术创新能力的提高；交通基础设施、能源基础设施和信息基础设施对中国的技术创新能力有显著的正外部性，分地区的结论也证实了此结果，在替换被解释变量后，上述结论依然稳健；能源和交通基础设施对中国技术创新效率具有显著的负外部性。

交通基础设施、能源基础设施和信息基础设施对人力资本、国际贸易和外商直接投资有显著的集聚效应，基础设施水平的提高促进了人力资本、国际贸易和外商直接投资对中国技术创新能力的提升。

基于进口贸易视角，交通、能源、信息基础设施与技术创新能力有显著的协整关系和脉冲响应，这三大基础设施都促进了中国技术创新能力的提高，随后我们用 VAR 的脉冲响应函数考察了各变量的一个标准差的冲击对技术创新能力的影响，结果表明，交通、能源、信息基础设施对技术创新能力的累积效应为正，从而，在基础设施水平高的地区，进口贸易较多的地区，更能促进创新能力的提升，在利用多工具变量，克服了基础设施变量的内生性后，上述结论依然稳健；中间产品和服务贸易的国际研发交叉项对技术创新能力有显著正影响，这说明基础设施与中间产品、服务贸易的国际研发协同效应促进了中国的技术创新能力，稳健性检验也验证了此结果的稳健性；分区域的结果显示东部地区服务贸易的国际研发显著促进了技术创新能力的提高，西部地区服务贸易的国际研发显著抑制了技术创新能力的提高。

基础设施水平的提高对各地的出口贸易结构有显著的影响，不仅体现在基础设施对各地区贸易总量有促进作用，更为重要的是，基础设施水平的改善能够促进出口结构的改善和地区技术创新能力的提升，在克服了基础设施变量的内生性后，上述结论仍然稳健；在基础设施水平高的地区，出口技术复杂度高的行业更能促进技术创新能力的提高，所以地区基础设施水平的提高有助于促进出口技术复杂度高的地区技术创新能力的提升。在解决了基础设施的内生性问题后，上述结论仍然成立，这也充分说明了地区基础设施水平的改善对地区技术创新能力的影响是稳健的和可信的。

基础设施水平高的地区在融资依赖较高的行业具有较高的创新能力，这一结论不受控制变量、不同样本和内生性的影响，在利用多工具变量克服基础设施变量的内生性后，上述结论依然是稳健的和可靠的；随着中国基础设施水平的改善和高技术行业出口的增长，在基础设施水平高的地区和出口多的高技术行业越能促进技术创新能力的提高，并克服变量的内生性，实证结果表明结论是稳健的，分地区的实证结果也有相同的结论；在基础设施水平较高的地区技术复杂度高的行业更能促进地区技术创新能力的提高，这不仅表现在基础设施对地区技术创新的提升作用上，更重要的是，地区基础设施水平的提高能够显著地促进高技术产业技术创新能力的提升，从而有利于出口贸易结构的改善和出口技术复杂度的提升，在利用工具变量克服基础设施的内生性后，上述结论仍然是稳健的。

我们还发现人力资本禀赋、贸易开放度、研发投入、人均 GDP、制度变迁和政府支出都促进了各地区技术创新能力的提升，而外商直接投资抑制了技术创新能力的提高，这些结论都通过了稳健性检验，在克服基础设施的内生性后，结论仍然是显著和稳健的。人力资本禀赋和人力资本密度、行业和地区研发占比、科技经费占比对技术创新能力的解释力不强，甚至起到了负面的作用，而出口竞争力对中国技术创新能力的提高具有显著的影响效应，在克服基础设施的内生性后，结论仍然成立。

第二节　政策建议

面对金融危机对中国经济的影响，我们应该意识到，基础设施投资不仅能促进经济增长，而且还能够提升中国各地区的技术创新能力，因此，基于前文理论和实证研究得出的结论和分析，本书在如何改善技术创新能力的问题上提出了新的解决思路，具体的建议如下：

加大基础设施建设，改善区域间的基础设施水平对中国技术创新能力的提高和产业结构升级具有重要的意义。尤其是在金融危机日益加深的背景下，该如何促进技术创新能力的提升和产业结构优化。只有依赖自身的内部因素，才能使中国经济保持健康、可持续的发展，其中基础设施的作用尤其重要。

具体来说，要根据基础设施类型和区域特点制定不同的发展策略。一方面，根据基础设施的特点使之与区域经济发展相适应。在交通基础设施方面，必须与区域经济发展相适应，重点加快高速公路和高速铁路的投资和建设，同时还要加强对已有基础设施的管理和技术水平的提升；在通信与网络基础设施方面，适度超前发展和降低通信、网络资费可促进经济发展，提高居民生活水平；在能源、水利基础设施方面，加大电网的改造和升级，着力解决电力紧缺的局面，大力发展水利基础设施建设。为此，国家应加大投资力度，加强政策倾斜，促进基础设施的快速发展。

另一方面，要根据中国区域地理环境特点，采取因地制宜的措施促进基础设施的发展。对于基础设施落后的中西部地区，国家应该加大政策倾斜力度，重点突破影响该地区经济发展的瓶颈，加大投资力度，重点发展。同时加强基础设施融资的多元化，降低基础设施行业的进入壁垒，鼓励社会资本和个人资本投资基础设施建设，为基础设施建设提供强有力的资金保障。对于基础设施发达的东部地区，在原有基础设施存量的前提下，进一步提升基础设施的质量和技术含量，逐步建立现代的交通运输网络以及信息高速公路网络，逐步建立基础比较完备、现代化程度比较高的基础设施系统，进一步促进东部地区技术创新能力的提高和经济发展的质量。

从各国经济发展的历程来看，经济发展的过程是产业结构不断优化和国际贸易结构逐步提升的过程，因此，积极推动进出口结构升级对中国经济技术创新能力的提高和产业结构升级具有重要的意义。要充分重视进口的作用，进口增长是出口竞争力提高和出口扩大的基本保证，只有适度的进口，才能保证持续、稳定的出口，才能使出口商品结构不断地升级，使中国出口商品在中等技术复杂度层面上获得突破。出口商品结构升级的过程不能一刀切和盲目地扩张，否则不但达不到转型升级和提高中国出口技术复杂度的目的，还有可能使中国丧失新一轮全球产业结构调整和转移带来的战略机遇。因此，中国应继续加大基础设施投资，以提高进出口产品的技术含量为契机，进一步促进中国技术创新能力的提高，为产业结构升级和经济发展提供动力保障。

由于区域发展的不平衡，西部地区的出口技术复杂度整体偏低，应通过实现东部沿海加工贸易业务向中西部地区转移，促成中国产业结构的梯度转移，在原有比较优势的前提下，使西部地区融入国际分工体系，在全球分工价值链的低端生产环节，进一步通过吸收全球生产要素实现集成创新和引进消化吸收再创新，不断向产品内高端价值链攀升，从而逐步提升中国出口技术的复杂度，只有这样才能促进西部地区出口技术复杂度的提高，实现地区均衡发展和该地区技术创新能力的提高。

基础设施投入的增加，对外资的出口有抑制作用，并且非常显著（盛丹，2010），因此，中国可以通过提高基础设施水平改变外资的出口导向，使高技术产品在国内市场生产和销售，使中国企业获得先进的技术知识和先进的管理经验，进一步促进中国技术创新能力的提升。增加对中、西部地区的基础设施投资，国家应该进一步加强政策的倾斜力度，逐步改善中、西部地区的基础设施水平，这样有利于促进中、西部地区进出口贸易的健康发展，从而推动当地经济发展和技术创新能力的提高，并有利于缓解区域发展不平衡的局面。加大创新型人才的培养和引进力度，国家应为创新型人才的发展提供强有力的物质保障；同时要调整外商直接投资的政策，外资企业阻碍了中国技术创新能力的提高，引导外商投资于中国技术含量高的行业，便于中国企业获得先进的知识和技术，有利于提高中国的技术创新能力。

第三节　未来的研究方向

本书主要研究了基础设施对中国技术创新的影响效应，限于篇幅，本书没有涉及基础设施对技术创新微观理论和跨国样本的考察，这些问题构成了本书研究的不足之处及未来的研究方向。

第一，改革开放以后，中国在不同阶段对基础设施的政策和投资力度也有所不同，应按时间阶段划分，重点考察不同历史时期基础设施对中国技术创新的影响。

第二，基础设施对国际贸易发展有显著的促进作用，本书只考虑了基础设施与进出口贸易对技术创新的影响，而忽略了基础设施对国际贸易引起的上下游产业的差异和前后项联系对中国技术创新起到的非常重要的作用，同时，该研究成果也对发展中国家具有十分重要的意义。

第三，由于中国实行了中央集权和地方分权的财政管理体制，各级政府都积极加大基础设施的投资力度，基础设施水平逐步改善，为此，我们还需考虑财政分权后，基础设施投资对中国技术创新能力的影响效应。

第四，随着基础设施投资逐渐加大，一些学者认为中国的基础设施严重过剩，那么基础设施对技术创新的影响是否有"门槛效应"存在，如何寻找基础设施对技术创新的最优解是必须要面对的问题，那么，我们将运用实践数据，深入研究基础设施对技术创新的门槛效应的影响。

参 考 文 献

一 中文文献

陈德宁、沈玉芳：《区域创新系统理论研究综述》，《生产力研究》2004年第4期，第34页。

程雁、李平：《创新基础设施对中国区域技术创新能力影响的实证分析》，《经济问题探索》2007年第9期，第51—54页。

戴翔、张二震：《中国出口技术复杂度真的赶上发达国家了吗》，《国际贸易问题》2011年第7期，第82—89页。

G. 多西、C. 弗里曼、R. 纳尔逊、G. 西尔弗伯格、L. 苏蒂等：《技术进步与经济理论》，钟学义等译，经济科学出版社1992年版，第377页。

范九利、白暴力：《基础设施资本对经济增长的影响——二级三要素CES生产函数法估计》，《经济论坛》2004年第2期，第48—55页。

范前进、孙培源、唐元虎：《公共基础设施投资对区域经济影响的一般均衡分析》，《世界经济》2004年第5期，第58—62页。

顾新：《区域创新系统论》，四川大学出版社2005年版，第46页。

胡鞍钢、刘生龙：《交通运输、经济增长及溢出效应——基于中国省际数据空间经济计量的结果》，《中国工业经济》2009年第5期，第5—11页。

胡立法：《中国金融市场制度缺陷与FDI需求偏好》，《财贸研究》2008年第5期，第72—84页。

胡明铭：《区域创新系统理论与建设研究综述》，《外国经济与管理》

2004 年第 9 期，第 46 页。

　　胡小娟、龙国旗：《我国中间产品进口与经济增长的相关性分析》，《国际贸易问题》2008 年第 5 期，第 21—26 页。

　　黄玖立、李坤望：《对外贸易、地方保护和中国的产业布局》《经济学季刊》2006 年第 5 卷第 3 期，第 733—760 页。

　　黄志亮：《区域创新系统理论及其应用研究述评》，《当代经济研究》2008 年第 8 期，第 30 页。

　　金高云：《提升我国区域创新能力的设想》，《工业技术经济》2009 年第 2 期，第 38 页。

　　金煜、陈昭、陆铭：《中国的地区工业集聚：经济地理、新经济地理与经济政策》，《经济研究》2006 年第 4 期，第 79—89 页。

　　李泊溪、刘德顺：《中国基础设施水平与经济增长的区域比较分析》，《管理世界》1995 年第 2 期，第 106—111 页。

　　李涵、黎志刚：《交通基础设施投资对企业库存的影响——基于我国制造业企业面板数据的实证研究》，《管理世界》2009 年第 8 期，第 73—80 页。

　　李平、田朔：《出口贸易对技术创新影响的研究：水平溢出与垂直溢出》，《世界经济研究》2010 年第 2 期，第 44—48 页。

　　李习保：《区域创新环境对创新活动效率影响的实证研究》，《数量经济技术研究》2007 年第 8 期，第 13—24 页。

　　李小平、朱钟隶：《国际贸易、R&D 溢出和生产率增长》，《经济研究》2006 年第 2 期，第 31—43 页。

　　李耀、杨春玲、孙锐：《区域技术创新能力的理论探析》，《科技管理研究》2009 年第 9 期，第 20 页。

　　林迎星：《中国区域创新系统研究综述》，《科技管理研究》2002 年第 5 期，第 33 页。

　　刘秉镰、武鹏、刘玉海：《交通基础设施与中国全要素生产增长率——基于省域数据的空间面板计量分析》，《中国工业经济》2010 年第 3 期，第 54—64 页。

　　刘立：《创新系统研究述评》，《中国科技论坛》2002 年第 5 期，第 6 页。

刘生龙、胡鞍钢：《基础设施外部性在中国的检验 1998—2007》，《经济研究》2010 年第 3 期，第 4—15 页。

刘阳、秦凤鸣：《基础设施规模与经济增长：基于需求角度的分析》，《世界经济》2009 年第 5 期，第 18—26 页。

柳卸林等：《中国区域创新能力报告》，经济管理出版社 2003 年版，第 9 页。

柳卸林：《技术创新经济学》，中国经济出版社 1993 年版。

娄洪：《公共基础设施投资与长期经济增长》，中国财政经济出版社 2003 年版。

马栓友：《中国公共资本与私人部门经济增长的实证分析》，《经济科学》2000 年第 6 期，第 21—26 页。

马歇尔：《A. 经济学原理》，朱志泰译，商务印书馆 1920 年版。

迈克尔·波特：《国家竞争优势》，李明轩、邱如美译，华夏出版社 2002 年版。

戚汝庆：《区域创新系统理论研究述评》，《理论建设》2008 年第 1 期，第 1 页。

邵云飞、唐小我、陈光：《中国区域技术创新能力的聚类实证分析》，《中国软科学》2003 年第 5 期，第 33 页。

石定寰：《国家创新系统：现状与未来》，经济管理出版社 1999 年版。

石忆邵、汪伟：《上海市技术创新能力评价方法探讨》，《同济大学学报》（自然科学版）2007 年第 2 期，第 28 页。

唐保庆：《贸易结构、吸收能力与国际 R&D 溢出效应》，《国际贸易问题》2010 年第 1 期，第 91—91 页。

万勇：《区域技术创新与经济增长研究》，厦门大学博士论文，2009 年，第 82 页。

王缉慈：《区域发展的新概念——区域创新环境》，载陈栋生《跨世纪的中国区域发展》，经济管理出版社 1999 年版。

王任飞、王进杰：《基础设施与中国经济增长：基于 VAR 方法的研究》，《世界经济》2007 年第 3 期，第 13—21 页。

王永进、盛丹等：《基础设施如何提升了出口技术复杂度?》，《经济研究》2010 年第 7 期，第 103—115 页。

　　魏浩：《生产要素、贸易利益与优化出口商品结构的经济战略》，《经济学家》2012 年第 12 期，第 64—70 页。

　　吴显英：《区域技术创新能力评价中的因子分析》，《哈尔滨工程大学学报》2003 年第 2 期，第 42 页。

　　吴延兵：《R&D 存量、知识函数与生产效率》，《经济学（季刊）》2006 年第 4 期，第 1129—1156 页。

　　吴延兵：《R&D 与生产率——基于中国制造业的实证研究》，《经济研究》2006 年第 11 期，第 60—71 页。

　　谢建国：《进口贸易、吸收能力与国际 R&D 技术溢出：中国省区面板数据的研究》，《世界经济》2009 年第 8 期，第 68—81 页。

　　薛漫天：《我国的基础设施对比较优势的影响研究》，《经济经纬》2010 年第 3 期，第 50—52 页。

　　杨汝岱、姚洋：《有限赶超与经济增长》，《经济研究》2008 年第 8 期，第 29—64 页。

　　殷尹、梁樑：《区域技术创新能力短期评估》，《中国软科学》2001 年第 1 期，第 33 页。

　　于明超、陈柳：《垂直专业化与中国企业技术创新》，《当代经济科学》2011 年第 1 期，第 62—68 页。

　　约瑟夫·熊彼特：《经济发展理论——对于利润、资本、信贷、利息和经济周期的考察》，商务印书馆 1990 年版，第 28—36 页。

　　张凤、何传启：《国家创新系统：第二次现代化的发动机》，高等教育出版社 1999 年版，第 24 页。

　　张光南、陈光汗：《基础设施投入的决定因素研究——基于 24 个国家 1982—1997 年面板数据的经验分析》，《世界经济》2009 年第 3 期，第 34—44 页。

　　张光南、扬子晖：《制度、基础设施与经济增长的实证研究——基于面板数据的分析》，《经济管理》2009 年第 11 期，第 154—163 页。

　　张光南、朱宏佳、陈广汉：《基础设施对中国制造业企业生产成本和投入要素的影响——基于中国 1998—2005 年 27 个制造业行业企业数据的面板分析》，《统计研究》2010 年第 6 期，第 46—57 页。

张海洋：《R&D 两面性、外资活动与中国工业生产率增长》，《经济研究》2005 年第 5 期，第 107—117 页。

张海洋：《中国省际工业全要素 R&D 效率和影响因素：1999—2007》，《经济学（季刊）》2010 年第 9 卷第 3 期，第 1029—1050 页。

张军、高远、傅勇、张宏：《中国为什么拥有了良好的基础设施?》，《经济研究》2007 年第 3 期，第 4—19 页。

张培富、李艳红：《技术创新过程的自组织进化》，《科学管理研究》2000 年第 6 期，第 21 页。

张学良：《交通基础设施、空间溢出与区域经济增长》，南京大学出版社 2009 年版。

张学良：《中国交通基础设施与经济增长的区域比较分析》，《财经研究》2007 年第 8 期，第 51—63 页。

中国科技发展战略研究小组：《中国区域创新能力报告（2003）》，经济管理出版社 2004 年版，第 40 页。

周黎安、罗凯：《企业规模与创新：来自中国省级水平的经验证据》，《经济学（季刊）》2005 年第 3 期，第 623—638 页。

周黎安：《中国地方官员的晋升锦标赛模式研究》，《经济研究》2007年第 7 期，第 36—50 页。

踪家峰、李静：《中国的基础设施发展与经济增长的实证分析》，《统计研究》2006 年第 7 期，第 18—21 页。

二　外文文献

Aghion, P. and Howitt, P. A. Model of Growth Through Creative Destroy [J]. Econometrics. Mar., 1992.

Albala-Bertrand, J. M., E. C. Mamatzakis, et al., The Impact of Public Infrastructure on the Productivity of the Chilean, Review of Development Economics, 2004 (8): 266—278.

Albaladejo M, Romijn H. Determinants of innovation capabilities in small UK firms: an empirical analysis. Eindhoven: Eindhoven Centre for Innovation Studies. Working Paper, 2000.

Alvaro, G. , Ed. , Contabilita Nationale statistics economics. Bari, Cacucci, 1999.

Amiti, M. and C. Freund, The anatomy of China's export growth, Policy Research Working Paper Series 4628, The World Bank, 2008.

Aschauer, D. A. , Is Public Expenditure Productive? Journal of Monetary Economics, 1989 (23): 177—200.

Asheim, Bjorn Tand Isaksen, Arne. Location, agglomeration and innovation: towards regional innovation systems in Norway? [J] . European Planning Studies. 1997, 5 (3): 299—330.

Bai, Chong – En. The Domestic Financial System and Capital Flows. China [R] . Working Paper, Tsinghua University, 2006.

Banerjee, A. , E. Duo and N. Qian, The Railroads to success: Evidence from China, MIT Working Paper, 2009.

Barro, R. J. , Government Spending In A Simple Model of Endogenous Growth, National Bureau of Economic Research Working Paper, No. 2588, 1988.

Bhatta, S. D. , & Drennan, M. The Economic Benefits of Public Investment in Transportation: A Review of Reeent Literature [J] . Journal of Planning Edueation and Research, 2003, 22 (3): 288—296.

Biehl, D. , The Role of Infrastucture in Regional Development in Infrastructure and Regional Development, R. W. Vickerman. London, Pion, 1991.

Bo Carlsson, Staffan Jacobsson, Magnus Holmén, Annika Rickne. Innovation systems: analytical and methodological issues [J] . Research Policy. 2002, (31): 233—245.

Bonaglia, F. La Ferrara, E. and Marcellino, M. , Public Capital and Economic Performance: Evidence from Italy, IGIER Working Paper No. 163, 2001.

Bougheas, S. ; Demetriades, P. O. and Morgenroth E. L. W. Infrastructure, transport costs, and trade. Journal of International Economics, 1999 (47): 169—189.

Buhr, W. , What is Infrastructure? Deparment of Economics, School of Economic Disciplines, University of Siegen. Siegen Discussion Paper, No. 107—03, 2003.

Button, K. J. Infrastructure Investment, Endogenous Growth and Economic Convergence [J] . Annals of Regional Scieence, 1998 (32): 145—162.

Canning D. , and M. Fay. The Effect of Infrastructure Networks on Economiccs Growth, Department of Economics, Columbia University, New York, 1993.

Canning, D. and P. Pedroni. Infrastructure, long-run Economic Growth and Causality Tests for Cointegrated Panels, Manchester School, 2008, 76 (5): 504—527.

Capello R. Spatial transfer of knowledge in high technology milieux: learning versus collective learning processes [J] . Regional Studies. 1999, 30 (4): 353—65.

Cazzavillan G. Public Spending, Endogenous Growth and Endogenous Fluctuations, Working Paper, University of Venice, 1993.

Changshu Park Essays on Technology Spillovers, Trade, and Productivity, dissertation of PHD of University of Colorado, 2003.

Clarida, Richard and Ronald Finadlay, Government, Trade and Comparative Advantage, American Economic Review, 1992, 82: 122—127.

Coe, D. and Helpman, E. International R&D Spillovers. European Economic Review, Vol. 39, 1995.

Coe, D. ; Helpman, E. and Hoffmaister, A. North-South R&D Spillovers Economic Journal, Vol. 107, 1997.

Cohen, Jeffrey P. and Catherine J. Morrison Paul. , Public Infrastructure Investment, Interstate Spatial Spillovers, and Manufacturing Costs, The Reviews of Economics and Statistics, 2004, 86 (2): 551—560.

D. Doloreux. What we should know about regional systems of innovation [J] . Technology in Society. 2002, (24): 243—263.

Demetriades, P. O. and T. P. Mamuneas, Intertemporal Output and Employment Effects of Publlic Infrastructure Capital: Evidence from 12 OECD Economies, Economic Journal, 2000, 110 (465): 687—712.

Demurger, S. , Infrastructure Development and Economic Growth: An
Donaldson, D. , Railroads of the Raj: Estimating the Impact of Transportation
Infrastructure, Job Market Paper London School of Economics, 2008.

Duggal, V. G. , S. Cynthia and L. R. Klein, Infrastructure and Produc-
tivity: a Nonlinear Approach, Journal of Econometircs, 2007, 92 (1) .

Easterly, W. and S. Rebelo, Fiscal Policy and Economic Growth An Em-
pirical investigation, Journal of Monetary Economics, 2007, 92 (1):
417—458.

Edwards, L. and Odendaal, M. , Infrastructure, Transport Costs and
Trade: a new approach, TIPS Small Grant Scheme Research Paper
Series, 2008.

Egert, B. , Tomasz, Kozluk and Douglas, Sutherlan, Infrastructure and
Growth: Empirical Evidence, CESifo Working Paper Series No. 2700, 2009.

Eisner, Robert. , Infrastructure and Regional Economic Performance:
Comment, New England Economic Review, 1991, Sept/Oct: 47—58.

Esfahani, Hadi Salehi and Ramirez, Maria Teresa, Institutions, Infra-
structure, and Economic Growth, Journal of Development Economics, 2003,
70 (2): 443—477.

European Commission. Green Paper [R] . Luxembourg, 1995.

Evans, P. and G. Karras, Is government capital productive? Evidence
from a panel of seven countries, Journal of Macroeconomics, 1994, 16 (2):
271—279.

Everaert, G. and F. Heylen, Public Capital and Long-Term Labour Mar-
ket Performancein Belgium, Journal of Policy Modelling, 2004, 26: 95—112.

Explanation for Regional Disparities in China? Journal of Comparative Eco-
nomics, 2001, 29 (1): 95—117.

Ezcurra, R. Carlos Gil, Pascual and Manuel Rapun, Public Capital, Re-
gional Productivity and Spatial Spillovers, The Annals of Regional Science,
2005, 39: 471—494.

Fan, S. and Zhang, X. , Infrastructure and Regional Economic Development in Rural China, China Economic Review, 2004, 15 (2): 203—214.

Fare, R.; Grosskopf, S.; Norris, M. and Zhang, Z. Productivity Growth, Technical Progress, and Efficiency Change in Industrialized Countries. American Economic Review, Vol. 84, 1994.

Fernald, J., Assessing the Link between Public Capital and Productivity, American Economic Review, 1999, (89): 619—638.

Ferrara, E. L. and M. Marcellino, TFP, Costs, and Public Infrastructure: An Equivocal Relationship, IGIER Working Paper, No. 176, 2000.

Francois, J and Manchin, M., Institutions, Infrastructure and trade, World Bank Policy Research Working Paper, No. 4152, 2007.

Fujimura, M. and Edmonds, C. Impact of Cross-border Transport Infrastruc-Ture on trade and investment in the GMS, ADB Institute Discussion Paper, No. 48, 2006.

Furmana, Michael E · Porter, Scott Stern. The determinants of national innovative capacity [J]. Research Policy. 2002, (31): 899—933.

Gannon, C. A and Liu Z. Poverty and Transport. Transportation, Water and Urban Development papers. WDU - 30. The World Bank, Washington, DC, 1997.

Ghali, K. H., Public Investment and Private Capital Formation in a Vector Error-Correction Model of Growth, Applied Economics, 1998, 30: 837—844.

Gramlich E. M. Infrastructure Investment: A Review Essay, Journal of Economic Literature, 1994, 32 (3): 1176—1196.

Griliches. Issues in Assessing the Contribution of Research and Development to Productivity Growth [J], The Bell Journal of Economics, 1979, 10 (1).

Grossman and Helpman, E. Quality Ladders in the Theory of Growth [J]. Review of Economic Studies. Jan., 1991.

Grossman, G. andE. Helpman, Technology and trade, Handbook of International Economics, 1995.

Grossman, Gene M. and Helpman, E. (1991) Innovation and Growth in the Global Economy, the MIT Press, 1991.

Hausmann, R. , J. Hwang and D. Rodrik, What You Export Matter, Journal of Economic Growth, 2007, 12 (1): 1—25.

Holtz-Eakin, D. &Sehwartz, A. E. Spatial Produetivity Spillovers from Publi Infrastrueture: Evidence from State Highways [J] . International Tax and Public Finance, 1994 (2): 459—468.

HuangY. Selling China: Foreign Direct Investment During the Reform Era [M] . New York: Cambridge University Press, 2003.

Hulten, C. , Bennathan, E. and Srinivasan, S. , 2006, Infrastructure, Externalities, and Economic Development : A Study of the Indian Manufacturing Industry, World Bank Economic Review, 20 (2): 291—308.

Irmen A. &Johanna K. , Productive Government Expenditure and Economic Growth Journal of Economic Surveys, 2009, 23 (4): 692—733.

ISTAT, Le Infrastructure initalia, Unananlisi della dotazione e della funzionalita, Rome, 2006.

Jacobs, et al. , Productivity inpacts of infrastructure investment in the Netherlands 1853—1913, University of Groningen, Research Institute SOM Research Report 95D3, 1995.

Jochen Markard, Bernhard Truffer. Technological innovation systems and the multi-level perspective: Towards an integrated framework [J] . Research Policy. 2008, (37): 596—615.

Jochimsen, R. , Ed. , Theorie der Infrastruktur: Grundlagen der markt-twirts-Chaftlichen Entwicklung. Tubingen, J. C. B. Mohr, 1966.

Kamps, C. , New Estimates of Government Net Capital Stocks for 22OECD Countries 1960—2001, IMF Staff Paper, 2006, 53.

Koopmans. An Analysis of production as an Efficien Combination of Activities in T. C. KooPmans, (Ed) Activity Analysis of Production and Allocation [J] , Cowles Commission for Research in Economics, NewYork: Wiley, 1951 (11): 1263—1296.

La Ferrara, B. F. E. and Massimiliano M. , Public Capital and Economic Performance: Evidence from Italy, IGIER, Bocconi University, Working Paper, No. 163, 2000.

Lai R. , Does Public Infrastructure Reduce Private Inventory? MPRA Paper, No. 4756, 2006.

Lee Chang-Yang. Industry R&D intensity distributions: regularities and underlying determinants [J] . Journal of Evolutionary Economics, 2002, (12) .

Lichtenberg, F. R. and Van Pottelsberghe de la Potterie, B. (1998) International R&D Spillovers: A Re-examination. European Economic Review, Vol. 428.

Looney, R. and P. Frederiksen, The Regional Impact of Infrastructure Investment in Mexico, Regional Studies, 1981, 15 (4): 285—296.

Lundvall BA, Johnson B. The learning economy [J] . Journal of Industry Studies. 1994, 1 (2): 23—42.

Lynde. C. and Richmond. J. , The Role of Public Capital in Production, Review of Economics and Statistics, 1992, 74 (1): 37—45.

Manuel Laranja. Innovation systems as regional policy frameworks: the case of Lisbon and Tagus Valley [J] . Science and Public Policy. 2004, 31 (5): 313—327.

Martina Fromhold-Eisebith. Innovative milieu and social capital—complementary of redundant concepts of collaboration—based regional development? [J] . European Planning Studies. 2004, 12 (6): 747—765.

Mazziotta, rt al. , Infrastructure e sviluppo. Primi Risultati: Indicatoriquantitative a confronto (1987—95), Quaderni sul Mezzogiorno e lepolitiche territoriali. Roma, Confindustria, 1998.

Melitz, Marc J. , The Impact of Trade on IntraIndustry Reallocations and Aggregate Industry Productivity, Econometrica, 2003, 71: 1695—1725.

Michael Fritsch, Franke. Innovation, regional knowledge spillovers and R&D cooperation [J] . Research Policy. 2004, (33): 245—255.

Mikel Buesa, Joost Heijs, Monica Martnez Pellitero, Thomas Baumert. Regional systems of innovation and the knowledge production function: the Spanish case [J] . Technovation. 2006, (26): 463—472.

Mittnik, S. and T. Neumann, Dynamic Effects of Public Investment: Vector Autoregressive Evidence from Six Industrialized Countries, Emprirical Economics, 2001, 26.

Moreno, R. LopezBazo, E. and Artis, M. , Public Infrastructure and the Performance of Mabufacturing Industries: Short and Long Run Effect, Regional Science and Urban Economics, 2002, 32 (1): 97—121.

Morgan K. The learning regions: institutions, innovation and regional renewal. Regional Studies [J] . 1997, 31 (5): 491—503.

Morrison C. J. and Schwartz A. E. , State Infrastructure and Productive Performance American Economic Review, 1996, 86 (5): 1095—1111.

Munnel A. H. , Is There a Shortfall in Public Capital Investmment? Proceedings of a Conference, Federal Reserve Bank of Boston, 1990.

Munnel A. H. Why has Productivity Growth Declined Productivity and Public Investment, New England Economic Review, 1990: 4—22.

Nadiri, M. I. and T. P. Mamuneas, The Effects of Public Infrastructure and R&D Capital on the Cost Structure and Performance of US Manufacturing Industries, National Bureau of Economic Research, Working Paper No. 3887, 1991.

Naubahar Sharif. Emergence and development of the National Innovation Systems concept. Research Policy 35 (2006) 745—766.

Nordas, H. K. and Piemartini, R. , Infrastructure and Trade, WTO Staff Working Paper, No. ERSD – 2000—04, 2004.

OECD (Organisation for Economic Cooperation and Development) . The Measurement of Scientific and Technical Activities [R] . Paris: Frascati Manual 1980, 1981.

OECD (2001), Understanding the Digital Divide, http: www. oecd. org.

Pereira, A. M. , Is All Pulic Capital Created Equal?, Review of Economics and Statistics, 2000, 82: 513—518.

Philip Cooke. Regional innovation systems: Competitive regulation in the new Europe. Geoforum Volume 23, Issue 3, 1992, Pages 365—382.

Philip Cooke. Regional innovation systems: Competitive regulation in the new Europe [J] . Geoforum. 1992, 23 (3): 365—382.

Porter M. and Stern S. Measuring the IdeasProduction Function: Evidence from International Patent Output [R] NBER Working Paper, 7891, 2000.

PorterM. and Stern S. National Innovative Capacity [J] . Research Policy, 2002, 31 (6): 899—933.

Pritchett, L. , Ed. , Mind your P's and Q's: the cost of public investment is not the value of public capital, Policy Research Working Paper, No. 1660, Washing, DC, World Bank, 1996.

Prud' homme R. , Infrastructure and Development, Paper prepared for the ABCDE (Annual Bank Conference on Development Economics), May 3— 5, 2004.

Rajan, R. , and L. Zingales, Financial Dependence and Growth, American Economic Review, 1998, 88 (3): 559—586.

Redding, S. and A. J. Venables, Economic Geography and International Inequality, Journal of International Economics, 2004, 62 (1): 53—82.

Rodrik, D. , What's So Special about China's Exports? NBER Working Paper 11947, National Bureau of Economic Research, 2006.

Rojas, G. E. A. , Calfat, G. and Flores J. R. G. , Trade and Infrastructure: evidences fromThe Andean Community, Economics Working Papers, No. 580, 2005.

Roller, L. H. and Leonard W. , Telecommunications Infrastructure and Economic Development : A Simultaneous Approach, American Economic Review, 2001, 91 (4): 909—923.

Romer P. Endogenous Technological Change [J] . Journal of Political Economy. Oct, 1990.

Rothwell R. Successful industrial innovation: critical factors for the 1990s [J] . R&D Management. 1992, 22: 221—239.

Sanchez-Robles, B. , Infrastructure Investment and Growth: Some Empirical Evidence, Contemporary Economic Policy, 1998, 16: 98—108.

Satya, P. Balbir S. S. and Bagala, P. B. , Public Infrastructure and the Productive Performance of Canadian Manufacturing Industries, Southern Economic Journal, 2004, 70 (4) 998—1011.

Schott, Peter K. , The Sophisication of Chinese Exports, NBER working paper, No. 12173, 2006.

S. Chung. Building a national innovation system through regional innovation systems [J] . Technovation. 2002, (22): 485—491.

Shanks, S. and Barnes, P. , Econometricmodeling of infrastructure and Australia's productivity, unpublished paper, Productivity Commission, Canberra, 2008.

Solow, R. M. Technical: change and the aggregate Production [J] . Review of Economics and Statictics, 1965, pp: 38—70.

Staiger, D. and J. Stock, Instrumental Variables Regression with Weak Instuments, Econometrica, 1997, 65 (3): 557—586.

Stern. , Porter and Furman. , The Determinants of National Innovative Capacity. , NBER Working Paper, No. 7876, 2000.

Stone, S. and Strutt, A. , Transport Infastructure and Trade Facilitation in the Greater Mekong Subergion, ADBI Working Paper, No. 130, 2009.

Sun, Q. , Tong, W. , & Yu. Determinants of Foreign Direet Investment across China [J] . Journal of International Money and Finance, 2002, 12 (1): 79—113.

Tatom J. A. , Public Capital and Private Sector Performance, Federal Reserve Bank of St. Louis Review, 1991, 73 (3): 3—15.

Tinbergen, Shaping the World Economy, Suggestions for an International Economic Policy, New York, The Twentieth Century Fund, 1962.

Torrisi, G. , Pulic Infrastructure: Definition, Classification and Measurement Issues MPRA Paper, University Library of Munich, Germany, 2009.

Wang, C. , The Relative Economic and Technical Performance of Foreign Subsidiaries in Chinese Manufacturing Induetry, Journal of Asian Business, 2003, 19 (2): 55—67.

Wang Y. , North-South Technology Diffusion: How Important Are Trade, FDI and International Telecommunications? Carleton University, Ottawa, Carleton Economic Papers? NBER Working Paper, No. 13771, 2008.

Wang Y., North-South Technology Diffusion: How Important Are Trade, FDI and International Telecommunications?, Carleton University, Ottawa, Carleton Economic Papers, Working Paper, No. 06—01, 2005.

Wang Zhi and Shang-Jin Wei, What Accounts for the Rising Sophistication of China's Exports? NBER Working Paper, No. 13771, 2008.

Wilson, J. S., C. L. Mann, and T. Otsuki, Assessing the potential bene-tial benefit of Trade facilitation: A global perspective, World Bank Working Paper, No. WPS3224, 2004.

Wong, Wei-Kang, How Good Are Trade And Telephone Call Traffic in Bridging Income Gaps and TFP Gaps? Journal of International Economics, 2004, 64.

Xu B, and Jiangyong Lu, The Impact of Foreign Firms on the Sophistica-tion of Chinese Exports, Working Paper, China-Europe Intrnational Business School and Tsinghua University, 2007.

Yeaple, S. R. and Golub, S. S., International ProductivityDifferences, Infrastructure, And Comparative Advantage, Review of International Econom-ics, 2007, 15 (2): 223—242.

Yilmaz, S., Haynes, K. E., Dinc, M. The Impact of Teleeonununi-eation Infrastrueture Investment on Seetor Growth. [J]. Australasian Journal of Regional Studies, 20017 (3): 383—397.

Yuan-ChiehChang, Ming-Huei Chen. Comparing approaches to systems of innovation: the knowledge perspective [J] . Technology in Society. 2004, (26): 17—37.

致　　谢

时光荏苒，岁月如梭，在南开的三年时间转瞬即逝，我是怀着对梦想的追求和对南开的崇敬踏进南开校园的。转瞬间，即将结束在南开的求学生涯，感慨万千，期间有太多令我感动的人与事。博士论文从选题到建模以及实证方法，从资料收集到写作过程，离不开各位老师、同学和家人的指导、帮助和支持。

我首先要感谢我的恩师黄兆基教授。在国际贸易理论方面，黄老师是国内和国际上顶尖的研究学者，他的研究思想和学习理念永远都是我学习的榜样和前进的动力，我的每一次进步都受益于黄老师的言传身教和悉心指导。黄老师是宽容的，给我提问的勇气和讨论问题的机会；黄老师是严格的，每一个结论或命题，他都会反复推敲，检验多遍；黄老师是敬业的，总是伏在案边备课或是亲手制作幻灯片；黄老师是细心的，博士论文中的错别字也会被他挑出来。不仅如此，黄老师还教给我做人和做学问的原则，是我心中永远崇敬的恩师。

我还要感谢佟家栋教授，佟教授学风严谨，思路开阔，待学生亲切、慈祥、和蔼。在方向课上与佟教授的每一次相处，都能获得战胜困难的信心和不断努力的动力。我的许多收获离不开佟教授的谆谆教诲和悉心指点，在此，向尊敬的佟教授致以衷心的感谢和诚挚的祝福。

在经济学院求学的过程中，我得到了众多老师的关怀、鼓励与帮助，在此向刘重力教授、李坤望教授、张伯伟教授、包群教授、张兵副教授等国贸系的老师致以衷心的感谢。同时感谢李春梅、刘瑶、李德震、杨宏、白瑜婷等诸位同门的关心和帮助，感谢我的同窗李程博士在平时学习和生活上的帮助。

最后，我更要感谢我的父母。感谢父母多年来对我默默的支持和照顾，他们的含辛茹苦让我奋进，他们的爱与支持让我更加坚定。感谢我的妻子卢红彩，她对我学术上的支持和无私付出是我顺利完成学业、克服困难的精神动力，使我在艰辛的学习之余体会到家庭生活的快乐。儿子梁锦祺的出生给了我很多乐趣，我学业的进步伴随着他的成长，学习再累，看到儿子就感到无比的喜悦和轻松。我一定会加倍努力，以更好的成就报答他们，报答所有帮助过我的人。

梁　超

2012 年 5 月于南开园